„Wenn ich an die Milliarden von Menschen denke, die diesen Erdball bevölkern, an die Billionen von Tieren jeglicher Art und an die Trilliarden von Pflanzen, die ihn beleben, und wenn ich weitergehe und denke an die Myriaden von Galaxien im unendlichen Weltraum voller Lebewesen in unglaublicher Zahl und Vielfalt, dann fühle ich zutiefst, wie mir das alles völlig scheißegal ist!"

Das Buch Titanic

Das Beste aus dem endgültigen Satiremagazin

Herausgegeben von
Peter Knorr und
Lionel van der Meulen

Hoffmann und Campe

Lieber Leser,

bevor Du selbst darauf kommst, verraten wir es lieber gleich: Dieses Werk handelt vom Geist der Zeit. Denn sorgfältig wurden hier jene Blätter aus der satirischen Zeitschrift Titanic zusammengestellt, die den Stürmen des Zeitgeistes im Laufe von fast zwei Jahren am hartnäckigsten trotzten. Und siehe, o Leser, so entstand „Das Buch Titanic", welches Du nun in Händen hältst, auf daß es Dir wohlgefalle und Du Dich erheiterst bis ins siebte Glied.

Aber Obacht! „Das Buch Titanic" will Dir auch etwas sagen. Also hör hin, lies weiter oder guck Dir wenigstens die Bilder an.

Den Untergang der Titanic begleitete seinerzeit eine notgedrungen heroische Musikkapelle mit unerbittlich heiteren Melodien, und wie man aus Berichten Überlebender weiß, haben das alle Passagiere ganz wunderbar gefunden. Auch jene, die dann gemeinsam mit den Musikern ersoffen sind.

Aber wir, hurra, leben ja noch und hoffen, daß Dir, Leser, unsere Art von Begleitung zum Untergang gefällt. Dies um so mehr, als man sich ja leider nicht darauf verlassen kann, daß es diesmal überhaupt Überlebende geben wird, die u n s dereinst rühmen könnten.

Ist dieses Buch also ein bunter Strauß apokalyptischer Weisheiten? Unsinn! Umgeben vom Endzeitgegröhle panischer Freaks und dem kriegerischen Fortschrittsgeheul überalteter Lemminge, halten wir es für unsere vornehmste Aufgabe (vornehm im Sinne von „sich die Herrschaften mal vornehmen" wohlgemerkt) zu zeigen, wo, wie und warum der mörderische Schwachsinn kumuliert.

„Und wo bleibt die Aufklärung, der kritisch-engagierte Rationalismus, die mächtige Faust der Satire?" fragst Du nun besserwisserisch wie immer. Leser! Nun lies doch erst mal. Sollen wir vielleicht mit der eigenen Betroffenheit hausieren gehen? In unserem Alter?

Sei unverzagt, das Buch ist zu schaffen. Hübsch ordentlich gegliedert in sieben Kapitel (eins so willkürlich wie das andere – als ob sich der wabernde Ungeist der Zeit tatsächlich systematisieren ließe!) wird auf 208 Seiten die satirische Bearbeitung der laufenden und zum davonlaufenden Ereignisse vorgezeigt.

Und wisse, Leser, es fehlt an nichts: weder das Show-Programm des Papst-Besuches noch die akrobatischen Versuche führender Politiker, das Problem der Unterbevölkerung zu lösen. Weder der Rentenbetrug im Jahr des Kindes noch die Asylanten im Jahr der Behinderten. Und ebensowenig – Geil Hitler! – die spekulative Nazi-Welle in Kunst und Kultur oder die weit weniger spekulative Militarismus-Woge in öffentlichen Vereidigungen und nicht ganz so öffentlichen Nachrüstungsbeschlüssen.

So, Leser, und nun frag' nicht, was daran und an all dem anderen wohl komisch sei. Lies dies Buch, dann weißt Du es; oder möglicherweise tatsächlich, vielleicht, wer weiß, auch nicht.

Die Herausgeber

Friedrich Karl Waechter

Die roten Eier von Essen

1.
Die Lage war noch nie so ernst. Oder?

Die Bedrohung der Republik
von außen, innen, oben, unten
und von amtswegen

Feuchtfröhliche Antworten auf brennende Fragen von Eilert/Gernhardt/Knorr

DIE ASYLANTEN KOMMEN

Zehntausende von fremden Menschen strömten in den letzten Jahren verstärkt in unsere Bundesrepublik. Was wollen diese Leute von uns und bei uns, und was können wir tun, um ihren Aufenthalt so kurz wie möglich zu gestalten?

Sind wir nicht im Grunde auch Asylanten?

Ja, wir alle sind es. Wir sind nur zu Gast auf dieser Erde, wo der HERR uns zeitweiliges Asyl gewährt in seiner Güte. Doch diese göttliche Ordnung wird nun gestört: Pakistani, Inder, Ceylonesen, Eriträer, Vietnamesen, Chilenen, Koreaner strömen asylheischend in unser Land. Und wenn der schon erwähnte HERR das gewollt hätte, so würde er sie doch gleich in der Bundesrepublik angesiedelt haben. Das hat er aber nicht.

Warum wollen diese Menschen ausgerechnet zu uns?

Nur weil wir uns die „freie" Welt nennen. Da sieht man, was ein einziges unbedachtes Wort für Schaden anrichten kann. Wir hätten uns doch auch die „nicht für alle freie" Welt nennen können.
Zumal der Begriff es ohnehin viel besser trifft.

Was haben die Asylanten also hier zu suchen?

Nun, der Asylant trachtet zunächst und vor allem, durch die Maschen in unser soziales Netz zu schlüpfen. Nicht übertriebenes Mißtrauen läßt uns das vermuten – nein, den besten Beweis hat der Asylant doch mit seinem Kommen selbst geliefert. Denn unser liberales Asylrecht, auf das wir stolz sind, gibt es nun seit mehr als 30 Jahren. Doch niemand schritt durch das Tor, welches die Väter unseres Grundgesetzes damals so weit aufstießen. Im Gegenteil: Der Asylant saß in der gemütlichen Hütte im malerischen Heimatslum und wartete zu. Aber jetzt, da wir es uns durch die liebevolle Aufbauarbeit dreier Jahrzehnte eben ein wenig nett eingerichtet haben in unserer Bundesrepublik, jetzt ist er plötzlich massenhaft da. Das gibt uns zu denken.

Was ist so ein Asylant überhaupt für ein Mensch?

Der Asylant ist einer, der ganz ohne Einladung in unser Land kommt. Damit tut er etwas, das eigentlich dem zahlungskräftigen Touristen vorbehalten ist. Und er tut mehr, als jeder Tourist sich trauen würde: Er beginnt hier zu arbeiten. Er versucht es zumindest.

Wird der Asylant damit zum Gastarbeiter?

Nein, denn den gewöhnlichen Gastarbeiter haben ja wir selbst ins Land geholt. Führende Vertreter unserer Wirtschaft haben sich persönlich auf den Balkan bemüht und sich dort die stämmigsten Türken ausgesucht. Den gewöhnlichen Gastarbeiter hat also die reine Geldgier zu uns getrieben. Das verstehen wir und billigen es auch, denn diese Haltung ist leicht zu verachten. Jemand, der seine Heimat und seine ganze Kultur – sowenig das im Einzelfall auch sein mag – im Stich läßt nur schnöden Geldes wegen – und das ist auch nicht mal soviel –, darf doch wohl als moralisch minderwertig gelten.

Was aber treibt den Asylanten?

Die Beweggründe des Asylanten sind dunkel, wie zumeist auch er selbst. Viel ist von politischer Verfolgung die Rede. Was das bedeuten soll in jenen Ländern, aus denen er flieht, weiß so genau keiner. Sind es nicht eigentlich nur Stammesfehden und familiäre Zwistigkeiten? Dort unten wird doch schnell einmal das Kriegsbeil ausgegraben, nur weil etwa des Nachbarn Lieblingshuhn gekränkt wurde, worauf der Nachbar – aufbrausend, wie er von Natur aus ist – aufbraust und allsogleich dem Nächstbesten hinterherrennt. Und schon fühlt sich der Asylant verfolgt.

Gibt es denn überhaupt so etwas wie Politik in jenen Ländern?

Gewiß. Wenn man unter Politik versteht, daß seltsame Herren mit merkwürdigen Kopfbedeckungen und unaussprechlichen Namen sich gegenseitig das Recht bestreiten, sich in Regierungspalästen breit zu machen.

Aber warum flieht er dann überhaupt, der Asylant?

Das ist es ja eben. Er schafft es nicht, sich sein Sälchen im Regierungspalast zu sichern. Also sind es gerade die Unfähigsten, die Schlappschwänze und Hasenfüße, die zu uns kommen. Durchaus gebildete Menschen, daheim für die höchsten Ämter bestimmt, die nun hier bei uns Hamburger backen müssen. Man stelle sich den umgekehrten Fall vor: Helmut Kohl, der in Bombay eine winzige öltriefende Pizzeria betreiben müßte. Er wäre doch heillos überfordert, der arme Mann.

Aber ist der Asylant nicht auch noch schön?

Eben! Das macht die Sache doch noch schlimmer für uns. Wer kann denn ruhigen Gewissens mit ansehen, wie feingliedrige Pakistani unter schweren Zeitungspacken fast zusammenbrechen? Wem blutet nicht das Herz, wenn hochgewachsene, schmalschädelige Nubier, die mit dem trockenen Glanz ihrer Haut alle wie frischgewaschene Prinzen aussehen, plötzlich die letzte Drecksarbeit machen müssen? Wir leiden doppelt unter der Schönheit des Asylanten: moralisch und ästhetisch. Wir wollen ihm helfen – aber wie sollen wir?

Ist der Asylant wirklich nur hilfsbedürftig?

Nein, der Asylant ist auch sehr raffiniert. Er scheut nicht davor zurück, gegen unsere ästhetischen Bedenken deutsche Gerichte in Anspruch zu nehmen. Nicht nur, daß unsere deutschen Mitbürger damit im Austragen eigener Rechtshändel schwer behindert werden, nein, das dauert auch! Bis zu seiner endgültigen Heimreise – warum immer gleich von „Abschiebung“ sprechen? Wir schieben ihn doch nicht bis Pakistan, wie kämen wir denn dazu? Nein, er soll fliegen, doch der von ihm eingeschlagene Rechtsweg verzögert das um mehr als 18 Monate!

Was fangen wir bloß mit ihm an in der Zwischenzeit?

Wir müssen zumindest dafür sorgen, daß er sich bei uns wie zu Hause fühlt. Und das gewiß nicht, indem wir ihn in zivilisatorischen Annehmlichkeiten ersticken und ihm so einen Kulturschock versetzen, der ihn auf Dauer entwurzeln könnte. Nein, wir dürfen den Asylanten auf gar keinen Fall seinen gewohnten Lebensbedingungen entreißen, sondern müssen ihm die Möglichkeit geben, unter seinesgleichen zu bleiben. „Lager“ ist freilich ein häßliches Wort, und wir haben damit in der Vergangenheit auch nicht eben die besten Erfahrungen gemacht – „Slum“ ist ein viel schöneres Wort und viel leichter zu verwirklichen. Die Voraussetzungen sind schließlich gegeben: Viel zu viele Menschen auf viel zu wenig Raum unter katastrophalen sanitären Bedingungen.

Wer dächte da nicht an die Türkenviertel unserer Großstädte?

Natürlich wird das anfangs gewisse Schwierigkeiten mit den Ureinwohnern geben – aber damit soll der Asylant gefälligst allein fertig werden. Wir können uns nicht um alles kümmern.

Ist es aber nicht gut und schön, wenn sich zwei Kulturen begegnen?

Sowieso. Das kann sogar sehr fruchtbar sein. Und unsere westliche Kultur hat der östlichen doch verschiedenes zu verdanken: die Currywurst, um mit einem ganz naheliegenden Beispiel zu beginnen, und ... die Currywurst, wie gesagt, oder ... die Currywurst jedenfalls. Wobei die Wurst im Grunde noch von uns stammt – aber wir wollen da nicht kleinlich sein: die Currywurst also.

Wer kann dem Asylanten dabei behilflich sein?

Unsere Ausländerbehörden können das natürlich. Und zwar ganz einfach, indem sie dem Asylanten nicht paradiesische Zustände vorgaukeln, die dann bei ihm zu Hause zerplatzen wie die Seifenblasen. Darum ist es so wichtig, daß unsere Beamten auf gar

keinen Fall zu freundlich und zuvorkommend sind – aber wem sagen wir das.

Aber gibt es in der gesamten Menschheitsgeschichte auch nur ein Beispiel dafür, daß sich eine Kultur dadurch weiterentwickelt hätte, daß sie sich in das soziale Netz einer anderen lümmelt?

Nein, nein. Und wollen wir denn wirklich mit ansehen, wie solch ein sehniger Asylantenkörper sich im gemachten Bett unserer Sozialleistungen suhlt und Fett ansetzt und träge wird und immer träger? Wie soll er denn dann zu Hause noch seinen Verfolgern entkommen? Ach was, der Asylant muß fit bleiben.

Können wir nun das ganze Problem unseren Behörden überlassen?

O nein, denn wir leben in einer Demokratie, und das bedeutet, daß jeder von uns die Pflicht hat, sich darüber Gedanken zu machen, wie er an seinem Platze mithelfen kann, den Asylanten abzuhärten, auf daß die Enttäuschung der Heimkehr nicht zu schwer werde. Schwer genug wird sie bestimmt. Es fällt nicht einmal leicht, daran zu denken – aber es muß sein.

Doch wie verhalten wir uns in diesem scheußlichen Konflikt zwischen berechtigtem Mitleid und wohlverstandener Abgrenzung?

Wir verhalten uns richtig.
Der Wirt, der den Asylanten seines Lokals verweist, tut das, um ihn vor der Versuchung zu bewahren, durch Alkoholgenuß seine Götter zu beleidigen.
Der Verkäufer, der den Asylanten nicht bedient, tut das, um ihm nicht auch noch das letzte Geld aus der Tasche zu ziehen.
Und der Passant schließlich, der den Asylanten vom Bürgersteig schubst, wird wohl auch seine guten Gründe haben, das zu tun.

Hat das am Ende doch etwas mit Fremdenfeindlichkeit zu tun?

Ach wo. Mit Fremdenfeindlichkeit kann das gar nichts zu tun haben. Denn wenn wir Deutschen irgendwelche Fremden wirklich hassen, dann sieht das aber ganz anders aus. Das haben wir ja wohl hinreichend bewiesen.

Zeichnung: Hilke Raddatz

Das darf nie passieren!

So wird Deutschland im Jahre 2030 aussehen, wenn nicht umgehend eine gezielte christdemokratische Vermehrungspolitik eingeführt wird.

Das deutsche Volk soll nicht aussterben

Das
deutsche
Volk soll
nicht
aussterben

Nikolaus Jungwirth/Paul Taussig

Zwei Männer der Tat

Die CDU/CSU gebietet dem Bevölkerungsschwund Einhalt

Nach einer alarmierenden Prognose des Deutschen Instituts für Wirtschaftsforschung wird sich der Einwohnerbestand der Bundesrepublik von heute 61 Millionen bis zum Jahr 2000 auf 56 Millionen reduzieren; der Anteil der Deutschen sinkt im gleichen Zeitraum von 57 auf 52 Millionen. Für das Jahr 3000 prognostiziert der Kieler Bevölkerungswissenschaftler Professor Hans Wilhelm Jürgens – die „soziale Mode" einer 1-Kind-Familie vorausgesetzt – einen Restbestand von 12 000 Deutschen. Während sich Bundeskanzler Schmidt angesichts dieser Fakten weiterhin in Sorglosigkeit ergeht („Ich bin überzeugt, daß das Glück eines Volkes nicht im Geburtenüberschuß besteht"), haben verantwortungsvolle Unionspolitiker in jüngster Zeit immer häufiger dies populationspolitische Problem aufgegriffen. Dr. Dregger war es, der, im hessischen Wahlkampf 1978, dabei erstmals auf den Kausalnexus mit dem Wirken der sozialliberalen Koalition verwies: „Die tatenlose Hinnahme eines erschreckenden Geburtendefizits ist Raubbau in der Gegenwart auf Kosten der Zukunft." Und die CDU-Abgeordnete Erna Maria Geier präzisierte dahingehend, Schuld trage die „Emanzipations-Hysterie" der SPD/FDP-Koalition inklusive ihres beharrlichen Eintretens für ein „skrupelloses Sexualleben Heranwachsender".

Der Analyse und dem Appell folgt jetzt die Tat. Die beiden Spitzenpolitiker der Union, Dr. Kohl und Dr. Strauß, beabsichtigen, den Ernst der Situation nicht länger jenen Kräften zu überlassen, deren ideologische Gleichgültigkeit im Verein mit einer evidenten Ignoranz im technischen Bereich ein Aussterben des deutschen Volks toleriert, ja eskaliert. Angesichts der immer weiter um sich greifenden Gleichgültigkeit gegenüber den Erfordernissen der Vermehrung führen die beiden Parteivorsitzenden die erfolgversprechendsten Möglichkeiten der Fortpflanzung vor.

Zwei Männer der Tat

Der feste Wille zur Fortpflanzung ist die unabdingbare Voraussetzung für die Arterhaltung eines Volkes. Linker Reformsucht und sozialistischer Neuerungswut zum Trotz demonstrieren die beiden Parteivorsitzenden hier eine jahrhundertealte Methode der Bevölkerungsvermehrung.

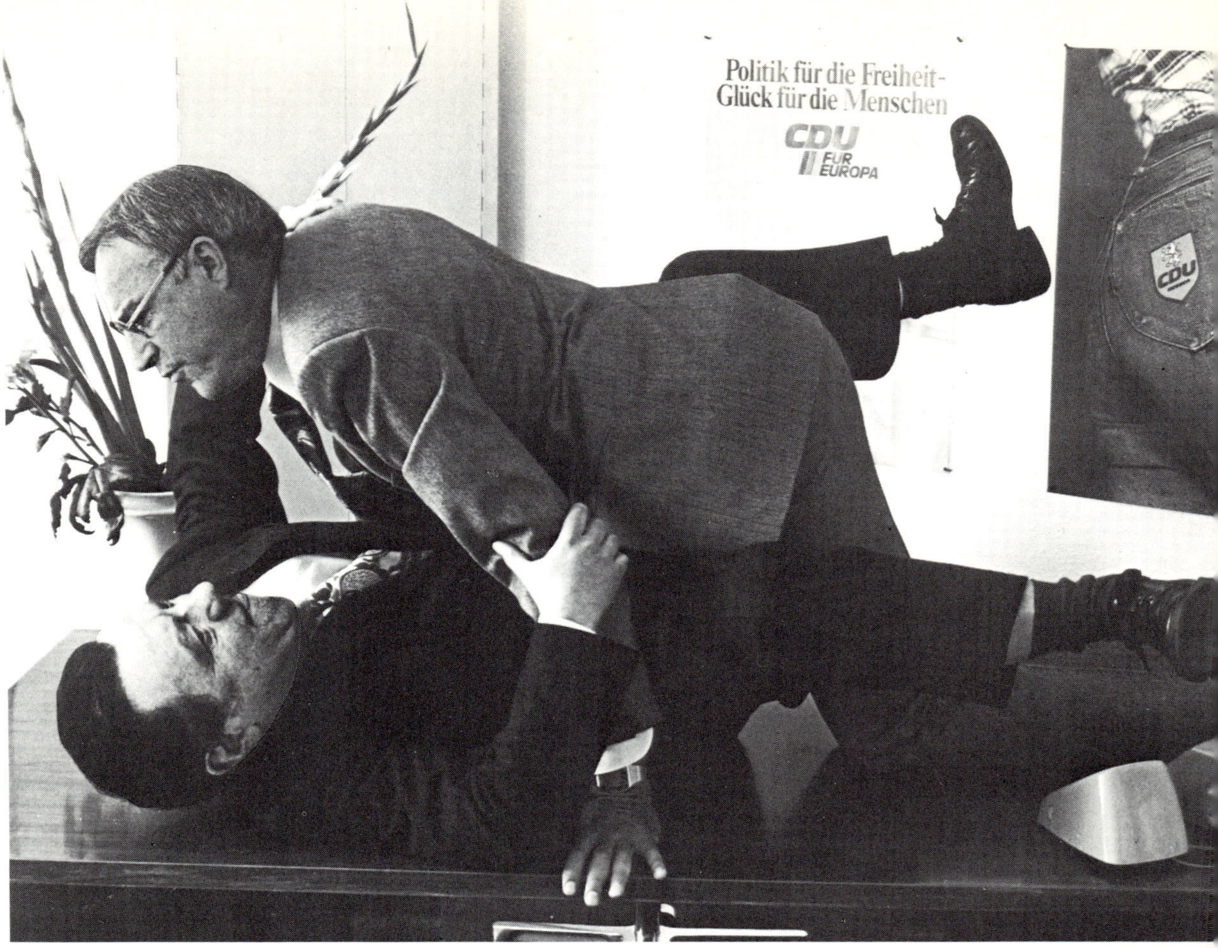

Fortpflanzungsfreudigkeit muß wieder stärker Eingang finden in das Sinnen und Trachten der Deutschen. Die praktische Ausführung der Vermehrung – selbst an hierfür nicht vorgesehenen Orten – ist dann, wie dieses Bild sehr anschaulich verdeutlicht, ein Kinderspiel.

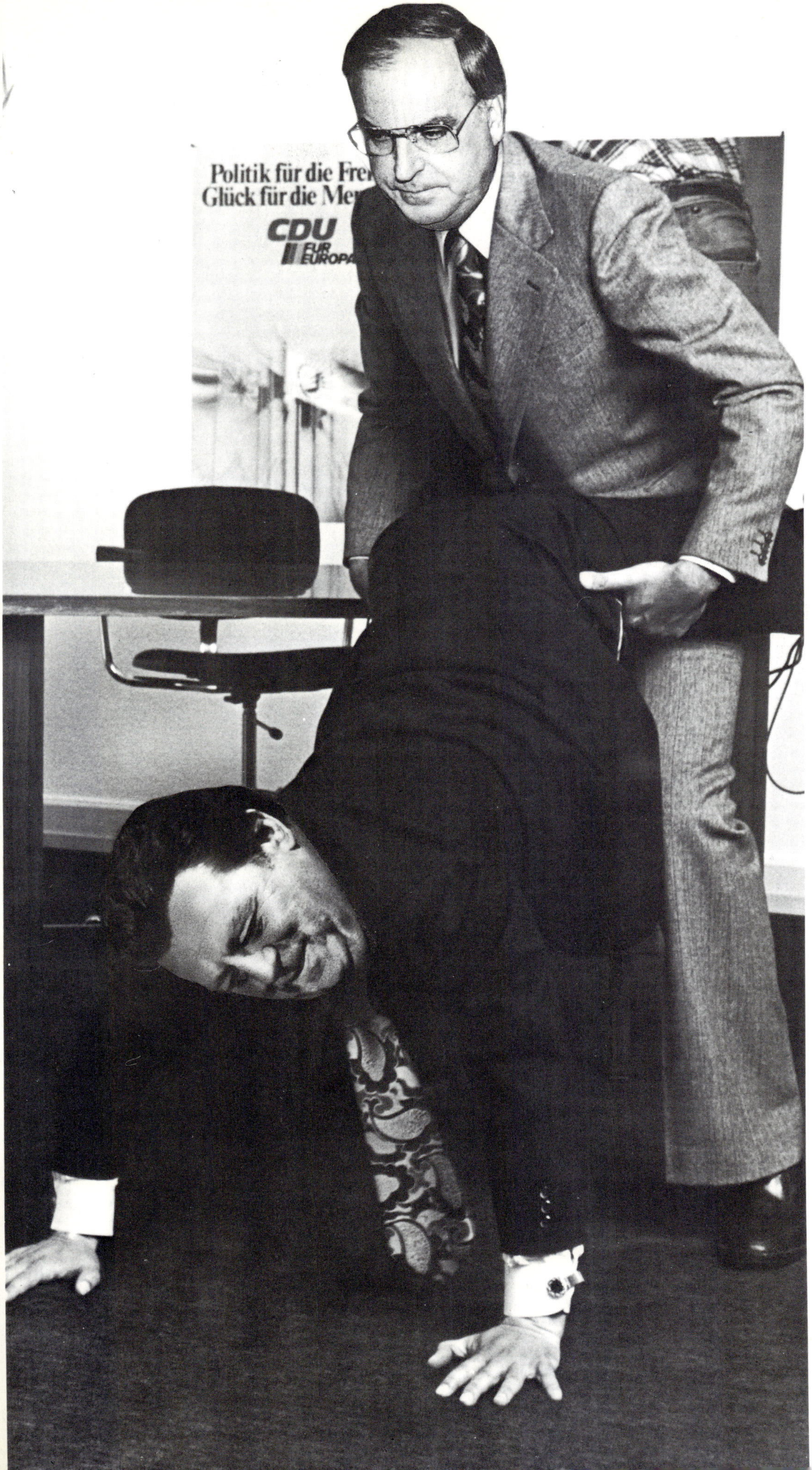

Das deutsche Volk soll nicht aussterben

Angesichts des großen Ziels, das es zu erreichen gilt – Deutschland muß noch dichter besiedelt werden –, darf der fortpflanzungsbewußte Bürger auch vor noch so großen Mühen und eventuell auftretenden Schwierigkeiten bei der Durchführung nicht zurückschrecken. Der in den langen Jahren der sozialliberalen Herrschaft in Mißkredit geratene Leistungsgedanke muß wiedererweckt werden. Dr.Kohl und Dr. Strauß geben uns ein Beispiel.

Zwei Männer der Tat

Auch eine einfache Schreibtischplatte kann für die Bewältigung einer bedeutenden Aufgabe ein brauchbares Hilfsmittel sein. Wenn es um den Erhalt unseres Volkes geht, muß Bequemlichkeit auch einmal hintanstehen können.

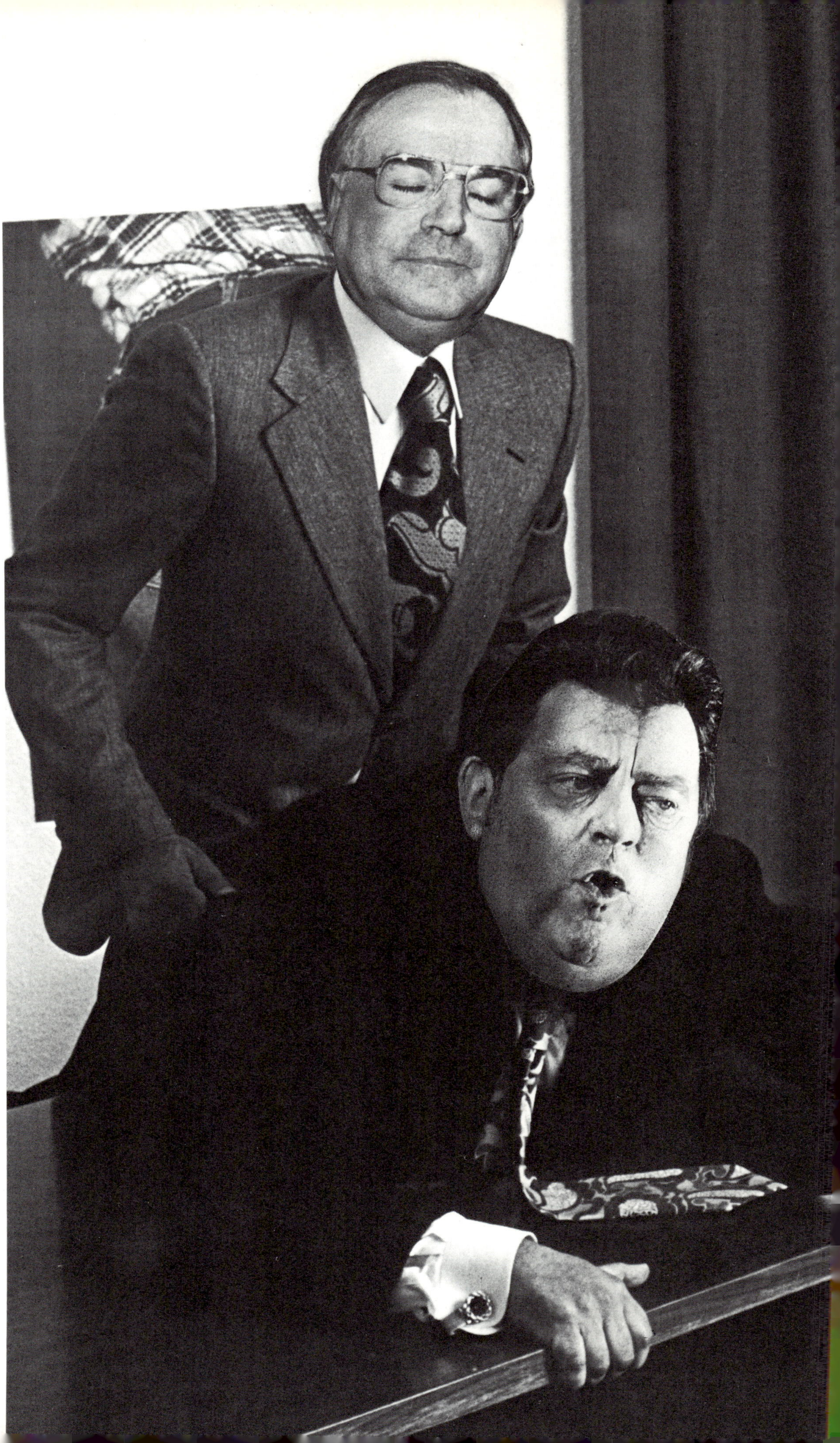

Das deutsche Volk soll nicht aussterben

Entschlossenheit und Verantwortungsbewußtsein gegenüber der hohen geschichtlichen Verpflichtung drücken sich bei der gelungenen Ausführung dieser Positur in den Gesichtern der zwei bekannten Spitzenpolitiker aus. Eine derart entschiedene Haltung bietet die Gewähr dafür, daß die deutsche Bevölkerung nicht bereits im Jahre 2030 unter die 40-Millionen-Marke absackt.

Montagen: Horst B. Baerenz

Unser Beitrag zur allgemeinen Panikmache von Eilert, Gernhardt, Knorr, Waechter

WANN REICHT'S?

☐ Alle Verantwortlichen sind sich einig: Wir leben in der kritischsten Zeit seit 1945. Alle Welt spricht von Krieg. Aber wollen Sie Entscheidungen über Dinge, die Auswirkungen bis in Ihre Lohntüten hinein haben können, wirklich den einsamen Staatsmännern in der Kälte ihrer computergesteuerten Machtzentren überlassen? Wollen Sie das? – Wenn das so ist, brauchen Sie nicht weiterzulesen. Wenn Sie aber als mündiger Bürger in unserem demokratischen Undsoweiter mitentscheiden wollen, dann tun Sie das jetzt! Ein Lump, der sich da raushält! Also los, machen Sie den Test! Entscheiden Sie über – wie schon, wohl nicht von ungefähr, ein Russe sagte: Krieg und Frieden.

Und so wird's gemacht:

Sie lesen sorgfältig die folgenden Fragen und setzen dann Ihr Kreuz dorthin, wo für Sie der Spaß aufhört und der Krieg anfangen sollte.

Der Russe nennt unseren Bundespräsidenten:
☐ Einen Schlingel
☐ Einen Tunichtgut
☐ Einen alten Nazi

Der Russe lockt ins Bett:
☐ Herrn Schmidt
☐ Frau Schmidt
☐ Ihr Töchterchen (eigenes!)

Eine unerfreuliche Macht (na welche wohl?) erklärt zu ihrem Einflußbereich:
☐ Das Horn von Afrika
☐ Kap Hoorn
☐ Giffhorn

Die gleiche unerfreuliche Macht fordert in Fortsetzung sattsam bekannter zaristischer Hegemonie-Politik einen eisfreien Hafen
☐ im Mittelmeer
☐ im Eismeer
☐ und wo denn noch alles

Der Russe weigert sich herauszugeben:
☐ Königsberg
☐ Kaliningrad
☐ unser altes, gutes Nischni Nowgorod (Hansestadt!)

Der Liter Benzin kostet:
☐ 1,50 DM
☐ 2,00 DM
☐ 2,05 DM

Die deutsche Fußball-Nationalmannschaft verliert in Moskau

- ☐ mit Pauken
- ☐ mit Pauken und Trompeten
- ☐ den Glauben an die Überlegenheit des kapitalistisch strukturierten Profi-Systems, das ja bekanntlich Spieler-Persönlichkeiten hervorbringt, während die kollektivistische Gleichmacherei . . . Aber lassen wir das.

Die unerfreuliche Macht schneidet uns ab von:

- ☐ Unseren Bauxit-Vorkommen im Kongo
- ☐ Unseren Ölfeldern in Saudi-Arabien
- ☐ Unseren südosteuropäischen Sklavenmärkten *(Entschuldigen Sie das harte Wort „südosteuropäischen".)*

Der Russe spricht schlecht, wenn nicht ehrabschneidend über uns:

- ☐ Im Kreml
- ☐ In der UNO
- ☐ Im Salon von Frau d'Estaing

Sie werden auf Ihrem Campingplatz durch Mücken belästigt:

- ☐ Stechmücken
- ☐ Malaria-Mücken
- ☐ Kalmücken

Eine unerfreuliche Macht nimmt als Geiseln:

- ☐ 50 Amerikaner
- ☐ 1000 Amerikaner
- ☐ 1 Deutschen

Der Russe verschleppt nach Sibirien:

- ☐ Albrecht
- ☐ Kohl
- ☐ Strauß

(Bißchen hypothetisch die Frage, aber allein die Vorstellung . . . !)

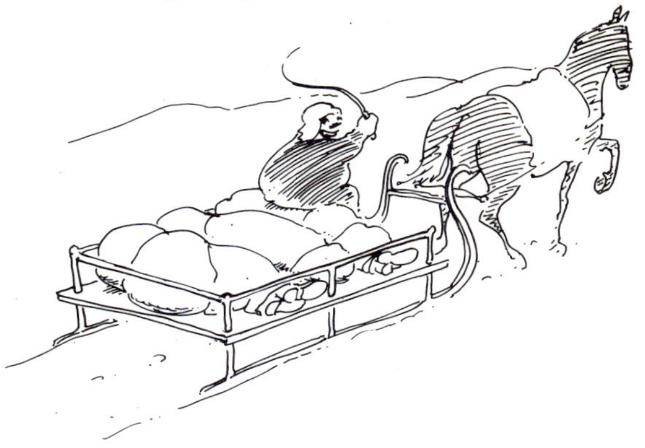

Ihr angestammter Urlaubsort heißt plötzlich:

- ☐ Teneriffagrad
- ☐ Mallorkow
- ☐ Syltibirsk

Unter den Gästen Ihrer Stammkneipe entdecken Sie von diesen Herren:

- ☐ Einen
- ☐ Hundert
- ☐ Hunderttausend

Die Herren schmeißen:

- ☐ Eine Lokalrunde
- ☐ Gläser an die Wand
- ☐ Sie raus

Der Russe beleidigt:

- ☐ Ihre Frau
- ☐ Ihr Vaterland
- ☐ Ihr Auto

Kaum zu glauben, aber:

- ☐ 1 Pole wird Papst
- ☐ 2 Polen werden Papst
- ☐ 1 Russe wird Papst

Auflösung:
Ein Kreuz im oberen Feld bringt 1000 Punkte, im mittleren 100 und im unteren 10. Zählen Sie Ihre Punkte zusammen und schaun Sie nach, was Sie sind.

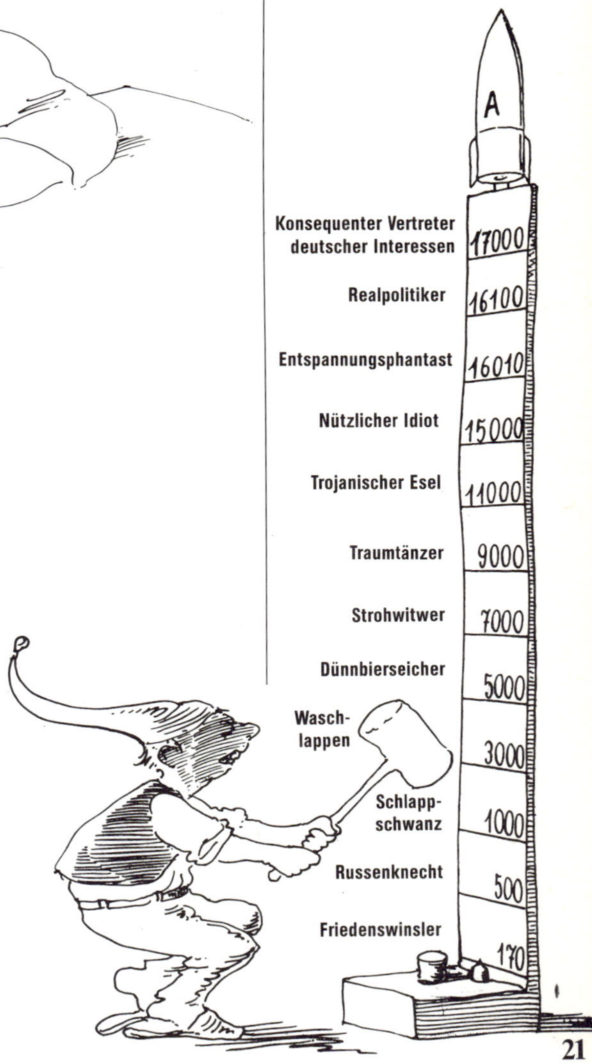

Drei Wochen nach dem siegreichen Ausgang des Dritten Weltkrieges erreic

er erste Tanklastzug mit dem kostbaren Kraftstoff die Rhein-Main-Metropole

Briefe

an die Leser

Liebe Freunde im Unternehmerverband,

Ihr wollt zu Recht wissen, wo wir politisch stehen, wessen Interessen wir vertreten und warum wir diese Zeitschrift machen. Freunde, es ist so: Nieder mit der Macht des Kapitals! Mit der Waffe der Satire die Multis bekämpfen! Den kritischen Intellekt als Faustpfand gegen Imperialismus undsoweiter einsetzen! Böse, oh, so böse sein! Bis die Tage. Eure
TITANIC

Liebe Genossen vom KBW,

Ihr wollt zu Recht wissen, wo wir politisch stehen, wessen Interessen wir vertreten und warum wir diese Zeitschrift machen. Genossen, es ist so: Leise plätschert der Reibach. Wir sitzen an seinen Ufern und greifen den Kies ab. Wir angeln nach der großen Maus. Warten, daß die Riesenkohle vorbeischwimmt. Und damit das Einsacken nicht zur entfremdeten Arbeit wird, vertreiben wir uns die Zeit mit Ideologie-Kritik und ästhetischer Kommunikation. Alles klar? Küßchen, Eure
TITANIC

Lieber Johann Wolfgang Strauß,

Sie sagen in der Wochenschrift „Die Zeit“: „Meine literarischen Fähigkeiten und die vom Engelmann, dann kann man ja sagen: das ist Goethe zu Ganghofer.“
Daß wir darauf nicht von allein gekommen sind! Mal abgesehen von Engelmanns Bergroman „Wir Untertanen von der Oberalm“, hätte uns natürlich spätestens Goethes wunderbares Gedicht: „Füllest wieder Busch und Tal still mit Schmeißfliegen“ stutzig machen müssen. Nun sind wir's.
Aber, wenn Er Goethe ist, dann sind Wir allemal Herzog Karl-August. Und als solcher werden Wir es zu verhindern wissen, daß Er in unserem schönen Weimar Bundeskanzler wird. Hat Er das begriffen, Torquato Quatscho? Ungehaltenst, Seine
Titanic

Lieber Herr Koschnick,

1. Reden Sie nicht so schnell.
2. Schreiben Sie nicht so dumm.
Denn was Sie in Ihrem Leserbrief an die ZEIT geschrieben haben, war doch dumm, oder? „Im übrigen waren der Herr Bundespräsident und ich uns in der Frage einig, die Bundeswehr nicht in ein Getto zu drängen, indem man sie in den Kasernen versteckt.“ 1. ist das keine Frage. Und 2. wollen wir den Herrn Bundespräsidenten mal ganz schnell vergessen – dem trauen wir sowieso alles zu. Aber Sie, Herr Koschnick, sollten doch wissen, daß die Soldaten sich nicht vor einer feindseligen Bevölkerung in den Kasernen verstecken, sondern weil es in unserem Lande noch immer finstere Mächte

gibt, die offenbar das Recht haben, jungen Männern zu befehlen, sich dannunddann in derundder Kaserne einzufinden. Und das machen die dann. Und schon sind sie weg – in the ghetto, mindestens 15 Monate lang. Seien Sie doch konsequent, Herr Koschnick! Entweder Sie quartieren grundsätzlich in Stadien oder Freibädern ein und verlegen die Manöver in die Fußgängerzonen, damit der engere Kontakt zur Bevölkerung durchgehend gewährleistet ist, oder Sie gehen endlich der Frage nach, wie man jenen Menschen das Handwerk legen kann, die hierzulande ungestraft Freiheitsberaubungen und Zwangseinweisungen in Kasernengettos durchführen dürfen.
In der Hoffnung, daß Sie jemand finden, der Ihnen das Gespinst unserer Andeutungen entwirrt –
Titanic

Adelbert Weinstein,

in der FAZ kritisieren Sie den iranisch-irakischen Konflikt: „Diese militärischen Handlungen kann man kaum als Krieg ansprechen. Hier schlagen modern ausgerüstete orientalische Heere sinnlos aufeinander ein.“ Die Leidtragenden aber sind mal wieder die armen Panzer: „Die Panzer der Perser, britische Chieftain-Kampfwagen, sind gut. Doch sie verlangen Pflege, die ihnen ihre Besatzungen nicht gönnen. Also bleiben sie vielfach auf der Strecke“ – anstatt schneidig vorzustoßen und möglichst viele andere Panzer und Menschen zur Strecke zu bringen. Gute europäische Panzer in den Händen böser Orientalen – ja, da muß sich einem doch ganz einfach das Hirn zusammenkrampfen. Vorausgesetzt, man hat eins. Daran aber zweifelt, speziell in Ihrem Falle,
Ihre Titanic

Kanzler Schmidt!

Neulich kam während einer Kabinettssitzung die Rede auf Ihre Smokinghose, die beim Empfang des

Königs von Marokko platzte. Mit dem Satz „Ich hatt'n Loch im Arsch“ bestätigten Sie den Vorfall. Der gnadenlos witzige Herr Genscher fragte darauf: „Noch eins?“ Sie lachten sehr herzlich.
Ja, ja, so ist das in Bonn: Über ein Arschloch kann niemand lachen, über zwei röhrt die ganze Corona.
Es schwelgt in Männerphantasien
Ihre Titanic

Lieber Wolfgang Mischnick,

da es Ihnen ja sonst niemand sagt, müssen wir es mal tun: Sie sind ein ganz toller Redner. Auch das, was Sie während der Aussprache zur Regierungserklärung sagten, hat bei vielen Redaktionsmitgliedern einen echten Umdenkungsprozeß bewirkt. Da gab es unter uns doch gar manche,

die der FDP unterstellten, sie sei dagegen, Probleme offen zu diskutieren, und dafür, Angst demagogisch auszunützen. Auch behaupteten diese Schwarzseher, die FDP wolle bei den anstehenden politischen Entscheidungen auf gar keinen Fall Besonnenheit walten lassen – Sie können sich gar nicht vorstellen, mit welcher Erleichterung wir daher alle Ihre Worte hörten: „Wir sind dafür, Probleme offen zu diskutieren, aber wir sind dagegen, wenn Angst demagogisch ausgenützt wird. Lassen wir bei den anstehenden politischen Entscheidungen Besonnenheit walten . . .“ Gut kam auch Ihr Satz an: „Die Völker dieser Welt wollen Frieden –“ wir haben uns alle umarmt und getanzt und gelacht und durcheinandergerufen: „So ist es also wahr?! Und wir haben immer vermutet, die Völker dieser Welt wollen Krieg . . .“ – Ihre Rede hatte viele Höhepunkte dieser Art, war recht eigentlich ein einziger Höhepunkt, dafür gebührt Ihnen Dank.
Nur: Wie schreibt man so etwas hin, ohne daß einem unverzüglich der Arm einschläft? Das Hirn abstirbt? Der Kopf runterfällt?
Verraten Sie es uns?

Ihre Titanic

Verehrte Deutschlandpolitiker,

da habt Ihr nun dummerweise das Thema Staatsbürgerschaft aufgerührt und steckt jetzt gewaltig in der Patsche. DDR-Staatsbürgerschaft ja oder nein oder wie? Da ist guter Rat teuer, was? Stimmt aber gar nicht. Ihr braucht doch nur aus der Vergangenheit die Lehren zu ziehen.
Etwa so: In der offiziellen Lesart fangt Ihr ganz sachte mit Sowjetzonenbürgerschaft an, geht dann allmählich zur phänomenalen und schließlich zur sogenannten Staatsbürgerschaft über, bis Ihr bei der „Staatsbürgerschaft“ angekommen seid. Die Dibbelchen fallen irgendwann, quasi aus Flüchtigkeit, unter den Tisch, und alles ist geregelt. Klar?
Immer bereit, Euch aus dem Dilemma zu helfen

Titanic

Herr Wörner,

Wehrwille, Verteidigungsbegeisterung, Kriegsbereitschaft, Versagen von Schule und Elternhaus . . . was soll man Ihnen eigentlich noch sagen? Der Gag gerinnt uns in den Adern, der Witz erstirbt uns auf der Zunge, von unsren bleichen Lippen kommt nur noch ein letztes Stöhnen: Sie sind ja sowas von blöd!
Nein, wir wollen uns auch nicht mit Ihnen duellieren. Wir streichen Sie nämlich hiermit aus unserem Gedächtnis. Schaun Sie nur in den Spiegel. Sie sind schon nicht mehr da!

Titanic

Sagen Sie mal, Erich Mende,

Sie wollen doch nicht schon gehen? Einfach den Deutschen Bundestag verlassen, dem Sie seit Bestehen ununterbrochen angehört haben?

Ausgerechnet jetzt, da kein Mensch mehr wußte, daß Sie überhaupt noch drin waren. Herbst des Lebens, Abschiedsstimmung, Büroräumung – was passiert eigentlich mit Ihrem ganzen Kram?
Ihr Ritterkreuz geht an die Punk-Bewegung? Okay. Ihre sagenumwobene Umfallübungsmatte an die Konrad-Adenauer-Stiftung? Gute Idee. Die restlichen IOS-Aktien ans Kriminalmuseum? Da gehören sie hin. Ihr Bett ins Cornfeld? Spaß muß sein. Und Ihr Pomadentöpfchen? Ach, das brauchen Sie noch? Sie wollen es auch behalten, wenn Sie sich dafür – kleines Gegengeschäft, kennen Sie doch – in Zukunft jederzeit auf Abruf bereithalten. Wir möchten Sie gern unsern Kindern als Beispiel dafür zeigen können, was für Typen sich hier 31 Jahre lang „Volksvertreter“ nennen durften, und, schlimmer noch, es auch waren. Das glaubt einem doch sonst niemand mehr.
Alsdann: hopp-hopp, in die Frischhaltepackung!

Titanic

Sehr verwirrter CDU-MdB Werner Marx,

was müssen Sie unter Ihrem Namen leiden! Oder warum sind Sie sonst so ausdauernd bemüht, ihm alle Schande zu machen? Nun haben Sie 90 andere unbedarfte CDU-MdB dazu angestiftet, einen „Hilferuf“ an den amerikanischen Kongreß zu richten. Da wir allein „der gezielten sowjetischen Drohung und Lockung“ nicht Herr würden. Herr Marx, was erwarten Sie denn von den Amis? Daß sie hier einmarschieren? Herr Marx! Nur Ihnen – ja, das sind Sie – nur Ihnen verraten wir hiermit stramm vertraulich ein ganz geheimes Geheimnis: Die Amerikaner können bei uns gar nicht einmarschieren – sie sind nämlich schon da. Na, da fällt Ihnen aber ein Stein vom Hirn, wie? Herrlich, wenn der Druck plötzlich nachläßt, was?

Titanic

Herr Walter Scheel,

immer wieder haben wir Ihren Kritikern erwidert: Aus dem wird nochmal was.
Und richtig: Mehr und mehr entwikkeln Sie sich zu *dem* Mann für gewisse Stunden. Nach Ihrem werblichen Einsatz für Remy Martin gehen Sie nun für Springer auf den Feinschmeckerstrich. „Ullsteins Gourmet Journal“ verleiht sechs „Silberne Eulen“ an sechs alberne Beulen – Entschuldigung! an „sechs Persönlichkeiten, die unsere Welt ein wenig schöner und erlebnisreicher machen. Die Festrede hält“ – na wer wohl? Ja doch: „Bundespräsident a.D. Dr. Walter Scheel.“
Mächtig was los in Walterchens Ballhaus, wie? Anruf genügt – schleime sofort. Rent an Ex-President. Call an elder states – boy. Was kosten Sie eigentlich pro Tag? Wir haben nämlich vor, demnächst den „Silbernen Reierbecher“ an sechs verdiente Kotzbrocken zu verleihen und würden uns glücklich schätzen, wenn Sie dieser tristen PR-Veranstaltung ein wenig Glanz verliehen indem Sie sich oder doch wenigstens die Preise übergeben.
Wir freuen uns auf Ihr Angebot. Sollten Sie wider Erwarten ablehnen, gehören Sie automatisch zu den Preisträgern und Golo Mann übernimmt die Ehrung. Dabeisein ist alles!

Titanic

„Ich bin Jägermeister, weil ich konsequent jeden Scheiß mitmache.“

Bernd Eilert
Robert Gernhardt
Peter Knorr

Die Großen der Welt und ihre kleinen Freunde

Ganz traurig schaut der Leonid,
wenn man an seinem Breschnjew zieht.

Sehr unwirsch reagiert Herr Schmidt,
wenn man auf seinen Helmut tritt.

Wird es dunkel, läßt der Strauß
gerne mal den Josef raus.

Darin ist Valerie sehr streng:
links hängt Giscard und rechts d'Estaing.

Herr Scheel pflegt noch im hohen Alter
mit großer Sorgfalt seinen Walter.

Beglückt verkündete Herr Carter:
„Mein Jimmy läuft auch ohne Starter!"

„Mein Gott, wo steckst du?" sprach Herr Brandt,
als er den Willy nicht mehr fand.

Artistisch formuliert Herr Börner:
„Mein Holger wird mir immer gerner!"

Mensch, Kanzler!

Ein Versuch, sich Helmut Schmidt zu nähern – von ***

Herr Bundeskanzler Schmidt, erschrecken Sie bitte nicht, daß wir so unangemeldet und geistergleich in Ihr Amt hineinschneien. Wer wir sind? Wir haben viele Namen; man nennt uns die drei Weisen aus dem Sorgenland, Frau Sorge, Frau Vorsorge und Frau Entsorge. Einst hießen wir Nornen, Sibyllinen, Parzen, ja auch die Drei Beperos wurden wir genannt. Remember? Wasser ist zum Waschen da, valerie und valera?

So. Hören Sie uns jetzt endlich zu? Wer wir sind, das tut doch nichts zur Sache! Was uns treibt, darum geht es doch, Herr Kanzler! Und uns treibt die Sorge. Die Sorge um Ihre politische Zukunft. Nein, nein, wir reden nicht von diesen Wahlen. Die haben Sie in der Tasche. Zu Recht. Ihre Erfolgsbilanz kann sich sehen lassen:

Die Studenten sind still,
die Generäle sind schrill.
Die Überwachung ist total,
der Rettungsschuß final.
Das Berufsverbot greift,
der Reaktorbau reift.
Experimente beendet,
Tendenz gewendet,
Klima reaktionär,
wir sind wieder wer!

Hej, Herr Kanzler, nicht einschlafen, das war ein Gedicht! Kommt schon wieder Prosa: Einer Ihrer schönsten Erfolge war ja zweifellos, wie Sie mit Ihrem mutigen Nachrüstungsbeschluß den russischen Bären derart verschreckten, daß er sich furchtsam ins ferne Afghanistan zurückzog, was wiederum unsere Sportler davor bewahrte, sich bei den Olympischen Spielen zu blamieren. Alles unter Kontrolle also. Und so hat es doch dem deutschen Volk schon immer gefallen. Es hat seine starken Männer und Macher stets geliebt, gefürchtet und gewählt. Da kann nichts schiefgehen; Sie dürfen die Familienflasche Cola für die Siegesfeier schon kaltstellen. Iii, wer da mitfeiern müßte!

Weshalb wir dann überhaupt hier sind, wenn alles so zum besten steht, das soll das folgende kleine Märchen Sie lehren: Es war einmal eine Rechts-Partei, die einem Staat vorstand, in dem einiges im argen lag; jedenfalls nach Meinung dieser Partei. Die Studenten waren zu laut, der Wehrwille schwach, na und so weiter, Sie hätten halt bei unserem Gedicht ein bißchen besser aufpassen müssen. Da sagte sich diese rechte Partei: Warum sollen wir eigentlich die Dreckarbeit machen? Das gibt doch nur Ärger und noch mehr Unruhe. Lassen wir das doch gleich die sogenannte Links-Partei machen, die es zum Glück ja auch noch gibt. Und um dieses Ziel zu erreichen, ließ sie sie zunächst ein wenig mitregieren, dann ließ sie sie allein regieren, und weil immer noch Dreck zu karren war, stellte sie ihr bei den Wahlen immer abwegigere Kandidaten entgegen. Erst einen Möchtegern-Romancier aus Paderborn, dann einen birnenförmigen Pfälzer Provinz-Generalisten und schließlich einen Bayern. Doch als die zehn Jahre vorbei waren . . .

Merken Sie die Anspielung, Herr Kanzler? Ja, auch das dümmste Märchen geht einmal zu Ende. Denn nach Strauß wird die CDU Ernst machen. Ganz richtig, Ernst Albrecht. Ein nicht zu unterschätzender Menschendarsteller! Wenn der erstmal mit seinem volkstümlichen Kekskopf, seiner 17teiligen Familie, seiner Quetschkommode, seinen swingenden Folterknechten und seinem wissenschaftlichen

*Eilert, *Gernhardt, *Knorr

→

Mensch, Kanzler!

Background-Chor als Wander-Hearing durch die deutschen Gaue joggt – dann, Herr Kanzler, sehen Sie ganz schön alt aus. Der Mann hat Extras! Der kann z.B. so tun, als ob er wirklich von Herzen lacht. Herr Schmidt, bemühen Sie sich nicht. Für das bloße Vorzeigen vollständiger Zahnreihen gibt es einen anderen Ausdruck: blecken. Und es gibt für Sie auch nichts zu lachen. Bei den 1984er Wahlen wird nämlich wieder gemenschelt werden. Und wie sieht's da bei Ihnen aus? Na gut, Sie haben drei Attribute, die als menschlich durchgehen können: Ihr Prinz-Heinrich-Mützchen, Ihr Schnupftabak-Döschen und die Fähigkeit, einmal im Jahr in den Brahmsee zu fallen. – Nein, danke, wir schnupfen nicht; aber dürfen wir rauchen, während wir weiterschreiben? Und warum kriechen Sie jetzt unter den Schreibtisch und bellen? Ach so, Sie wollen darauf hinweisen, daß der Underdog-Faktor Ihnen zugute kommen könnte. Aber wie denn? Sie können natürlich häufiger in den Brahmsee fallen. Sie können sogar reinfallen und eine Weile drin bleiben. Die ersten Tage wird der Mitleidseffekt sicher voll auf die Medien durchschlagen: „Kanzler ganz naß!", „Kanzler ganz kalt!", „Armer Kanzler muß aus dem Brahmsee regieren!" Aber Sie wissen doch, worauf das bei Ihnen wieder hinausläuft: „Deutscher Super-Kanzler bricht Brahmsee-Aufenthaltsrekord!" Und dann? Wieder das alte Image: der ideologiefreie Krisenmanager, der Macher, der Übermensch. Man hat's halt schwer als Zombie. Natürlich sind Sie ein Zombie, was denn sonst! Sie haben sich spätestens damals verraten, als Sie einen fernsehfreien Tag pro Woche forderten, wo doch jeder weiß, daß kein richtiger Mensch einen ganzen Tag ohne Fernsehen auskommt. Albrecht dagegen will mehr Fernsehen, Regionalfernsehen, Privatfernsehen, Totalfernsehen. Natürlich ist der auch ein Zombie. Aber das neuere Modell, mit den vielen Extras: dem reichen Kindersegen, der eingebauten Ziehharmonika und der angekoppelten Stand-by-Ehefrau. Loki dagegen Punkt, Punkt, Punkt. Was zieht sie eigentlich immer in exotische Ferne, bis hin zu den Galapagosinseln? Warum fühlt sie sich offensichtlich unter Echsen wohler als im schmucken Barmbecker Reihenhaus? Zombie-Allergie?

Nein, kommen Sie jetzt nicht damit, daß die SPD für den human-touch immer noch Willy Brandt und Herbert Wehner habe. Brandt kann sich nicht alle vier Jahre eine neue Freundin zulegen, und ob Wehner noch mal so ein Meisterstück wie „Düffel-Doffel" gelingt, ist mehr als fraglich.

Düster schaut's aus, Herr Kanzler, wie? Da haben wir Ihrer Sieges-Cola einen ganz schön dicken Wehrmuts-Tropfen beigemengt, stimmt's? „Ja, ich muß menschlicher werden!" schreien Sie nun, „aber wie, wie, wie?" Wiehern Sie nicht, hören Sie uns zu: Wie, wie, wie wär's denn mal mit einer menschlicheren Politik? Das hört sich kompliziert an, ist es aber gar nicht. Sie müßten nur ungefähr das Gegenteil von dem machen, was Sie bisher getan haben. Sie müßten mehr Demokratie wagen, weniger überwachen lassen, kurz, Sie müßten besser aufpassen, wenn wir Ihnen schon mal ein Gedicht vortragen: Der Deutschen Los? Es liegt in Ihren Händen! An Ihnen ist es, die Tendenz zu wenden!

Hej, Kanzler, Sie kriegen ja ganz leuchtende Augen! Wie ein richtiger Mensch. – Ach nein, es ist das Kontrollämpchen. Sie müssen zum Ölwechsel. Quietsch, quietsch. Na dann. ENDE

2.
There is no business like show-business

Show-Freaks, Kakadu-Dresseure, Maultrommler, Illusionisten, Kunstpfeifer, Riesenzwerge und Selbstdarsteller

EILT

Eilert / Gernhardt / Knorr

"GEIL HITLER"

Entwurf zu einer Anti-Faschismus-Revue

Ausstattung: Hans Traxler
Gestaltung: Hanno Rink

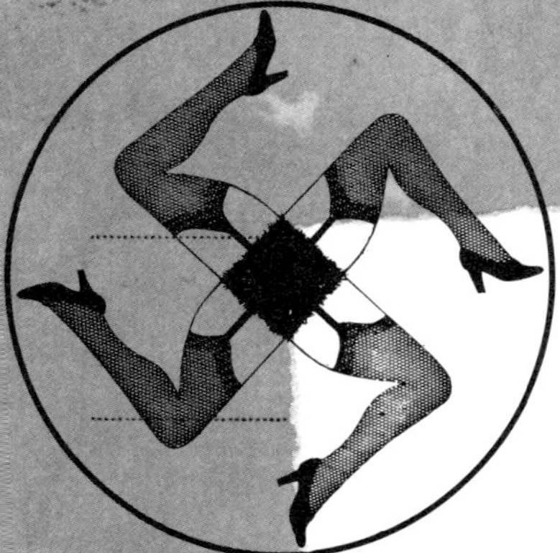

An alle Staats- und Stadttheater, Fernsehanstalten, Filmförderungsgremien, Abschreibungsgesellschaften, Tournee-Agenturen, private Kapitalanleger, kurz:

AN ALLE, DIE NOCH ETWAS FÜR DIE KULTUR ÜBRIG HABEN – GELD WOHLGEMERKT!

LIEBE GELDHABER UND INVESTOREN!

Sicher ist auch Ihnen aufgefallen, daß in unserem Lande in letzter Zeit der Widerstand gegen den Nationalsozialismus kräftig angezogen hat und nach wie vor stark im Kommen ist. Dieser Boom könnte auch für Sie von finanziellem oder Image-wirksamem Interesse sein. Gestatten Sie uns deshalb, Ihnen das folgende Angebot zu machen:

Unser Projekt: Eine Bühnen-, respektive Film-Revue, die den deutschen Faschismus mit unterhaltsamen Mitteln kritisch aufarbeitet. Sie basiert auf Eugen Kogons anerkanntem Standardwerk und Steady-seller „Der SS-Staat". Arbeitstitel der Revue: „Geil Hitler!"

Mögliche Einwände gegen das Projekt: So etwas ähnliches gibt es schon. Peter Zadek und Jérôme Savary haben für 1,8 Millionen Hans Falladas Roman „Jeder stirbt für sich allein" zur Revue erhoben. Rainer Werner Faßbinder hat Lale Andersens Roman „Der Himmel hat viele Farben" unter dem Titel „Lili Marleen" für 10 Millionen Mark melodramatisiert. Beide Produkte gehen überdies von der gleichen Voraussetzung aus wie wir. Savary: „Die Nazi-Show muß dreckig und gemein sein, die Leute sollen Spaß haben und im selben Moment erschrecken" – d. h. daß es ebenso kassenträchtig wie moralisch befriedigend ist, sämtliche Oberflächenreize des III. Reiches hemmungslos abzugreifen und sich damit als kunstsinniger Antifaschist zu profilieren.

Widerlegung dieser doofen Einwände: Wer, bitte schön, sind Zadek, Savary und Faßbinder? Die stricken doch auch nur weiter, was Visconti, Pasolini oder Liliana Cavani vorgehäkelt haben! Außerdem: Wo waren sie denn? Mister Zadek hielt es für richtig, Deutschland ausgerechnet 1933 zu verlassen, genau zu einer Zeit, in der das deutsche Volk ernsthaft damit begann, sich über die ästhetischen Grundlagen für solche Revuen Gedanken zu machen. Oder Monsieur Savary? Schon sein Name stellt ihn stark in die französische Ecke, wo es bekanntlich nie zu einem einigermaßen revuefähigen Faschismus gekommen ist. Und Jungfilmer Faßbinder? Der war damals noch gar nicht auf der Welt! Jahrgang 45! Typisch! Abwarten, bis der Krieg vorbei ist, dann rauskommen und die Nazi-Zeit verscheißern! Und solche Leute wollen uns vormachen, „wie erregend und erschreckend zugleich" der Faschismus angeblich gewesen sei. Wenn es denn wirklich „geschmacklos", „gemein", „amüsant", „witzig", „makaber", „entlarvend", „schön, toll und wunderbar" sein soll, dann sind wir bei Gott nicht auf Emigranten, Ausländer und Zu-spät-Geborene angewiesen. Wir haben doch uns! Wir machen das schon. Und zwar etwas billiger und garantiert viel geschmackloser. Wir lassen nämlich aber auch keinen der alten Reize aus, und die neuen schon gar nicht. Jeder aktuelle Bezug wird mitgenommen und das Ganze zu einer Mischung verwurstet, die das kleinbürgerliche Publikum zu beklommenem Wiehern und das großbürgerliche Feuilleton zu brillanter Bedenklichkeit hinreißen wird!

REVUE-ENTWURF ANBEI! REALISATIONSHONORAR NACH ABSPRACHE.

1. Bild
Im Boudoir der Eva Braun

Der Conférencier (Boy Gobert als Eugen Kogon verkleidet) tritt auf.
Er öffnet das Buch „Der SS-Staat" auf Seite 279 und liest

CONFÉRENCIER: „Je länger der Krieg dauerte und je ungünstiger er sich für die Nationalsozialisten entwickelte, desto chaotischer wurde die Lage für die SS. Diesem Gang der Dinge half die alliierte Luftwaffe durch Bombenangriffe auf Rüstungsbetriebe der SS nach. Die großen Konzentrationslager wie Sachsenhausen, Dachau, Buchenwald, Auschwitz wurden 1944 samt und sonders schwer mitgenommen – nicht die Stacheldrahtbereiche, aber gründlich die herumgelagerten Industrieanlagen ..."

DUETT: Jetzt gehn wir ins KZ,
da wird es rasend nett –
wir fassen alle Wachen
an ihre Schmusesachen!
Sieg, Sieg, Fried, Fried, Karl-Heinz –
uns ist das alles eins.
Denn wenn die Kerle „Heil" schrein,
dann werd'n wir herrlich geil sein.

Anmerkung: In solchen scheinbar unendlich harmlosen Couplets knüpfen wir bewußt an tradierte Unterhaltungsmuster des bürgerlichen Theaters an, um es mit seinen eigenen Mitteln ad absurdum zu führen. Und genauso raffiniert machen wir es dann auch mit dem Faschismus.

Der Conférencier tritt vor den Vorhang und liest aus dem „SS-Staat".

CONFÉRENCIER: „Es gab nur verschwindend wenig Schutzhäftlinge, die vor ihrer Einlieferung in ein Konzentrationslager Kenntnis von dem hatten, was sie erwartete. Der Transport konnte zwölf Stunden oder zwölf Tage und mehr dauern. Er war immer eine Qual. In Personenwagen der Reichsbahn mußte man bis zu 36 Stunden mit den Augen ins Licht gerichtet sitzen. Erschöpft kam man schließlich im Bestimmungsbahnhof an."

Auch Adolf Hitler macht sich Sorgen um die KZs. Außerdem muß er unbedingt mal wieder raus aus Berlin. So verbindet er das Angenehme mit dem Nützlichen und schaut unangemeldet bei Eva Braun vorbei, um sie zu einer kleinen Spritztour durch die umliegenden Lager einzuladen. Adolf trägt Motor-Rocker-Kluft, Eva zieht sich gerade an – oder aus – jedenfalls hat sie nur Strapse am Leib.

EVA: Ach Adolf, ich weiß gar nicht, was ich anziehen soll?!
ADOLF (lüstern): Zieh doch das kleine Gestreifte an!
EVA: Hach! Den KZ-Fummel?
ADOLF (noch lüsterner): Ja! Das tittenfreie mit dem Judenstern in Schamhöhe!
EVA: Meinst du wirklich, daß ich so in ein KZ gehen kann?
ADOLF (stolz): Klar! Mit mir immer! Ich bin doch der Führer!

Während Adolf das Motorrad mit Beiwagen startet, eine 1500 Kamikaze mit Beiwagen, ein Geschenk des Tenno, singt er mit Eva folgendes:

2. Bild

An der Rampe des Lagers. Gerade winkt Lagerkommandant Höss einen Zug ein. SS-Schergen in Lederstiefeln und schwarz-weiß-roten Strapsen stecken sich nach Punkerart überdimensionale Buttons an die bloße Haut. Aufdruck: „Völkermord – ja bitte!" An einem Fallschirm schwebt Rudolf Hess vom Schnürboden herab.

HESS: Heil! Ich will nach London und vergaß den Weg.
HÖSS: Wir vergasen hier keine Wege, sondern Juden.

Ein Kalauer, gewiß. Jedoch einer, der das Lachen in jähes Erschrecken umschlagen läßt. Zum Beispiel darüber, wie untrennbar Faschismus und Wortspiel verfilzt sind. „Kann man nach Ausch noch Witze machen?" – spätestens hier wird diese Frage Adornos zum zentralen Problem unserer Revue.

Die Zugtüren werden brutal geöffnet. Ausgemergelte Juden fallen heraus. Ihre rassische Andersartigkeit wird dadurch belegt, daß sie — undeutsch, undeutsch! — keine Strapse tragen. Sie beginnen stolpernd zu steppen und singen im

CHOR: ϟ, ϟ, und ϟ
ϟ ist ein harter Schluϟϟ
daϟϟ , daϟϟ , daϟϟ und daϟϟ
daϟϟ ich inϟ Lager muϟϟ

Damit zeigen wir auf unterhaltsame Weise, daß auch Faschismus und Volkslied doch irgendwie ziemlich heillos miteinander verquast sind, jedenfalls in unserer Revue.

Der KZ-Arzt Dr. Mengele — unter dem weißen Kittel nackt, bis auf Äskulap-Strapse — tritt an die Rampe und signalisiert Selektionsbereitschaft.

MENGELE: Schluß jetzt mit dem Gedrängele,
gestatten, Dr. Mengele.
Ich habe studiert in Berlin
und möchte hier nun pervertieren das Ethos der Medizin!

Bewußt holprig gehaltene Verse. Sie machen deutlich, daß der Ästhetik des Schreckens nur mit einer schrecklichen Ästhetik begegnet werden kann.

Doch bevor das Publikum Zeit findet, so richtig zu erschrecken, hält ein neuer Zug quietschend — nein, nein, nicht die Bremsen, die Insassen quietschen — an der Rampe. Bald wird auch das Publikum vor Vergnügen quietschen, denn . . .

LAGERKOMMANDANT HÖSS: Himmel, Arsch und Zwirn! Was sehen meine eiskalten Augen! Welch Glanz in meinem schlichten KZ! Die Wehrsportgruppe Doofmann persönlich!
WEHRSPORTGRUPPENFÜHRER DOOFMANN: Melde jehorsamst, Operation „Paris by night" erfolgreich abjeschlossen.
LAGERKOMMANDANT HÖSS: Parole?

WEHRSPORTGRUPPE DOOFMANN (formiert sich zu einem Hakenkreuz und singt das Crazy-Horse-Wessel-Lied):

Die Schwänze hoch
die Ärsche fest geschlossen
SA petschiert
mit ruhig festem Schritt.
Kameraden, die ihr Sperma schon verschossen,
marschiern verklebt in unsren Reihen mit.

Hier wird — eher zwischen den Zeilen — auf die beruhigende Affinität angespielt, die zwischen Klebrigkeit und Faschismusrezeption besteht. Zumindest auf unseren Bühnen. — Tja, Aufklärung!

LAGERKOMMANDANT HÖSS: Kameraden, so wie ich Euch kenne, habt Ihr Eurem alten Hössi-Matz nicht nur dieses astreine Schweineliedchen, sondern doch sicher auch neues Menschenmaterial für die unvorstellbare Vernichtungsmaschinerie des totalitären Regimes, der vorzustehen ich die Ehre habe, mitgebracht? Naaa?

Jovialität, Kameraderie, Infantilismus, Technokratentum und Faschismus — ooh, da könnten wir Ihnen ein Ohr von abschwatzen. Aber jetzt wird's ja leider gerade spannend:

Die Türen des eingelaufenen D-Zuges mit der Aufschrift „Gare d'Austerlitz — Gare d'Auschwitz" — (jaja, meine Herrn, jedes Detail muß stimmen!) — werden aufgerissen, und heraus purzeln 120 barärschige Adolf Hitlers in schicker Lederkluft, die damit beginnen, den Bahnsteig auf das Ornamentalste zu defäkieren.

Meint natürlich: kunstvoll zuscheißen. Denn die Zusammenhänge zwischen Analität, Pedanterie und Kunst und voll und zu und scheißen und Faschismus . . . aber weiter im Text. Wer sind denn diese ganzen Hitlers?

120 HITLERS: Wir sind undertswansisch Transvestite, die gerade im Cabaret Schwuläng-Rouge eine petite Anti-Itler-Revue einstudierten, als diese errlische Kerls, diese wunderschöne, blöde, blonde Bestien einmarschierten. Nietzsche olala! Wagner onana! Itler onanie! O nimm misch Götterdämmerung, mein Erz gerät in Ämmerung!

Das läßt sich die Wehrsportgruppe Doofmann nicht zweimal sagen. Knarrend öffnen sich ihre herrlichen Hosentüren, und kleine Freiheitsstatuen fahren heraus.

Das kryptofaschistische Potential gerade in den USA: Keine Bange, es wird nichts ausgelassen. Im Gegenteil, jetzt wird's erst richtig ausgelassen:

Schritt für Schritt entwickelt sich nun ein hinreißendes Tohuwabohu: Tohu und Wabohu, die beiden sudanesischen Zwillinge, sind im Auftrag ihres Bwana Rommel auf der Suche nach Sahara Leander als . . . o Gott, jetzt haben wir uns in unsere geplante Rommel-Revue verirrt; Verzeihung. Kommt alles noch. Aber jetzt ist Auschwitz angesagt. Also: mächtiges Durcheinander. Wehrsportgruppe Doofmann illuminiert genitale Freiheitsstatuen, ritterkreuztragende SS-Rowdies rammeln rittlings rassige Revue-Rocker, die Juden singen unter Stabführung von Heß „Ich weiß, es wird einmal ein Wunder geschehen" und „Davon geht die Welt nicht unter". Dr. Mengele veranstaltet ein Gesundheitsquiz: „Riechen Sie mal! Handelt es sich bei diesem Gas um Zyklon A, B oder C?" Lagerkommandant Höss versucht vergeblich die Aufmerksamkeit auf Conférencier Gobert zu lenken, der doch gerade so etwas Wichtiges vorzulesen hat:

CONFÉRENCIER: „Ich muß betonen, daß es unmöglich ist, einen auch nur einigermaßen erschöpfenden Bericht der jüdischen Massentragödien zu geben."

Aber dieser Satz geht unter, denn mit quietschenden Bremsen hält an der Rampe — nein, nicht schon wieder ein Zug, sondern — ein Feuerstuhl mit Seitenwagen, dem wer entsteigt? Richtig! Der erholungsbedürftige Adolf Hitler im Freizeit-Lederlook mit seiner Eva Braun, in ihrer brustfreien Häftlingsjacke.

Übrigens: Wenn Sie meinen, in einer aufklärerischen Anti-Nazismus-Revue müßten viel mehr freie Brüste zu sehen sein, dann können Sie gern die ganze SS von Frauen darstellen lassen. Darauf kommt es ja nun auch nicht mehr an. Und der Zusammenhang zwischen Titten und Töten . . . ein bißchen Phantasie, Männer!

Und nun geschieht das Unglaubliche! Adolf Hitler — unser aller Führer, meine Herren! — wird von seinen überforderten Schergen für einen weiteren Pariser Transvestiten gehalten und hopsgenommen. Die glauben ihm einfach nicht. Genauso wenig wie Eva Braun, die trotz ihrer grunddeutschen Strapse als Jüdin ebenfalls interniert wird.

GROSSER CHOR: Wir werden's weiter probieren
solange noch ein Vorhang fällt!
Denn heute gehört uns Deutschland
und morgen das ganze Geld!

VORHANG! PAUSE!

Soweit der 1. Teil. Geil, gell?

Wir wissen natürlich, wie's weitergeht — aber bevor wir keine Kohle gesehen haben, verehrte Geldgeber, verraten wir nur Stichworte: Zunächst mal kommt reichlich Folklore. Verfolgte aus aller Herren Länder bieten orgiastische Tänze und perverses Brauchtum ihrer Heimat. Wobei wir uns bewußt nicht auf historisch belegte Minderheiten (Zigeuner, Homosexuelle, Wasserpolacken, Intellektuelle und den unvermeidlichen Bibelforscher: „Tschuldigung, hat vielleicht jemand meine Bibel gesehen?") beschränken, sondern wie zum Beweis, daß politische Verfolgung durchaus kein Privileg der Nazis war, treten bei uns außerdem jede Menge Neger, Indianer, Pygmäen, Bauchschlucker, Feuertänzer, Seilredner und sogar, last but not least, blutjunge Asiatinnen auf, und zwar gleich rudelweise! („Bumsbomber Bangkok—Berlin mit tausend taufrischen Gummigeishas und ein paar Thaigespielinnen an Bord bittet um Landeerlaubnis auf Rampe 7" — und was dann im Camp abgeht, das wird sich doch wohl jeder halbwegs fundierte Faschismusexeget lebhaft vorstellen können, oder?) Ja, und dann das Finale! Adolf Hitler hat sich dank seiner dämonischen Führerqualitäten (die ja selbst von ausländischsten Faschismus-Experten nie bestritten worden sind!) und seiner geradezu diabolischen Tanzkraft (hier haben wir die Fakten durch ein wenig Fiction zur Faction veredelt; realiter war Adolf Hitler ein eher mäßiger Tänzer) blitzkriegartig eine leitende Position innerhalb der Lagerhierarchie erobert — genau gesagt: er leitet den ganzen Laden. Und unter seiner Ägide und dank unserer Einfallsfülle entfaltet der späte Faschismus noch einmal all seinen betörenden, verführerischen und doch so gefährlichen Glamour. Alles könnte so schön sein — wenn wir uns nicht aus paritätischen Gründen gezwungen sähen, nun noch die weniger spektakuläre Seite des Nationalsozialismus zu Wort kommen zu lassen: den Widerstand. Aber keine Bange, wir haben auch hier das Unterhaltsamste zusammengetrieben, was die zeitgenössische Bewegung hergibt. Angekündigt von Herolden ohne Unterleib, wird ein riesiger Phallus (Zeppelinsymbol, wa!) eingeflogen. Ihm entspringt das alibisexuelle Traumpaar Peter Zadek und Rainer Werner Faßbinder. Und sie haben ein kleines Attentat vor. Aufgebracht tritt ihnen Adolf Hitler in den Weg, der wohl erkennt, daß diese beiden Herren all das bedrohen wollen, was er in zwölfjähriger nimmermüder Zwangsherrschaft aufgebaut hat. Doch zum Allerletzten entschlossen, schleudern ihm die zwei Widerstandskünstler ihre mitgebrachten Sprengsätze entgegen!
Dem Faßbinder seiner lautet:
„Das wäre schon mein Traum, einen deutschen Film zu machen, der so schön und so toll und so wunderbar ist wie ein Hollywood-Film, und der trotzdem systemkritisch sein könnte."

Hitler zeigt sogleich Wirkung:
„Weh mir!" ruft er aus. „So willst du also wirklich kaum 35 Jahre, nachdem mein Unrechtssystem zusammengebrochen ist, dasselbe einer Kritik unterziehen, die so schön und toll und wunderbar ist wie ein Hollywood-Film? Ach, mit einem so verbissenen Widerstand habe ich einfach nicht mehr gerechnet — da werde ich mich wohl besser gleich erschießen."
Er zieht eine Pistole.
„Halt, mein Führer!" fährt ihm da Zadek in dieselbe. „Ich hab' hier auch noch meinen Sprengsatz. Er lautet:
„Ich will in meiner Revue ‚Jeder stirbt für sich allein' sehen, was es mit den leicht dahergesagten Sätzen auf sich hat: Ihr hättet mal was gegen den Nazismus machen sollen. Hätte man denn was machen können? Oder dürfen? Ging das überhaupt?"
Hitler ist tief bewegt: „Oh, da sprechen Sie ein Problem an, dessen ich mir stets und schmerzlich bewußt war. Aber was hätte ich denn machen sollen? 's war doch Krieg, und die ganzen Juden mußte ich auch noch vernichten — da konnte ich mich einfach nicht genug um die ästhetische Weiterentwicklung meiner Bewegung kümmern. Dabei hatte ich tolle Pläne: Die gesamte SS wollte ich mit Strapsen ausrüsten, die SA zu Transvestiten umschulen lassen, von einer Mulatten-Gestapo träumte ich . . . aber ich hab es zeitlich einfach nicht geschafft.
Herr Zadek, übernehmen Sie! Für mich ist es zu spät . . ."
Er setzt die Pistole an — und wieder ab. „Übrigens, das mit dem Widerstand ist auch 'ne gute Frage: Durfte man? Oder durfte man nicht? Unter uns: Man durfte nicht! Ich hatte es nämlich persönlich verboten."
Er setzt die Pistole wieder an.
„Aber falls Sie der Frage trotzdem in Revueform nachgehen möchten — vergessen Sie bloß nicht die nackten Ärsche . . . und die Titten, mir zuliebe! Aber jetzt muß ich wirklich . . ."
Er legt den Finger an den Abzug.
„Ach, können Sie nicht einem alten Mann einen letzten obszönen Wunsch erfüllen? Natürlich streng im Rahmen ihrer kritischen Vergangenheitsüberwältigung? Ja!? Also . . . ich als Neger, versteh'n Sie — das wäre doch das Schärfste! Das fände ich echt geil! Heil!"
Er drückt ab. Und erschießt Zadek.

Schluß.

Frühlingsgedanken

Er:

Das fänden Sie wohl
nicht so gut,
wenn ich eben mal
kurz in Ihr
Mineralwasser
kotzen würde, wie?

Sie:

(denkt) Ideen hat
der Mann!
Aber er formuliert
brillant,
das muß man
ihm lassen.

Neulich im Neandertal

„Nää, is dat schön! Was, Erika?
Dat is dat stolze Amerika!“

„Hubert – ich verstehe es nicht.
Wie ham die dat Ding hier rübbergekricht?“

„Hör ma! Dat hauen die hier in Jestein.
Dat soll so ne Art frohe Botschaft sein.
Nit nur bei uns im Neandertal;
so Dinger bauen se überall.
Se ham doch jesacht, es würden jetzt
weltweit neue Zeichen gesetzt.“

„Ja und? Wat wolln se damit bezwecken?
Wollen se so die Russen erschrecken?“

„Unsinn! Dat is, damit es uns gefällt.
Ein Denkmal! Ein Tempel der freien Welt!“

„Ja, wenn dat so is, dann sei mir verziehn.
Komm, Hubert, wir wollen niederknien.“

Peter Knorr

Zeichnung: Alex Ignatius

1 Hansi Kern (Humus und F gase
2 Robert Jungk (Forschung)
3 Jo Berg (Wind, Sonne und aske
4 Karin Struck (Großfamilie)
5 Bundeskanzler Rudolph Ba
6 Jochen Steffen (Bargeld u aus
7 Rudi Dutschke (Aufkläru

8 Bundespräsident Karl Carstens
9 Josef Beuys (Filz und Fett)
10 Fritz Grimm (Vibrations)
11 Herbert Gruhl (Umweltschutz)
12 Daniel Cohn-Bendit (Spontanes)
13 Baldur Springmann (Saat und Ernte)
14 Lydia Klein (Brauchtum und Drogen)

Nikolaus Jungwirth

Ein deutscher Mann kennt keinen Schmerz

Am 11. Oktober begann Bundespräsident Karl Carstens seine lange Wanderung quer durch unser Vaterland, die ihn vom Ostseestrand bis zu den Alpen führen wird.

Noch nie in der Geschichte hat ein Staatsoberhaupt derartige Strapazen auf sich genommen, nach deren Sinn zu fragen sich nur erdreisten kann, wem deutsche Wesensart fremd ist und wer nicht weiß, daß deutsch sein heißt: Niemals spitzfindig nach Wert und Zweck einer Sache zu fragen. So wie Tausende deutscher Männer sich nie gefragt haben, warum sie zu Fuß bis Stalingrad marschiert sind, so weiß auch unser Bundespräsident, daß Schmerzen mannhaft zu ertragen eine Tugend ist, die der deutschen Jugend vorzuleben gerade heute in einer Zeit zunehmender Verweichlichung dringend notwendig ist.

Bereits jetzt, nach dem Ende der ersten Etappe seiner Wanderung, die wie keine andere Unternehmung geeignet ist, den Bundespräsidenten in innigsten, körperlich fühlbaren Kontakt zu seinem Heimatboden zu bringen, legen die Füße des Staatsoberhauptes sichtbares Zeugnis ab von dessen unbeugsamer Willenskraft.

Gewissermaßen als Mahnung an uns alle sind die Füße unseres Bundespräsidenten zum Sinnbild zähen Durchhaltewillens geworden. Sie symbolisieren – schwielen- und blasenbedeckt, wie sie sind – ein fleischgewordenes Monument deutscher Manneszucht und Tapferkeit.

Foto: Gottbrath, Make-up: Pretsch

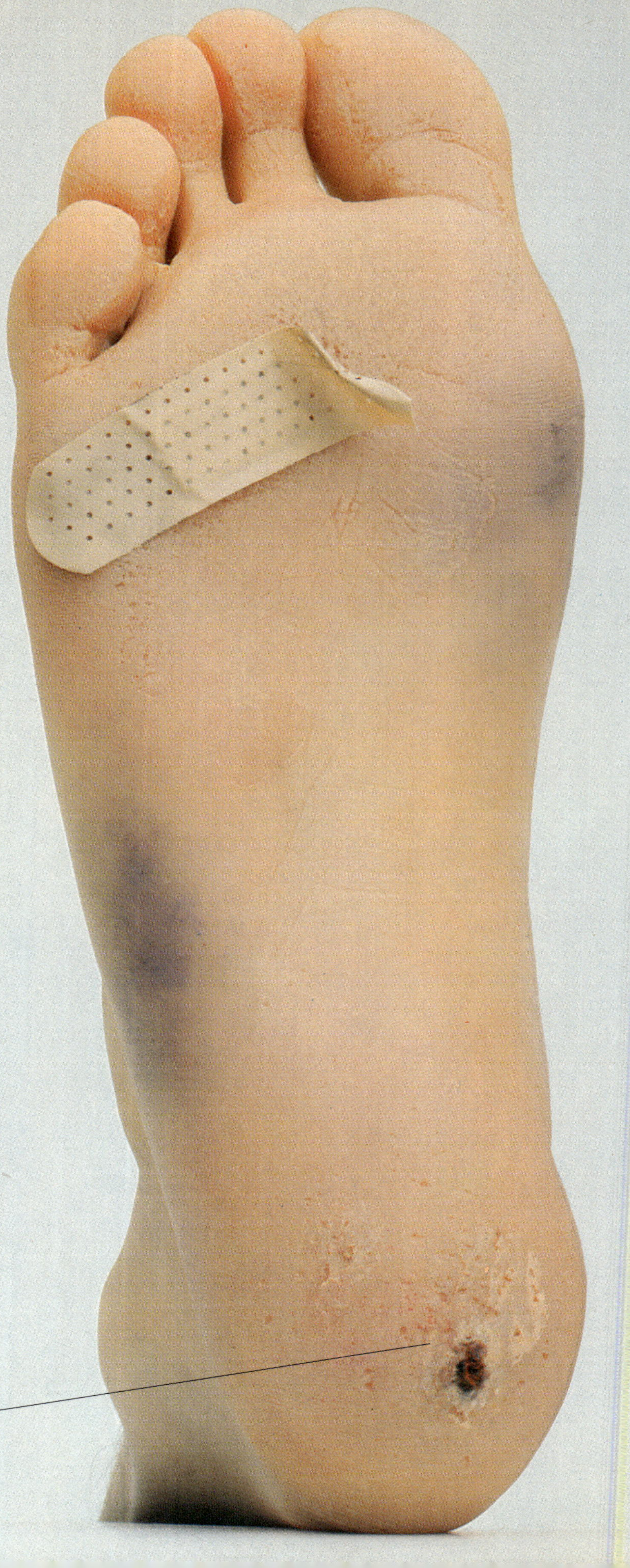

Gleich zu Beginn der Wanderung an dem von Karl Carstens so sehr geliebten Ostseestrand bei Howacht geraten einige Körnchen Sand in die Wunde, die ein hervorstehender Nagel bereits tief ins Fleisch gestochen hat, und verursachen eine schmerzhafte Entzündung an der rechten Ferse.

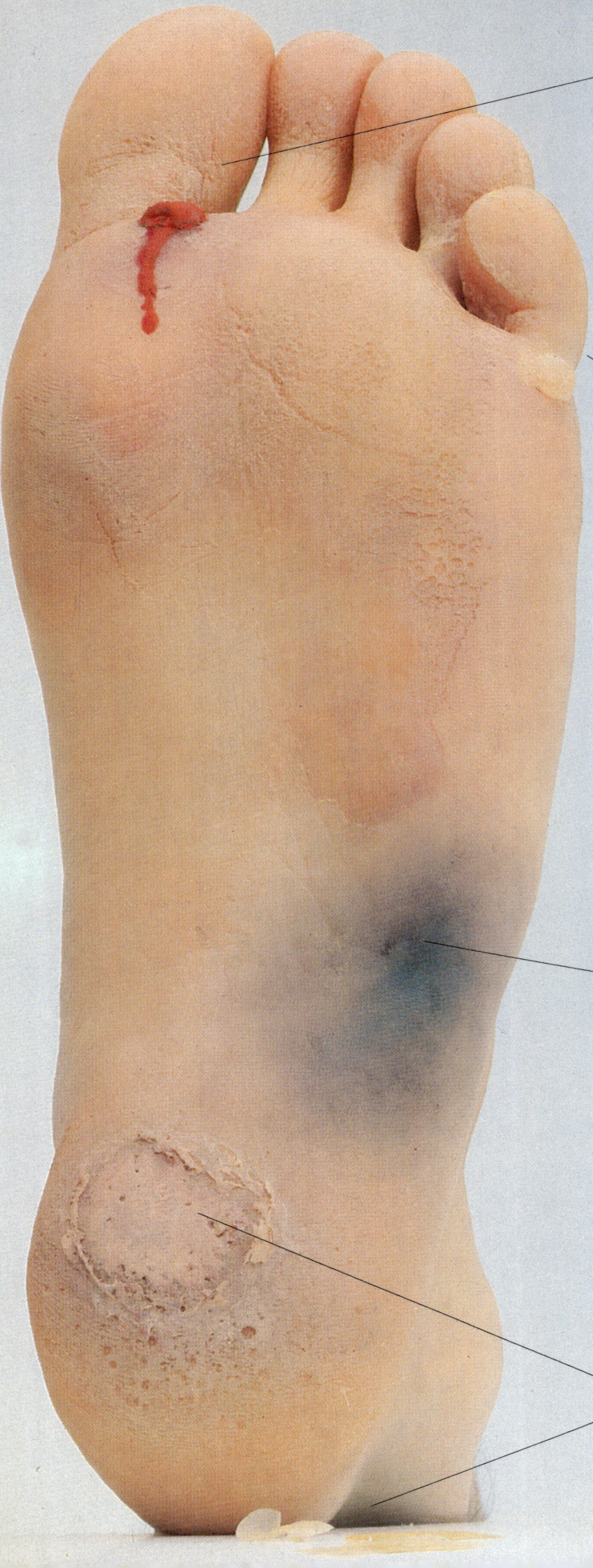

Auf dem Weg zwischen Kassedorf und Sieksdorf bildet sich an der hochempfindlichen Stelle zwischen der großen Zehe und dem Ballen eine Blutblase, die sich kurz vor Travemünde jäh öffnet. Aber der Bundespräsident verzieht keine Miene. Nur ein kurzes, unterdrücktes Stöhnen – selbst dem unmittelbar hinter Karl Carstens marschierenden Sicherheitsbeamten kaum vernehmlich – haucht über die Lippen des Staatsoberhauptes.

In der Gemeinde Blekendorf jubeln Schulkinder ihrem Bundespräsidenten zu. Als er sich zu dem kleinen Jens H. niederbeugt, verlagert er unvorsichtigerweise sein Körpergewicht allzu abrupt nach vorn, so daß die bereits seit einigen Kilometern nässende Blase am Ansatz des kleinen Zehs platzt und gänzlich ausläuft.

Am Ortsrand des idyllisch gelegenen Dörfchens Sehlendorf beginnt sich die Druckstelle am linken Fuß mehr und mehr violett zu verfärben.

Kurz vor Abschluß der ersten Etappe: Ein etwa 22 Millimeter langer Hautpartikel löst sich von einer verhornten Stelle an der linken Ferse und verursacht, zwischen Fuß und Socken reibend, eine wunde Stelle im hinteren Drittel des linken Fußes. Indessen, der Wanderpräsident setzt seinen Weg fort, immerdar und immerfort. – Und das ist auch ganz im Sinn der Sache.

Hans Traxler

Der stolze Bischof

Der Bischof kriegt
sein erstes Kind

„Sehr schön – und
nicht beschädigt!"

Er nimmt es mit
in seinen Dom

Und zeigt es
bei der Predigt

PAPST '80

ER kommt!

Wer, wo, wie, was, warum?

Alles, was Sie über SEINE Deutschland-Tournee wissen müssen.

ER ist einer der letzten Männer, die von jedermann jederzeit geküßt werden dürfen. Aber doch nicht überall, Mensch! In den letzten zwei Jahrtausenden haben sich nach empirischem Recht und kanonischen Erfahrungen feste Regeln für das Küssen des Papstes herausgebildet. Wer sie nicht beachtet, wird gnadenlos geschlachtet. Der Kußwillige tut gut daran, sich nebenstehenden Schaupapst fest einzuprägen – und zwar vorher, nicht nachher, Mensch!
Und daran erkennen Sie
DIE KUSSZONEN DES PAPSTES.

PAPST '80

Salve, meine Deutschen.

Es ist UNS ein Herzensanliegen und ein tiefes Bedürfnis, dem UNS so eng verbundenen deutschen Volk eine absolut heiße Spitzenshow hinzulegen. WIR nähern UNS Euch mit brüderlicher Liebe und einem Wahnsinnsprogramm. Gerne erkennen WIR an, daß UNSER Kommen nur möglich wurde dank vieler Freunde rastloser Hilfe, allen voran: spiritus sanctus, der UNS mal wieder die stärksten Nummern schrieb.

In Demut, the one and only

Pope Karel

Der F

First appearance in Germany:

THE HOLY HORROR PICTURE SHOW!

Starring:

GRAZY KAREL and the CARDINALS

Co-starring:

KURIENKARDINAL AUA AM SÜNDESIZER
BISCHOF REIBACH AM KLINGELBEUTEL
KAPLAN KLAPPSTUHL AM ELEKTRONISCHEN ANGSTMACHER

Im Beiprogramm:

Horny Höffner and his Hallelujas
Rocky Ratzinger and his Weihrauch-Swingers
The Booze & The Bet Brothers

Plus kostenlose Sündenvergebung, Gratisabendmahl, freie Teilnahme an märchenhaften Massenhysterien! Bei gutem Wetter Marienerscheinung.

Millionen Mitwirkende
Komische Kostüme
Traumhafte Trachten
Rätselhafte Riten
Übelste Überraschungen

Off limits for protestants!
No mullahs allowed!
No ladies on stage –
garantiert weiberfreie Veranstaltung!

EINE 20-MILLIONEN-DM-PRODUKTION
der alleinseligmachenden
Magical Mystery Company

PAPST '80

Wer IHN begleitet

Vielbejubelter Höhepunkt jeder Papst-Schau: nzug der römischen Rotkäppchen

Wo ER auftritt

Werner-Seelenfänger-Halle, München

Goldreinhalle, Mainz

Büßerstüble, Altötting

Kölner Dom, Osnabrück

Wie man sich auf SEINEN Auftritt vorbereitet

Das Interesse am Papst-Besuch ist riesig. Doch achtzig Prozent der Veranstaltungsteilnehmer - so haben Untersuchungen ergeben - werden keine praktizierenden Katholiken sein. Möglicherweise werden sie also - falls sie eines der auf dem Tourneeplan stehenden Gotteshäuser aufsuchen - das erstemal eine Kirche von innen sehen. Aus diesem Grund hier einige Ratschläge für Seltengänger.

1. Der Seltengänger tut gut daran, vor dem Kirchgang eine kleine Mahlzeit zu sich zu nehmen, da Kirchen in der Regel keine Restaurationsbetriebe sind und auch kleine Imbisse nicht gereicht werden. Selbst Süßigkeiten - Eiskremkonfekt oder Mon Chéri - werden nicht angeboten, und der Verzehr mitgebrachten Popcorns ist eher unerwünscht.

2. Hat der Seltengänger das Eingangsportal durchschritten, so wird er zunächst einmal überrascht sein von der ungeheuren Höhe des Raumes. Das hat allerdings wenig zu besagen, denn dort oben spielt sich auch im Laufe der weiteren Veranstaltung nichts ab.

3. Bei gelegentlichen gemeinsamen Gesängen sei dem Seltengänger geraten, weder lauthals ihm unbekannte Lieder zu improvisieren, noch durch rhythmisches Klatschen gewisse Textunsicherheiten zu überspielen.

4. Sollte der Solist im Vordergrund während seiner Ansprache auf eine dem Seltengänger nicht näher bekannte Person zu sprechen kommen, einen Herrn Hiob etwa, Johannes, Matthäus oder gar Hesekiel, so sind Zwischenfragen wie „Wer soll denn das nun wieder sein?“ oder „Muß man die kennen?“ tunlichst zu unterlassen.

5. Die rhetorischen Höhepunkte der Ansprache bestehen aller Voraussicht nach aus bewegten Appellen an das allgemeine Wohlverhalten der Anwesenden und sollten vom Seltengänger schweigend zur Kenntnis genommen und nicht mit Ausrufen wie „Ganz Ihrer Meinung!“, „Bravo der Mann!“ oder „Hört! Hört!“ kommentiert werden.

6. Anträge zur Geschäftsordnung werden nicht entgegengenommen.

7. Gegen Ende der Veranstaltung bekommt der Seltengänger von seinem Nachbarn einen Beutel voll Geld überreicht. Überschwenglicher Dank ist unangebracht. Es soll lediglich weiteres Geld hinein- und auf keinen Fall herausgetan werden.

8. Zum Schluß, nachdem sich der Seltengänger wie alle anderen durch längeres, angestrengtes Zu-Boden-Schauen davon überzeugt hat, daß nichts liegengeblieben ist, verläßt er gemessenen Schrittes den Saal.

Hinweis: Während des Kirchenbesuches kann es zu fremdartigen Ritualen kommen. Wie Sie sich dabei zu verhalten haben, entnehmen Sie bitte den folgenden Bilderklärungen.

DAS BEKREUZIGEN

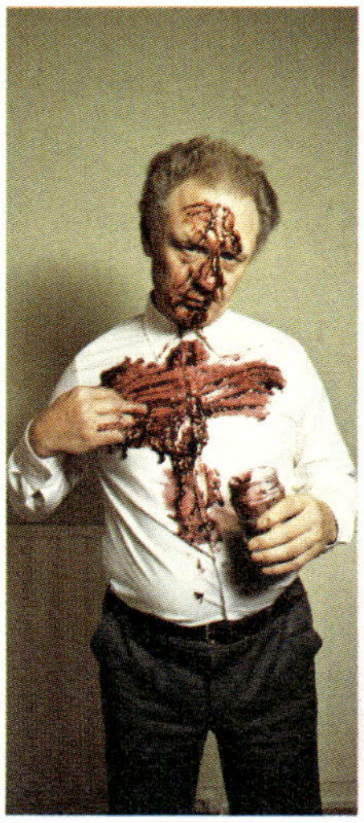

Die einzige etwas kompliziertere Übung. Sie sollten sie daher zu Hause mit Hilfe eines Glases Marmelade üben. Falsch: Der Anfänger saut sich kreuzweise das Hemd voll. Richtig: Der Diplombekreuziger verteilt den Schmadder so geschickt, daß die gedachte Verbindung der vier Schmadderpunkte ein vollkommenes Kreuz ergibt.

DAS BETEN

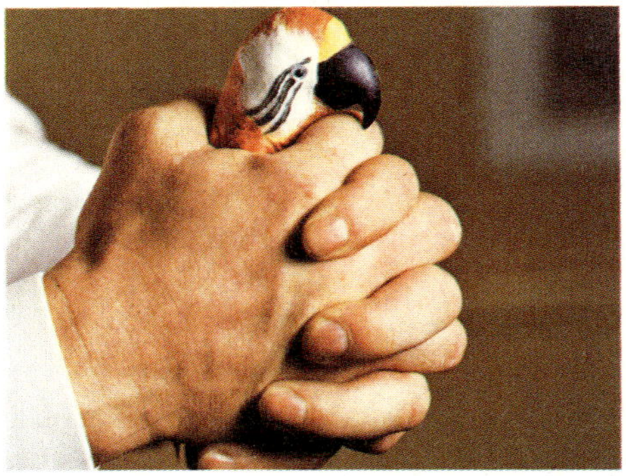

Ein leicht zu erlernendes Ritual. Sie halten Ihre Hände genauso, wie wenn Sie Ihren Wellensittich erwürgen.

DAS KNIEN

Ebenfalls eine sehr einfache Übung. Sie nehmen die gleiche Haltung ein, wie wenn Sie Ihre Kontaktlinsen suchen.

DAS BEICHTEN

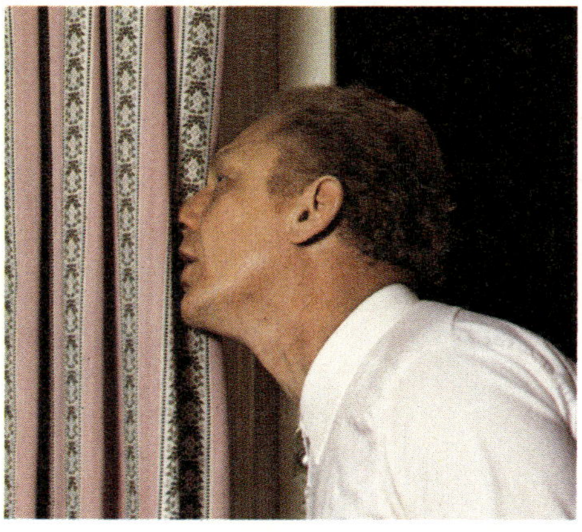

Ein Kinderspiel. Sie tun so, als ob Sie an der Gardine schnuppern, und erzählen einfach alles, was Sie tags- - und vor allem nachts- - über getan hätten, Sie Schlingel!

Was ER für einer ist

Als ER am 18. 5. 1920 in Wadowice das Licht der Welt erblickte, wurde ihm gewiß nicht an der Wiege gesungen, daß er es einmal bis zum Papst bringen würde. Statt dessen wurden folgende Lieder gesungen: „Mein Bübchen hat ein Köpfchen so kahl, so kahl, würde er nicht dauernd brüllen, man könnte ihn für eine Kartuffel halten." Danach erklang die schöne Weise „Ich hatte mir so sehr ein Ferkelchen gewünscht, schwarz-weiß mit rosa Schnauzel – und nun sehen Sie sich bitte dies an." Und ein alter Ohm brachte noch folgendes Ständchen: „Karel, wir fahrn nach Lodz, denn dort ist heute Pferdemarkt, vergiß nur nicht zu wiehern. Hussa, hussa, he!"

Aber nun mal Spaß beiseite, im Ernst: Der Papst ist der Stellvertreter Gottes auf Erden. Gott ist der Vater des Sohnes, dessen Freund, noch bevor der Hahn dreimal gekräht hatte, als Fels auf den Stuhl stieg, auf dem der Papst heute noch sitzt. Kann das sein? Nein. Also nochmal, präziser: Auf dem Fels des Freundes des Sohnes des Vaters sollte seinerzeit die Gründung der Kirche des Sohnes zu Ehren des Vaters mit Hilfe des Stuhles des Papstes – Mooment! Jetzt fehlt der Hahn. Nochmal: Noch bevor der Stuhl des Freundes des Sohnes des Hahnes zum drittenmal gekräht hatte, fiel der Fels auf die Kirche des Herrn – was für ein Herr denn? Des Papstes? Des Vaters? Des Hahnes des Sohnes? Ruhig. Gaanz ruhig. Es war einmal ein Hahn, der wurde in einem ganz, ganz schäbigen polnischen Stall geboren. Und um seine Wiege herum standen ein Stuhl, ein Fels, ein Papst, ein Herr Sohn, der Herr Vater und der Herr Krakowiak. Und dieser Herr Krakowiak – ob Sie es uns nun glauben oder nicht, uns doch egal – war der Stellvertreter des Hahnes vor dem Stuhl auf dem Felsen von der Kirche St. Kikeriki, wo noch heute der Vater des Sohnes des Freundes – würde es Ihnen eigentlich sehr viel ausmachen, zunächst mal einen anderen Beitrag zu lesen? Wenn Sie uns nämlich mit Ihrer Weiterleserei nicht ständig so unter Druck gesetzt hätten, hätten wir den Fall Papst schon längst geklärt. Und den Fall Krakowiak noch obendrein.

DER PAPST VON A BIS Z

Aberglaube
Ist sein Hobby. „Ich aber glaube . . .", beginnt er seine Reden gern, „daß doch was am Teufel dran ist. Also ein Schwanz bestimmt."

Branntwein
Kann er in Wasser verwandeln und drauf rumlaufen.

Christentum
Ernährt seinen Mann.

Dom
Läßt er sich immer gern reinführen. (Siehe auch V)

Ehe
Darf nicht gelöst werden. (Siehe auch K)

Filetsteak
Ißt er als Stellvertreter Gottes auf Erden. Und zwar medium.

Gott
Hält er täglich Zwiesprache mit: „Also Dein Filetsteak heute wieder . . .!"

Hemd
Trägt er gern knöchellang.

Irren
Kann er nicht ex cathedra, und wenn er sich auf den Kopf stellt.

Jugendkriminalität
Lehnt er entschieden ab. Weil, da ist er schon zu alt für.

Kreuzworträtsel
Darf gelöst werden. (Siehe auch E)

Luxus
Rät er den Armen von ab.

Moral
Rät er den Armen zu.

Nordpol
Besucht er nur deshalb nicht, weil ihm dort das Weihwasser einfröre und der Arsch auf Grundeis ginge.

Ostern
Sucht auch er seine Eier.

Papst
Hält er sich für. Und zwar vollkommen zu Recht.

Quarkstrudel
Mag er nicht mehr, seitdem der sein polnisches Mütterlein in die Tiefe gerissen hat.

Religion
Wird oft leichtfertig mit ihm in Zusammenhang gebracht.

Schwule
Darf's nicht geben.

Teufel
Gibt's.

Uschi
Verdammt lange her.

Versuchung
Läßt er sich partout nicht reinführen. (Siehe auch D)

Woitila
Ist sein Mädchenname.

X
Drittletzter Buchstabe des katholischen Alphabets.

Yvonne
Bloß nichts Uschi verraten.

Zölibat
Können Uschi und Yvonne ein Lied von singen.

Das Buch zur Tour

Der Button zur Tour

PAPST '80

Warum bei SEINEN Auftritten nichts schief gehen kann

Hier geht's zum Fegefeuer

Fegefeuer – rette sich, wer kann!

Fegefeuerwehr anrufen!

Exorzistenservice

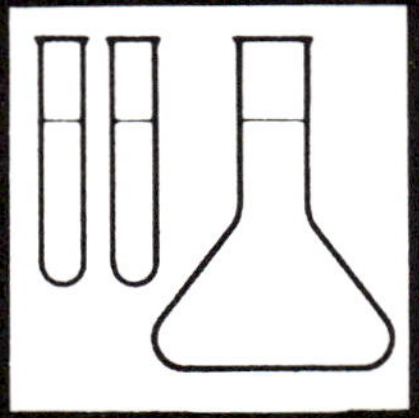
Dopingkontrolle

Zeltmission

Ham 'mer heute schon gebeichtet?

Ohrenbeichte

Briefbeichte

Achtung! – Weihrauchgefahr!

Dies ist mein Blut

Dies ist mein Fleisch

Letzte Ölung

Wasser fassen!

Hier wird Wasser in Wein verwandelt

Hier große Fischevermehrung

Hier keine große Fischevermehrung

Hier darf Unkeusches gedacht werden

Diese Pille ist nicht erlaubt

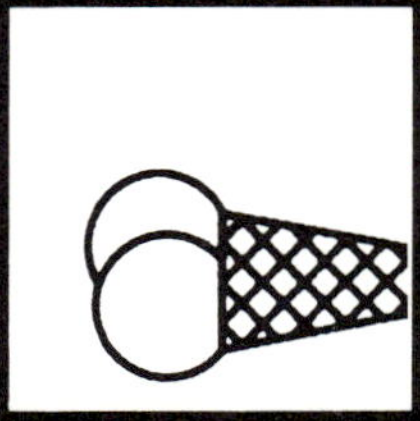
Statt dessen Spezialkondom benutzen

Stigmataverbandsplatz

Einzelzimmer ohne Vision

Einzelzimmer mit Vision

Sammelpunkt für Mühselige und Beladene

Achtung, Marienerscheinung – Schutzbrille tragen!

Himmelfahrt 1. Klasse

Himmelfahrt 2. Klasse

Himmelfahrt 3. Klasse

Himmelfahrt 4. Klasse (nur für Neger)

Noch irgendwelche Fragen?

IMPRIMATUR: Scherzbischöfliches Ordinäriat Wurms - oh, Entschuldigung

Idee und Texte: Eilert, Gernhardt, Knorr; Gestaltung: Hanno Rink

Chlodwig Poth:
In letzter Sekunde ...

...oder no business is like show business

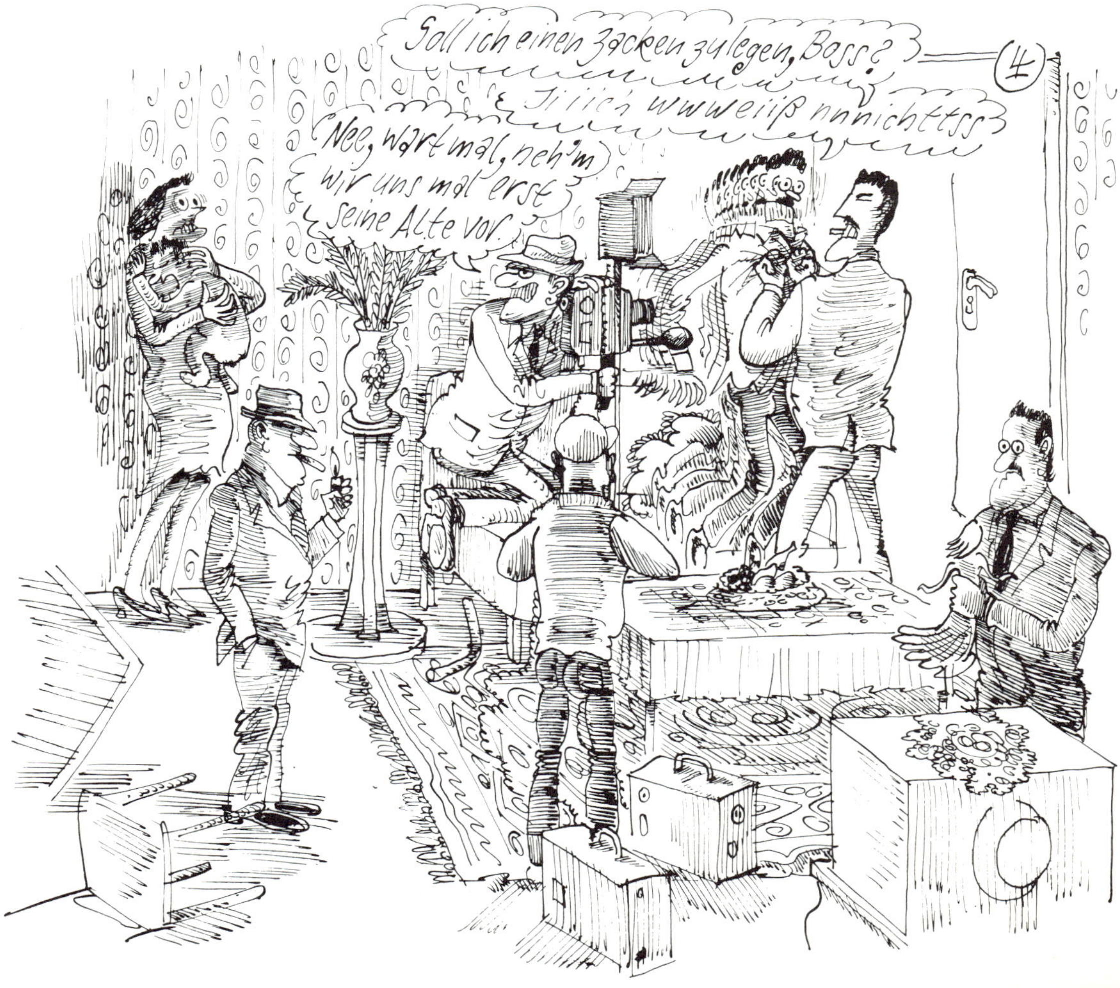

5
Sehr gut, sowas sieht der Pate gern, na wie isses Jungchen willste nicht doch lieber singen?
Ich weiß nichts
Gut, mach weiter Pedro

6
Gib' ein Zeichen, daß du reden willst und alles ist vorüber

Jetzt hab' ich's: Ihr seid
von „Wer merkt's zuerst"!
7

8
Und wie der hat eine Gattin gesiegt
in unserem heiteren Familienspiel
„Wer merkt's zuerst?" 5000 Dollar
für Eva Vechio! Und da kommt der
Verlierer, kommen Sie Herr Vechio, auch
für Sie gibtes einen Trostpreis...

Briefe

an die Leser

Hallo Richard Stücklen,

nun kommen Sie also wieder mit Ihrem „politikfreien Wochenende". Womit denn sonst. Es ist schließlich die einzige politische Vision, die Sie in Ihrem ganzen Leben zusammengeträumt haben. Aber haben Sie auch einmal über die Konsequenzen nachgedacht? Gerade für Sie persönlich? Ein ganzes Wochenende! Und ganz ohne Politik!
Na gut, die ersten drei Stunden ver-

fliegen noch wie im Tran. Da werden die Skatkarten sorgfältig einzeln übereinandergestapelt; da wird die Zeitung gewissenhaft durchgeblättert, um zu überprüfen, ob die Seiten auch wirklich fortlaufend numeriert sind; da wird ein kleiner Imbiß erwogen und ohne Gegenstimmen genehmigt; da ruft das tägliche Training – eine Viertelstunde lang wird die Unterschrift geübt; dann geht es in den Bastelkeller, wo ein Weilchen an der Abseitsfalle gefeilt und geschmirgelt wird. Aber dann, Richard Stücklen?
Es ist erst Samstag, erst 12 Uhr. Einem grauen Teppich gleich liegt das politikfreie Wochenende vor Ihnen. Die Stunden schleichen dahin, und Erinnerungen werden wach. Ja damals, als man noch bei treuem Bier und schäumenden Freunden mit Wucht und Verve ein politikfreies Wochenende fordern konnte! Das waren noch Zeiten.
„Ja, meine Freunde von der Titanic haben recht", werden Sie nun brummen, „im ureigensten Interesse muß ich aufhören, ein politikfreies Wochenende zu fordern. – Aber dann habe ich ja nichts mehr, was ich am Wochenende fordern kann."
Da haben nun Sie wieder recht, Freund Richard. Sie stecken in einem Teufelskreis. Was das nun schon wieder ist, erklärt Ihnen das nächstemal Ihre Titanic

Liebe Uschi, Gila, Manni und Bobo,

wie wir hören, habt Ihr nun endlich Eure bürgerlichen Jobs aufgegeben und wollt jetzt mehr in Richtung Kunst und so. Auch wegen Selbstverwirklichung und Kreativität und alles. Wißt Ihr, wie wir das finden? Toll, toll, toll!
Daß Ihr was mit Bewegung machen wollt und die von der Scheißzivilisation verschüttete Körperlichkeit und Musikalität aus Euch rausholen wollt, ist irre gut. Vor allem, weil es ja auch so in Richtung Pantomime gehen soll, aber auch mit Sprechen und Theater und Kabarett und witzig und alles! Was Eure Sache für uns auch theoretisch so voll okay macht, ist die Tatsache, daß Ihr die politische Message mit drin haben wollt. Phantastisch, Leute, echt!
Aber natürlich ist es eine unheimliche Sauerei, daß für Eure geplante Tournee in 14 Tagen die meisten Szenen-Schuppen abgesagt haben, obwohl Bobo das ganze Management in die Hand genommen hat und nun sogar die Open-air-Kiste in der Lüneburger Heide nicht hinhaut. Klar, da kriegt man den Haß; besonders weil Gila doch den Purzelbaum rückwärts so gut drauf hat und Manni schon Gitarre lernt.
Das ist halt diese verdammte, verkrustete Siiien! Läuft alles nur über Beziehungen! Ganz Eurer Meinung:
Titanic

Herr Augstein vom Spiegel,

mußte Rudi Dutschke wirklich erst sterben, damit Sie in einem Nachruf auf ihn verbreiten konnten, was für ein enorm sympathischer Mensch Sie selbst doch sind? Geld haben Sie ihm gegeben und ihn bei sich zu Hause sein lassen, ein Freund waren Sie ihm und anderen („unser beider Freundin Ulrike Meinhof")! Aber so ist es wohl: nach dem Ableben von Revolutionären erweitert sich deren Sympathisantenkreis um die erstaunlichsten Figuren.
Freilich, Sie haben auch Kritisches über Dutschke zu sagen: „Ein Geistesheros war er sichtlich nicht." (Sie schon eher, wie?) Andererseits scheint er aber doch gelegentliche Einsichten gehabt zu haben, nur: „Die Konsequenzen seiner Einsichten wollte er ums Verrecken nicht ziehen." (Ganz wie Sie zu formulieren belieben: das hat er nun davon.) Und, Gipfel Ihrer kritischen Sympathie: „Der Schuß, der ihn traf, traf ihn zur Zeit." Der Knall, den Sie haben, ist offenbar noch älteren Datums.
Grußlos TITANIC

Herr Mathias Walden,

kommt Ihnen Ihr Leben nicht manchmal auch so sinnlos vor wie uns? Ist es nicht auf die Dauer hirnerweichend, jeden Morgen aufzuwachen und zu wissen, nun muß man wieder einen ganzen Tag lang eine leitende Position im Hause Springer bekleiden? Wäre es nicht viel schöner, im orangenen Kittel im Kreise williger Weiber, betreut von tollen Therapeuten, den sonnigen Tag zu vertändeln? Doch, das gibt's jetzt. In Poona. Na, wie wär's?
(Das ist der 1. Teil einer großangelegten Kampagne, Sie aus dem Lande zu locken.)
Ihre Titanic

Ehrenwerter Josef Beuys,

Sie haben die an der Pariser Ausstellung „Kunst/Deutschland/Heute" beteiligten Maler und Bildhauer dazu aufgerufen, ihre Werke bei dem geplanten Ausstellungsbesuch von Staatschef Giscard d'Estaing und Bundeskanzler Schmidt aus der Schau im Museum für moderne Kunst zu entfernen. Begründung: „Die Politiker, die die Macht verkörpern, wollen die Kunst nur für ihr Prestige einspannen."
Meister Beuys, eine Frage: Haben Sie als Fettwerker, der die Kunst verkörpert, nicht auch gelegentlich die Politik für Ihr Prestige eingespannt? Wirklich nie? Nicht einmal ein ganz klein bißchen? Damals, bei der Gründung Ihrer „Studentenpartei"? Oder später, als Sie im Rahmen der Bundeswehr auftraten? Nein? Gar niemals? Na, dann Hut ab, Herr Professor! Titanic

Briefe

an die Leser

Wendiger Trikont-Verlag,

Ihr teilt uns in Eurem Verlagsprospekt mit: „Wir sind konservativ geworden und revolutionär geblieben.“ Na, herzlichen Glückwunsch. Und nun geht Ihr auf verlegerische „Raubzüge aus“. Ihr wollt „dem Faschismus die Mythen entreißen, dem Adel das Gefühl von Achtung, Höflichkeit und Minne . . . und der Kirche die Mystik. Von allen Völkern holen wir funkelnde Bilder und tanzende Märchen . . .“, und allen Verwirrten – denn das ist doch wohl der Zweck der ganzen modischen Abstauberei – holt Ihr die letzten Groschen aus der Tasche.
Mit Büchlein über Fliegenpilze und Schamanentum allein wäre die große Abgreife natürlich nicht zu schaffen. Wer die ganze Kohle haben will, muß mit *einem* Titel Linke und Rechte zugleich bedienen können; und da sitzt Ihr mal wieder geldrichtig auf dem zur Zeit angesagten Trend-Dampfer. Früher: „die Mao-Bibel“. Heute: Karl Marx' „Minnelieder an Jenny von Westfalen“ – „eine bisher unbekannte Seite des Marxismus . . . nicht der Klassentheoretiker, sondern der Romantiker kommt hier zu Wort“. Früher: Bommi Baumanns „Wie alles anfing“; heute: Rene Ehnis „Die Hochzeit der Gudrun“, „der Roman über Baader und Ensslin, über die RAF . . . der erste Versuch, einem Geschichtsabschnitt der Studentenbewegung eine mythisch-mythologische Deutung zu geben“.
Freunde, wo seid Ihr eigentlich gelandet? Euren Kopf habt Ihr offenbar in jenen Sand gesteckt, den Ihr früher mal ins Getriebe werfen wolltet, und Eure Körper habt Ihr der Binnenschiffahrt verschrieben: „In der Bucht unseres Körpers geht das magische Schiff vor Anker.“ Tuuut, tuuut! Und Gipfel der neuen Innerlichkeit: „Wir spotten fast nicht mehr.“ Das wollen wir Euch auch geraten haben, sonst könnte nämlich Euer magisches Schiff absaufen wie weiland die
Titanic

Herr Mathias Walden,

wie wir hören, haben Sie Ihre Koffer schon gepackt. Sie zögern nur noch, nach Poona zu reisen, weil man Ihnen erzählt hat, im dortigen Ashram werde man sich selbst finden. Daß Sie das abschreckt, verstehen wir voll. Aber keine Sorge, man muß nicht. Was man mit Sicherheit in Poona findet, sind jede Menge Frauen, die sich selbst verwirklichen wollen. Sie wissen schon, wie. Mensch, Walden! Fahrkarte kaufen!
(Das ist der 3. Teil einer großangelegten Kampagne, Sie aus dem Lande zu locken.)
Titanic

Liebe Susanne Messemer,

in der „Bild“-Zeitung haben Sie auf den offenen Brief Ihres Mannes geantwortet: „Lieber Hannes, ich kann Dich vorläufig nicht zurücknehmen, wie Du es nennst. Ich bin mit den Nerven völlig am Ende, kann nicht mehr. Es ist auch kein anderer Mann im Spiel.“
Vor allem der letzte Satz läßt uns hoffen, daß nicht noch ein Dritter mit einem offenen Messemer-Brief in der „Bild“-Zeitung auftaucht. So nach dem Motto: „Ich habe mit beiden geschlafen. Es war prima. Euer PR-Manager.“
„There is no business, like unterhosen business!“ singt jedenfalls seit neuestem der ständig betrunkene Maat Hannes von der
Titanic

Lieber Hannes Messemer,

in der „Bild“-Zeitung haben Sie einen offenen Brief an Ihre Frau geschrieben: „Susanne, ich flehe Dich an, nimm' mich zurück! Ich habe Dich immer geliebt. Unsere Katze Baffy sitzt jetzt neben mir. Sie ist das einzige Wesen, das mir noch geblieben ist. Wenn ich in ihre bernsteinfarbenen Augen sehe, dann denke ich an Dich, Susanne.“
Soweit, so geschmacklos. Dennoch meinen wir, daß Sie uns noch nicht die ganze Wahrheit verraten haben. Wann haben Sie zum letzten Mal miteinander geschlafen? fragen wir. Wie geht es Ihrem Stuhlgang? Woran liegt es, daß Sie jeden Morgen vor dem Badezimmer-Spiegel einer Jammergestalt gegenüberstehen?
Das alles wollen wir bald in „Bild“ erfahren. Ihre
Titanic

Lieber Sanjassin Mathias Walden,

vielen Dank für die freundliche Karte aus Poona. Sie war – unser Wort! – das Beste, was Du je geschrieben hast. Besonders die Schilderung, wie sie Dich schon während der ersten Encounter-Sitzung zusammengeschlagen haben, war sprachlich dicht und inhaltlich überzeugend. Beunruhige Dich bitte nicht, daß jetzt in Deutschland ein anderer unter Deinem alten Namen Texte in Springer-Zeitungen abläßt. Der Mann ist bedeutungslos; was er schreibt, ist leicht als reaktionärer Unfug zu durchschauen. – Bleib Du nur, wo Du bist, und vergiß nicht, uns von Deiner nächsten Encounter-Sitzung wieder so ausführlich und anschaulich zu berichten. Hals- und Beinbruch!
Titanic

Günter Kunert –

schämen Sie sich gar nicht? Ausgerechnet Sie, der Sie seit Jahren mündlich und schriftlich vor der unabwendbaren ökologischen Katastrophe und den Gefahren des ungezügelten Fortschritts warnen und Grenzen für Industrialisierung und Technisierung fordern, ausgerechnet Sie nehmen für dieses Ihr „bisheriges Werk, das alle literarischen Gattungen umfaßt“ und Ihre „kompromißlose Haltung und eine vorurteilslose Beschreibung der gegenwärtigen Wirklichkeit“ ausgerechnet „die Ehrengabe des Kulturkreises im Bundesverband der Deutschen Industrie“ entgegen. 12 000 Mark. Ausge-

rechnet von Hermann Josef Abs. Und nachdem Ihr Kollege Jürgen Theobaldy „aus grundsätzlichen Überlegungen“ abgelehnt hatte. Schämen Sie sich immer noch nicht, Günter Kunert? Nicht mal ein bißchen? Seh'n Sie, es geht doch . . . und aus der Scham läßt sich gewiß ein neues, besonders kompromißloses Gedichtbändchen pressen. Abs gewidmet. Moralisch entrüstet sich ausgerechnet
Titanic

Herr Walden.

Lohnt es sich denn überhaupt noch, in einem Lande zu leben, wo es einem das Bundesverfassungsgericht einfach verbieten kann, einen Hein-

rich Böll mit Hilfe falscher Zitate als Terroristenbüttel zu verleumden, wenn es gleichzeitig Orte gibt, wo die Freiheit schier grenzenlos ist? Der Bhagwan hat bestimmt nichts dagegen, wenn Sie tagelang die schlimmsten Schmähtantras auf Heinrich Böll brummen. Und Sie wissen doch: In Poona brummt man nicht allein, man tut es im Kreise erlesener Girls.
(Dies ist der 4. Teil einer großangelegten Kampagne, Sie aus dem Land zu locken.)

Titanic

Noch geehrter Werner Herzog,

im „stern" stand zu lesen, Sie hätten – in der Folge eines „Spiegel"-Berichts über Ihre angeblichen Techniken, Indianer zu Filmarbeiten auszubeuten – stundenlang drei „Spiegel"-Redakteure so beschimpft: „Alles Gerüchte, die eine Wichserbande von Journalisten verbreitet!"
Bon. Weil wir von der „Titanic" uns irgendwie auch als Journalisten verstehen, möchten wir in diesen ambitionierten Dialog ein wenig eingreifen. Mit drei Fragen: 1. Können Sie sich's erklären, Herr Herzog, wie diese „Spiegel"-Wichser immer wieder ausgerechnet auf Sie als Wichsvorlage verfallen? 2. Falls Sie den Titel „Wichser" nicht (wie heute schon üblich) als eher zärtlichen, sondern ganz konservativ als superlativischen Schimpf verstehen: Meinen Sie wirklich, ohne uns Wichser (deren Verwichstheit niemand lieber bestätigt als wir Branchenkenner) würde 1 Hahn nach Ihnen krähen? 3. Für wie dumm halten Sie eigentlich Ihre Leser- bzw. Zuschauerschaft? Für so einfältig, daß sie Ihnen ernsthaft abkauft, Sie hätten Ihre Wichs-Zitat-Show vor den Ohren eines „stern"-Redakteurs aus reiner spontaner Passion abgezogen – ohne zu ahnen, daß Ihre Rumpelstilzchen-Manieren nun wieder im „stern" nachzulesen sind?
Aber aber, Herzog, wollen Sie denn wirklich all Ihr Leben lang den naivdümmlichen Waldbauernbuben von Hinterbravfarbfilmreuth mimen?

Ärgerlich: Ihre TITANIC

So ist es recht, Herr Stolze!

Sie haben uns wieder gezeigt, daß man von Ihnen immer nur das Schlichteste erwarten kann: Sie haben in der „Zeit" dazu aufgerufen, Franz Josef Strauß zu wählen. „Plädoyer für den besseren Mann", nannten Sie Ihr Bewerbungsschreiben.
Jetzt, nachdem Sie es trotzdem nicht geschafft haben, Pressesprecher bei Bundeskanzler Strauß zu werden, arbeiten Sie hoffentlich an einem neuen tollen Thema. Vielleicht: „So übel ist Pinochet auch wieder nicht."

Oder gar an Ihrer Autobiographie: „Karriere im Kriechgang – Meine Jahre als Analarbeiter bei Gerd Bucerius".
Das hielte für eine reife Leistung,

Ihre Titanic

Herr Matthias Walden,

seit geraumer Zeit verfolgen wir mit besonderem Interesse, wie sich Ihre Artikel immer manischer um den Begriff der „Sehnsucht" drehen. Zwar sprechen Sie von den Polen und ihrer „Sehnsucht nach dem goldenen Westen" – meinen Sie aber nicht insgeheim Walden und seine Sehnsucht nach dem goldenen Osten – sprich Poona? Welch wirre Welt: Streikt ein deutscher Arbeiter, muß man als Springer-Sprachrohr lauthals einen wegmenetekeln, streikt der polnische, muß man auf einmal den alten Freund der werktätigen Massen markieren. Ja, da muß man doch einfach durchdrehen. Es sei denn . . . Apropos „seiden": so sei auch die Haut der bildschönen Baghwan-Mädels, sagt man. Na, Herr Walden? Was kann Sie hier noch halten?
(Das ist der 5. Teil einer großangelegten Kampagne, Sie aus dem Lande zu locken.)

Titanic

Herr Moderator Löwenthal,

nun rechnen Sie uns schon wieder zu Ihren links-chaotischen Feinden, die Sie nicht lieb haben. O schreckliches Mißverständnis!
Sie halten den Kanzlerkandidaten Franz Strauß für einen brillanten

Politiker und einen hochintelligenten Mann. Wir doch auch! Ohne Zweifel ist er eine der hochkarätigsten politischen Potenzen in unserem Lande. Das einzige, was uns wundert, ist, daß ein Mann von dieser Intelligenz nun schon seit Jahren einen solchen Unfug redet. Er selbst leidet wahrscheinlich am meisten darunter, wenn er tatsächlich so intelligent ist – was wir persönlich nicht glauben, denn sonst würde er ja nicht seit Jahren solchen Unfug reden.
Löwi, altes Mainzelmännchen, verstehst?

Gruß Titanic

Lieber hessischer Ekkehard Innenminister Gries,

was regen Sie sich denn darüber auf, daß der Schutz der Militär-Messe in Wiesbaden Polizei-Kosten von sage und schreibe 850 000 Mark verursacht hat?
Natürlich: mit dem Geld des Steuer-

zahlers wurde eine Veranstaltung störungsfrei gehalten, die den Profit-Interessen der Waffenhändler dient. Aber zugleich garantiert doch eine solche Militär-Messe, daß sich eben dieser Steuerzahler umfassend darüber informieren kann, welches Waffensystem auf seine ganz persönlichen Bedürfnisse zugeschnitten ist. Manch einer hat sich schon übernommen und zahlt jetzt ein Leben lang jenen Schützenpanzer ab – als ob gegen seine zwei, drei Feinde ein einfaches Maschinengewehr nicht ausgereicht hätte! – und hetzt nun von einer Abrüstungskonferenz zur anderen. Und schließlich: wo denn sonst als auf einer Militär-Messe erfährt der Interessent, daß zur Verhinderung von Militär-Messen eine Boden-Boden-Rakete mittlerer Reichweite durchaus genügt?
Daraus folgt? Richtig: Herr Minister, weitermachen! Messeschutz verzwanzigfachen!

Titanic

Das Gespräch mit der Jugend kann beginnen. Die Diskussionsteilnehmer sind vollzählig versammelt. Bis auf die Jugend. Typisch!

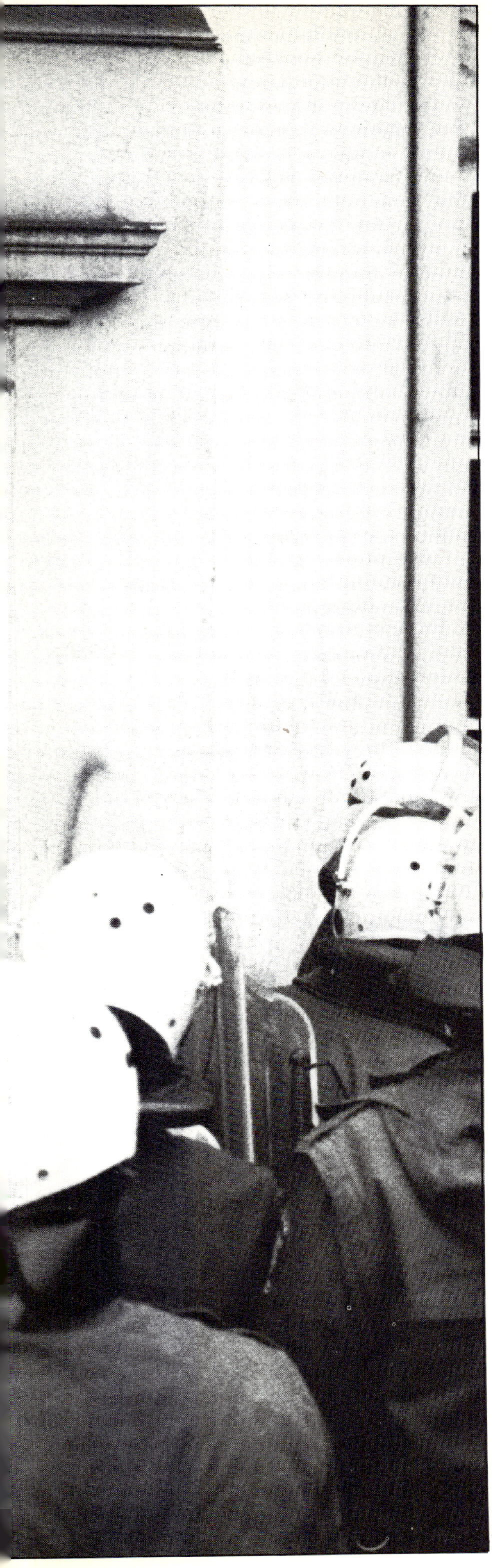

Open end – Ofen aus

7 goldene Regeln für den Dialog mit der Jugend von Eilert, Gernhardt, Knorr, R.d.M.*

Politiker, Kirchenfürsten, Kulturpäpste und sonstige Macht-, Recht- und Meinungshaber sind in der Klemme. Sie haben nun derart oft und leichtfertig behauptet, sie suchten das Gespräch mit der Jugend, daß sich dialogähnliche Situationen mit Hausbesetzern, Maskenchaoten und Politrockern nun kaum noch vermeiden lassen. Die Erfahrung der bisher gescheiterten Podiums-Diskussionen und Fernseh-Debatten lehrt, daß das feine Instrumentarium der bewährten Verbal-Walzen und Hinhalte-Zangen nicht mehr greift. O je! Ach Gott, ach Gott! Sollte denn ein gepflegt-unverbindlicher Gedankenaustausch mit diesen ungepflegten Bettnässern wirklich nicht möglich sein? Sollten diese Grünschnäbel etwa aus den Fehlern der 68er Generation gelernt haben, sich nicht mehr durch verlogene Reformversprechungen auf den langen Marsch durch die Institutionen und in die eiskalten Sphären reiner Begrifflichkeit locken lassen? Das darf doch nicht wahr sein!

Ist es auch nicht. Natürlich haben die nichts gelernt, sonst hätten sie ja einen Beruf. Und eine Wohnung. Und ein Auto. Und uns lieb. Haben sie aber nicht. Und da sie das nicht haben, gibt es nur zwei Möglichkeiten: entweder etwas für sie tun oder mit ihnen reden. Und dann schon lieber mit ihnen reden. Nämlich so:

*Meint natürlich: Ring deutscher Mäkler

Open end – Ofen aus

Regel 1: Haltung bewahren.

Allein die Tatsache, daß verdiente Politiker sich mit solchen ungewaschenen Chaoten in aller Öffentlichkeit – und zwar nur in aller Öffentlichkeit und nur wenn die Fernseh-Kamera läuft – an einen Tisch setzen, sollte an sich Grund genug sein, daß jene die Audienz demütig, dankbar und warum eigentlich nicht kniend verbringen. Tun sie aber nicht. Sollte da nun der Politiker bescheiden darauf hinweisen, daß er seine kostbare Zeit weiß Gott besser nutzen könnte: bei Aufsichtsratssitzungen, Arbeitsessen, Galabeerdigungen oder Benefizvögeleien? Nein, sollte er nicht. Warum den Bären des Neides wekken, wo es doch darum geht, den Zwerghasen der Hoffnung zu kraulen!

Regel 2: Fehler zugeben.

Keine Sorge, natürlich nicht die wirklichen Fehler. Eher solche, die sich schon qua Formulierung dem Auffassungsvermögen des Chaoten entziehen. „Jawohl, meine Parteifreunde und ich haben es unterlassen, rechtzeitig den notwendigen fiskalischen Anreiz dafür zu schaffen, daß die Erstellung zusätzlichen Wohnraumes für den privaten Kapital-Anleger renditemäßig attraktiv wird. Junger Mann, vor Ihnen steht der Verworfenste aller Sterblichen . . .“ Halt! Halt! Halt! Nicht übertreiben. Jetzt besser nachfassen und dem vernagelten Chaoten als gleichberechtigtem Partner (hä, hä, hä) goldene Brücken der Menschlichkeit bauen, indem man übergangslos auf seine Fehler zu sprechen kommt.

Regel 3: Keine Vorwürfe.

Die vollkommene Minderwertigkeit des Chaoten läßt sich dem Fernseh-Publikum viel wirkungsvoller durch gezielte Fragen vermitteln. Besonders beliebt: „Sind Pflastersteine Argumente?" (Sind sie natürlich, denn sonst säße der Herr Politiker ja nicht mit dem Steineschmeißer an einem Tisch. Aber nicht weitersagen; lieber gleich weiterfragen:) „Junger Mann, wäre es Ihnen denn recht, wenn ich die Schaufenster Ihres Juweliergeschäftes einschlagen würde?" Oder: „Glauben Sie nicht, daß Sie Ihrer Sache einen Bärendienst erweisen, wenn Sie sich nicht vorab und in aller Deutlichkeit von der Gewalt gegen Sachen und Personen distanzieren? Wenn ja, dann sprich mir nach, mein Sohn: ‚Ich habe Gewalt ausgeübt in Gedanken, Worten und Taten, ich habe sympathisierenden Umgang gepflegt mit jenen, die Gewalt ausüben oder ausüben werden, ich bin nichts weiter als eine bestrafenswerte Drecksau. . .'" Haaalt! Soweit haben wir die Jugendlichen leider noch nicht. Erst mal kommt:

Regel 4: Verständnis zeigen.

Diesen Gesprächsabschnitt beginnen wir mit einem echten Hammer: „Sie, ich war auch mal jung!" Die jugendliche Rocker-Runde ist starr vor Staunen; wir stoßen sofort nach: „Und ich weiß doch, was das für ein irres feeling (erhabenes Gefühl) ist, Scheiben einzuschlagen. Bei der Reichskristallnacht war ich voll in action (mit ganzem Herzen dabei). Aber natürlich weiß ich auch aus eigener, leidvoller Erfahrung (trouble), wohin das führen kann." Im Anschluß hieran läßt sich zwanglos die 45er Platte aus dem Gedenk-Schrank holen: „Was glauben Sie, was wir damals für einen Fehlbestand an Wohnungen hatten?! 8 Millionen, Sie! Und die sind auch nicht von alleine kaputt gegangen!" – Und schwupp! lassen wir unseren Schwerleidgeprüften-Ausweis herumgehen: „Und wir sind auch nicht auf die Straße gegangen damals. Gab ja nicht mal mehr Straßen." – Der Chaot ist platt, wir sind hochgemut und setzen sofort zu einem echten Selbstgespräch mit der Jugend an:

Regel 5: Geständnisse machen.

„Ich werde versuchen, meine politischen Freunde dahingehend zu beeinflussen, daß. . ." Moment! Keine Zugeständnisse – Geständnisse! So Privatkram, Tagträume: „Also um eines beneide ich Sie wirklich: um Ihre freien Lebensformen. Ich persönlich würde längst in einer Wohngemeinschaft leben, aber meine Frau und meine Freundin können nicht so gut miteinander. Tja, die Weiber." – Jetzt vielleicht ein kleiner Verweis auf die romantischen Qualitäten beengten Wohnens: „Bin ja seinerzeit als junger Studiosus auch kein Kostverächter gewesen. Habe trotz wachsamen Drachens, sprich Wirtin, allerhand Frischfleisch in meine winzige Bude geschleppt. Tapp, tapp, tapp, im Gleichschritt auf Socken die Treppe hoch. Und dann war Polen offen, ich kann Ihnen sagen. . ." Nein! Lieber nicht sagen. Warum die Wildsau der Wollust wecken, wo es doch darum geht, den Dachs des Demokratieverständnisses aus dem Bau zu locken! Deshalb:

Regel 6: Demokratie demonstrieren.

So. Genug getändelt. Jetzt hat endlich der unvermeidliche Schnellkursus zu folgen: Was ist Demokratie? „Demokratie bedeutet Toleranz. Toleranz bedeutet, die Meinung des anderen zu respektieren. Der andere bin ich, und ich bin der Meinung, daß ich derart tolerant bin, daß ich jeglichen Respekt verdiene. Her damit! Demokratie bedeutet weiter, den Schutz von Minderheiten zu garantieren. Je kleiner die Minderheit, desto größer ihr Schutzbedürfnis. Es gibt eindeutig weniger Spekulanten als Wohnungssuchende, und daher gehört der Schutz des ungeschorenen Gewinnstrebens zu den vornehmsten Aufgaben unserer freiheitlich-demokratischen Grund- und Bodenordnung. Schließlich bedeutet Demokratie auch: gleiches Recht für alle. Wenn Sie also das Ihnen gesetzlich zustehende Grundrecht auf Wohnung und Arbeit in Anspruch nehmen, dann müssen Sie auch dem Andersdenkenden das Recht einräumen, Wohnraum zuzumauern und Arbeitsplätze wegzurationalisieren! Klar?" – Tja, brillante Dialoge!

Es ist vollbracht. Das so lange gesuchte Gespräch mit der Jugend hat stattgefunden. Doch bevor der humanistisch geprägte Politiker nun wieder in den goldenen Alltag zurückkehrt und das sehr viel lohnendere Gespräch mit Menschen seines Alters, seines Ranges und seiner Einkommensstufe pflegt, wird er dem Jugendlichen gewiß noch eine Perspektive eröffnen:

Regel 7: Das Prinzip Hoffnung.

„Ach was regen Sie sich denn überhaupt auf?! Wer weiß, ob nicht morgen schon der Ami seine Neutronenwaffe zündet! Dann gibt es, zackbumm, auf einen Schlag Wohnung und Arbeit zuhauf. A propos ‚zu': Hat die Kantine noch auf?" ENDE

Guten Tag! Wir suchen das gespräch mit der Jugend!
Ich muß draußen bleiben

Ehrlich, Ernst, Du machst mir Spaß!

Ministerpräsident Albrecht will die Kirchen privatisieren. Dazu ein offenes Wort von Peter Knorr

Na dann Halleluja, Herr Ministerpräsident Albrecht! Ja, sind Sie denn von allen guten Geistern verlassen? Ihr Mut ist bewundernswert, aber werden Sie jetzt nicht wirklich *zu* forsch? Mein Gott (oder Ihrer), das heißt doch nun wirklich die öffentliche Meinung überfordern! Haben Sie sich das denn auch genau überlegt? Bitte, die Idee ist bestechend, der Plan phantastisch: Sie wollen die Kirchen privatisieren. Allen Ernstes wollen Sie rangehen an die verbeamteten Gotteshäuser, wollen die Monopole knacken, Meinungsvielfalt herstellen und was nicht alles. Dies ist ein großer Wurf, Herr Ministerpräsident. Da neige ich mein Haupt in Ehrfurcht.

„Wenn die Bürger lieber eine Predigt über Fußball hören wollen als über die Probleme der Homosexualität, soll man ihnen die Wahlmöglichkeit geben", so haben Sie ja wohl sinngemäß gesagt.*)

Wie außerordentlich wahr! Von Meinungsvielfalt kann in diesem göttlichen Unternehmen doch schon lange keine Rede mehr sein. Das Informationsangebot ist einseitig, das Bedürfnis der Menschen nach leichter Unterhaltung wird weitgehend ignoriert, statt dessen findet in sämtlichen Programmen zäheste moralische und intellektuelle Indoktrination statt. Dafür – und da haben Sie vollkommen recht – ist der Bürger nicht bereit, diese horrenden Gebühren zu zahlen.

Und Sie haben gewiß noch andere gute Gründe, die verkrusteten Strukturen einer überalterten, selbstherrlichen und der öffentlichen Kontrolle entglittenen Institution aufzubrechen. Die skandalöse Unausgewogenheit der Berichterstattung etwa. Ich beklage sie mit Ihnen seit Jahrzehnten. Einerseits linkslastig, keine Frage: öffentliche Unterstützung von Befreiungsbewegungen in Afrika, Widerstand gegen Kernenergie-Projekte (wem sage ich das!) und eine Auffassung von sozialer Gerechtigkeit, die verdammt ins Kommunistische spielt.

Definitiv linke Unterwanderung also bei den unteren Chargen. Und andererseits motzen oben bis hinauf zur Intendenten- und Bischofsebene die Verantwortlichen gegen Gesetze, die der Staat erlassen hat. Ihr Staat! Ich denke da an den Paragraph 218, auch wenn das nicht gerade Ihr Paragraph ist. Aber muß sich ein Staat, der von seinen Bürgern immerhin die Milliardengebühren für diese Kirche eintreibt, soviel Obstruktion bieten lassen? Muß er nicht! Auch hier bin ich ganz Ihrer Meinung.

Und was geschieht mit dem Geld? Damit sind wir bei Ihrem nächsten stichhaltigen Argument für eine Privatisierung der Kirchen. Diese ungeheure finanzielle Mißwirtschaft! Ein aufgeblasener Verwaltungsapparat, Prunkbauten, wo man hinschaut! Und wofür das Ganze? Damit eine angeblich überparteiliche intellektuelle Schickeria täglich das Gebot der Ausgewogenheit verletzen kann. Hier heißt es nicht mehr aufgepaßt, sondern eingeschritten!

Aber wie nun, Herr Ministerpräsident? Nach dem Muster der vier fröhlichen Diözesen von Luxemburg? Ich weiß nicht recht. Sicher, Privatisierung muß sein. Konkurrenz belebt das Geschäft. Sie haben vor, erst mal drei, vier Sprengel im Niedersächsischen an ein paar potente Laienprediger zu vergeben. Wenn die den Laden auf Zack gebracht haben, müssen die anderen notgedrungen nachziehen. Aber können sie das? Können sie die Methoden und das Know-how der Privatwirtschaft überhaupt bieten? Das geht los mit der Werbung. Trikot-Werbung bei Nonnen, Jägermeister auf der Soutane; was sein muß, muß sein. Damit finanziert man dann wieder publikumsintensive Veranstaltungen, wie die Hitparade der Ernte-Dank-Lieder. Klar, über Geschmack läßt sich streiten, alles eine Frage des Sendungsbewußtseins. Aber irgendwo wollen wir doch alle die paar Jährchen vor dem ewigen Jenseits mit Musik und guter Laune verbringen. Wie steht es mit Neon-Leuchtschriften an den Außenfassaden? Klosterfrau Melissengeist oder Drei-Glocken-Nudeln bieten sich an, obwohl ich auch das nicht so eng sehen würde. Nur, wo sind die Grenzen? Würde es noch in Ihr Konzept passen, wenn die von Ihnen initiierten Privatkirchen dazu übergingen, das Abendmahl etwas reichlicher zu gestalten? Angeblich, weil Klagen über die zu karge Küche laut geworden sind? Frau Noelle-Neumann hätte auch dafür sicher einen demoskopischen Beleg zur Verfügung. Und dann gäbe es dort eben wahlweise Kroketten und Götterspeise als Nachtisch. Der Service würde als einmalig in der Gastronomie gepriesen, wo sonst steckt der Wirt seinen Gästen das Essen persönlich in den Mund?!

Dies alles ist möglich, und Sie sollten es bedenken, Herr Albrecht. Noch gibt es nämlich Menschen, auch in Ihrem Lande, die bei einem besinnlichen Orgelkonzert nicht alle zwei Minuten den Küster von der Empore herunterschreien hören wollen, daß seine Frau die Meßgewänder nur mit Ariel so blitzsauber hinkriegt.

Und schließlich, worum geht es Ihnen denn? Um Meinungsvielfalt, klar. Um Ausgewogenheit. Um leistungsorientiertes, freies Unternehmertum. Um Qualitätsverbesserung. Aber ja doch, ich wäre der letzte, der Ihnen dies alles nicht abkaufen würde. Schließlich sprechen wir die gleiche Sprache und sprechen wir von der Kirche; da ist ein wenig Glaube schon angebracht. (Bei jedem anderen Thema wäre ich skeptischer.) – Aber ist da nicht auch noch ein anderer Gedanke im Spiel? Ich meine, bei Ihnen? Die Kanzel? Das Medium? Vielleicht doch selbst einmal predigen? Oder gar öfter? Vielleicht immer? Verkünden dürfen, was des Kaisers ist? Wie privat, Herr Albrecht, hätten Sie's denn gern?

---

*) Ganz genau hat er gesagt: „Wenn die Bürger im Fernsehen lieber Fußball sehen wollen als Ausführungen über die Probleme der Homosexualität, soll man ihnen die Wahlmöglichkeit geben."

Erich Rauschenbach

Eilert / Gernhardt / Knorr

Die Wende in Oberammergau

Der Streit um die diesjährigen Passionsspiele ist beigelegt! Weder die antisemitische Deisenberg-Fassung noch die barocke Rosner-Fassung wird gespielt, sondern die zeitgenössische Konsul-Mast-Fassung. Nur ein paar kleine Widerstände in der Spiel-Schar sind noch auszuräumen.

3.

Edle Einfalt, stille Größe

Sport und Musik, Chemie und Wahnsinn, Kultur und Raserei, Leichtsinn und Leistung, Lust und Prinzip

Ko-Li-Bri

Beilage für Kontakt-Linsen- und Brillenträger

Foto: Richard Kähler, Hans-Werner Saalfeld

Nur für Anthroposophen

Von seiner letzten Seelenwanderung durch den Hintertaunus hat Dichter Achaz von Thymian wieder einige Gedichte mitgebracht. Wir kennen sie selbst noch nicht und sind sehr gespannt, wie sie gedruckt aussehen. Etwa so wahrscheinlich:

Drittletztes Gedicht

Steiner sprach zu Sigmund Freud:
„Wir ham schönes Wetter heut."
Darauf sagte Freud zu Steiner:
„Mann, Du merkst auch alles,
Kleiner."

Vorletztes Gedicht

Beckmann fragte Rudolf Steiner:
„Wird mein Bild nicht immer
feiner?"
Darauf sagte Steiner: „Beckmann,
wisch den Unfug lieber weg,
Mann!"

Das Letzte

Rilke sprach zu Rudolf Steiner:
„Keiner ist so klein wie meiner."
Tröstend sagte Steiner: „Rainer,
meiner ist noch etwas kleiner."

Unser Großessay

Wahrnehmungen aus dem Wartesaal

Ein Wartesaal voller Schicksale! Wartende Menschen, die der große Mund des Lebens aus der Zeitlichkeit in die Ewigkeit gespien hat. Doch worauf warten Sie? Etwa diese kinderreiche Familie dort, die ich schon oft hier sah, eigentlich immer. Worauf mag die warten? Vielleicht auf eine Wohnung? Oder jenes junge schöne Mädchen, das da herumirrt – was hat sie hier zu suchen? Ist auch sie schon stumm in ihr Schicksal ergeben, oder hat sie noch die Kraft zu fragen? „Wer hatte das Jägerschnitzel bestellt?" fragt sie jäh. Ich nicht. Trotzdem rührt diese Frage etwas in mir an. Aber was? Hoffnung? Sehnsucht? Appetit? Doch wohl noch mehr rührt mich jener kindlich ungeschlachte Mensch, der schon seit zwei Stunden in seiner Fahrkarte liest – und nun versucht er auch noch, darin zu blättern! Etwas in mir bäumt sich ab. Ich wende mich auf. Mein Blick fällt neben das junge Paar, ganz hinten in der Ecke. Wie sie sich bei den Händen halten! Dieser Wille, sich zu entgrenzen, die Einsamkeit des Individuums aufzuheben, niederzureißen die trennende Mauer! O diese verzweifelten Zärtlichkeiten, diese letztlich doch ins Leere laufende Sinnlosigkeit – ach! Das Vögeln im Wartesaal ist nun mal verboten. Leider.

Unser Bich-Tup

Der Hansel Verlag wird hundert Jahre alt. Und zwar 1998. Dies Jubiläum war den Besitzern Anlaß genug, ein Buch herauszugeben. Im schmucken Frischhalteschuber enthält der Band die gesamte Geschäftskorrespondenz seit Bestehen. Angeblich hundert Millionen Briefe. Eine imponierende Zahl, gewiß – doch erstens stimmt sie nicht, und zweitens gibt es noch größere Zahlen, zum Beispiel zweihundert Millionen. Außerdem: Nur wenige Briefe hätten eine Herausgabe wirklich verdient. Und von diesen wenigen eigentlich nur einer. Und der auch nicht unbedingt. Hier ist er:

„Herrn Jorge Luis Borges
Buenos Aires
Argentinien

Sehr geehrter Herr,
wir müssen Ihnen leider mitteilen, daß der Absatz Ihrer Werke in Deutschland nach wie vor sehr zu wünschen übrig läßt. Wie wir aus Buchhändlerkreisen erfahren, sind Sie selbst daran nicht ganz unschuldig: ‚Borges' liest der potentielle Käufer schon auf dem Rücken Ihrer Bücher. Und er sagt sich: ‚Klar, mach ich! Was soll ich auch DM 16,80 dafür ausgeben? Ich borg es.' Wäre es in Anbetracht dieser bedauerlichen Fehlleitung nicht auch in Ihrem Interesse dringend angezeigt, bei den zuständigen Stellen in Argentinien umgehend um eine Änderung Ihres Namens einzukommen?! Unser Vorschlag: Kaufes! Jorge Luis Kaufes. Mit mahnendem Gruß

Ihr Hansel Verlag

PS: Noch besser wäre natürlich: Jorge Luis Kaufdochgleichzwei – Undverschenkeins."

Laßt Bilder sprechen

Freiheit oder Sozialismus? **Wir sind für die Freiheit. Während in unserer freiheitlichen Bundesrepublik auf nur vier Feuerwehrmänner ein Loch entfällt (schönes Foto links), müssen sich im sozialistischen Teil Deutschlands immer noch vier Vermummte in einen Stuhl teilen (tristes Bild rechts). 18 Stunden Herumstehen für 6 Stunden Sitzrecht! – Darüber müssen unsere sympathischen Feuerwehrmänner nur lachen, denn ihr Loch ist so groß, daß sie bequem alle darin wohnen können.**

Wegen gewisser Steuervorteile, von denen Sie uns keine Vorstellung machen können, sind wir gezwungen, mindestens 25 Prozent dieser Seiten mit allgemeinbildenden Themen zu bestreiten. Aus diesem Grunde beginnen wir nun mit dem Abdruck einer Szenenfolge, die uns kostenlos vom Bundeskultusministerium zur Verfügung gestellt wurde und Spannung und Belehrung auf das zwanghafteste verbindet:

An der Schwelle der Neuzeit

Nicolo Machiavelli und die Geburt des Nationalstaates.

1514, am Hofe von Parma. Nicolo Machiavelli übt sich gerade im Intrigieren, als jemand an die Tür seines Studios klopft.

MACHIAVELLI: Herein, mein Fürst!

FÜRST: Ihr wißt, ich störe Euch nur ungern . . .

MACHIAVELLI: *(beiseit)*: Dafür aber häufig! *(Laut)* Ihr wißt, Ihr seid mir stets willkommen!

FÜRST: Gut. Ich muß Euch nämlich unbedingt meinen neuesten Plan erzählen. Er muß natürlich unter uns bleiben, doch da Ihr mir treu ergeben seid . . .

MACHIAVELLI: *(beiseit)*: Glaubst du! *(Laut)* Mein Fürst, Euer Vertrauen ehrt mich ungemein!

FÜRST: Sehr fein! Ich denke mir das Ganze ungefähr so: Ihr wißt, die Staatsraison gebeut, daß ich meine Frau dem Papst vermähle, damit ich endlich frei bin für Else von Lothringen – die mir übrigens auch als Köchin empfohlen wurde –, und außerdem werde ich durch diese Verbindung Großneffe des Kalifen von Capri und würde mir als solcher Anspruch auf den Posten des Vizetruchsess im Hause Habsburg erwachsen, was mich endlich in Stand setzte, über die Witwe des Beichtvaters des Conte Holter die Polter direkten Einfluß auf den Heiligen Stuhl zu gewinnen, womit wir mit einem Schlag auf Platz fünf der spanischen Erbfolgetabelle aufrücken und doch noch am Uefa-Cup teilnehmen könnten! Was sagt Ihr dazu, Messer Machiavelli?

MACHIAVELLI *(beiseit)*: Selten so einen blöden Plan gehört! *(Laut)* Ein geradezu genialer Plan, mein Fürst!

FÜRST: Nicht wahr?

MACHIAVELLI: Nur . . .

FÜRST: Ja?

MACHIAVELLI: Habt Ihr nicht die Rechnung ohne Bertel von Burgund gemacht? Der sich vorgestern durch die Adoption Klein-Asiens eine Sperrminorität im Aufsichtsrat des Vatikan verschafft hat?

FÜRST: Hat er das?

MACHIAVELLI *(beiseit)*: Ach was! *(Laut)* Er hat. Leider!

FÜRST: Es klopft!

MACHIAVELLI: 's ist mein Späher Hefrakorn. Er kehrt grad in geheimer Mission aus Tralien zurück!

HEFRAKORN: Schlimme Kunde, mein Fürst! Der heimstarke Pascha von Pyrmont hat Hedwig Holstein entehrt! Als Abfindung rückt nun der Deichgraf von Flensburg auf Platz zwei der katholischen Liga vor – ohne Ausscheidungsspiele!

FÜRST: Weh mir!

MACHIAVELLI *(beiseit)*: Das hört man gern! *(Laut)* Oh welch schrecklich schlimme Kunde!

FÜRST: Der Traum vom Uefa-Cup – ausgeträumt!

MACHIAVELLI *(beiseit)*: Gottseidank! *(Laut)* Von wegen!

FÜRST: Nein?

MACHIAVELLI *(beiseit)*: Doch! *(Laut)* Ihr müßt nicht unbedingt auf diesen lukrativen europäischen Wettbewerb verzichten, mein Fürst. Ihr müßt nur . . .

Was Machiavelli seinem Fürsten vorschlug? Sie lesen es in unserer nächsten Folge: „Renaissance der Raumdeckung". Nur soviel sei vorweg verraten: Das Ergebnis dieser taktischen Meisterleistung, der Friede von Florenz, dauerte nur eine halbe Stunde, und dann war auch schon wieder die schönste Keilerei im Gange.

Gut gegeben

Zeichnung: Jürgen Heer

Am Nebentisch belauscht

Mein Forschungsprojekt „Das debile Dorf – ein Bericht über Degenerationserscheinungen auf dem Lande" hatte mich in den „Goldenen Aal" geführt – so ein Schwachsinn, seid wann gibt es goldene Aale?! –, und die lautstark geführte Unterhaltung am Seniorenstammtisch ließ denn auch meine schlimmsten Befürchtungen hinter sich:

– He, du, Huberbauer!
– Jo – wos host scho wieder, Xaver?
– Was machst nachad du do?
– I les.
– Ja, freili, dös siach i scho. Oba woas liest?
– Minima Moralia. Vom Adorno.
– Eben drum. Kamma dös nachad a no les'n?
– No – i hon mant, doß man si ob und zu scho no a mol a bissel wos Leichteres gönnen solln dürft – oda?
– No jo. Oba wannst mi frogst, dann is jo dös nimma sonderlich relevant. Dös is enstand do damals, wo die Leit von der Frankfurter Schule in da Emigration warn, und do hob i scho mehr den Eindruck, os ob die Adornoschen Thesen einem Bewußtsein entspringen, das, statt konkret gesellschaftsanalytisch zu sein, mehr so einer allgemeinen kulturkritischen Holtung Plotz gemocht hot.
– Do host vollkommen recht. Oba i wüll jo drüba gor kan kritischen Essay veröffentlichen, i orbeit jo zur Zeit an wos gonz wos anderm, und do les i dös holt so a bisserl zur Zerstreuung, verstehst . . .
– Is scho recht. Wo i di no frogn wollt: Konnst mi a mol eian Mistkarren borgn, weil, der meine ist gestern . . .
– Jo freili. Oba bring'n holt z'ruck und vergiß net, mir a mol den Levi-Strauß zu retourniern – den host jetzt scho mehr wie drei Tag, Xaver.
– In Ordnung. I bin scho durch. Gor net mol so uninteressant, obwohl i sonst auf den Strukturalismus eher pfeif. Aso: Pfüat di, Huberbauer!
– Pfüat di, Xaver!

„Pfüat di, pfüat di" – sagen Sie selbst: Reden so Menschen? Das fragt Sie
Ihr Jean
(vom Nebentisch)

Zu unserem Titelbild: In der Eile hat unser Fotograf leider zwei Kleinigkeiten vergessen. Bitte ausschneiden und einfügen!

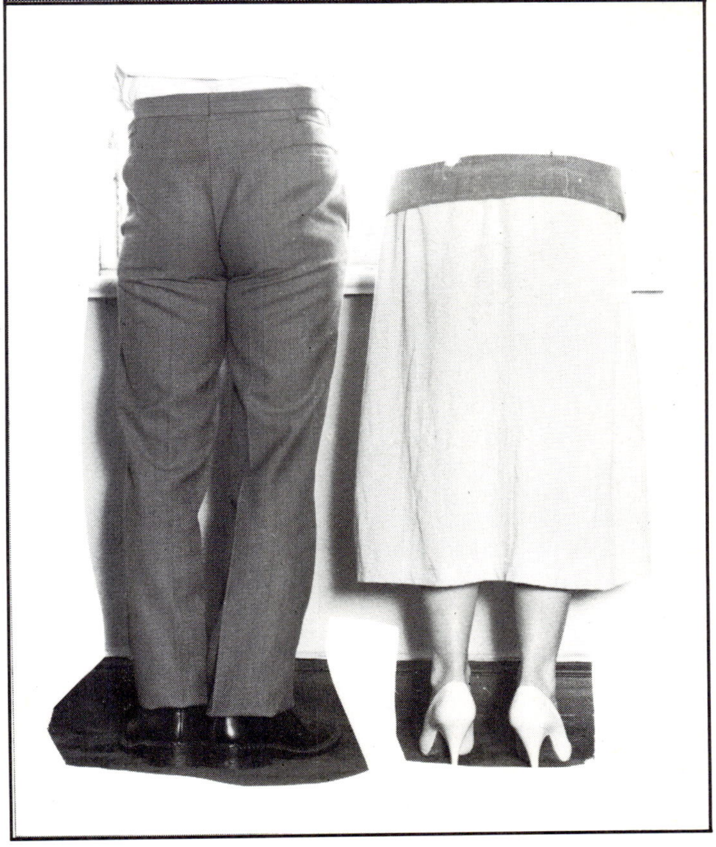

Liebe Leser,

urlaubsbedingt, ferienhalber und weil sonst niemand da war, fiel diesmal mir, dem Benjamin-Herausgeber dieser Beilage, die ehrenhalbe Aufgabe zu, Sie, liebe Leser, einstimmend willkommen zu heißen. „Junge", sagte ich zu mir, denn ich sage immer „Junge" zu mir, weil ich ja noch so jung bin, „Junge, das ist deine Chance!" Die Narrenkappe aufgesetzt und vor das Schreibpult gekniet war eins – doch bei zwei klingelt auch schon das Telefon. Ich melde mich mit eigenem Namen. „Hallo", antwortet eine fremde Stimme, „sind Sie die Feuerwehr?" „Aber nein! Brennt es etwa bei Ihnen?" frage ich zurück. „Ach wo. Wieso soll es bei mir brennen – Sie sind ja auch nicht die Feuerwehr." Aufgelegt.

Dieser rätselhafte Anruf bringt mich so aus der Fassung, daß ich wie benommen zum Kühlschrank wanke, um mich mit einem Joghurt zu stärken. Ich greif mir einen Joghurt, setze es an den Hals – und was soll ich Ihnen sagen: Es ist gar kein Joghurt. Es ist bräunlich und schmeckt nach Cognac. Ich sage noch zu mir: „Junge, entweder du verfügst über die Kraft, Joghurt in Cognac zu verwandeln – oder du hast dich ganz einfach vergriffen." Da habe ich auch schon den ganzen Joghurt ausgetrunken. „Zurück an den Schreibtisch!" befehle ich mir streng. Doch was soll ich Ihnen sagen: Mein Schreibtisch ist plötzlich ganz weich! Noch im Hinlegen denke ich: „Junge, entweder du verfügst über die Kraft, Schreibtische in Betten zu verwandeln – oder du hast dich in der Tür geirrt."

Da liege ich auch schon, den Kopf voller Joghurt, auf meinem Schreibtisch, fürchtend, ob dieser Wunder in die ewige Nacht des Wahnsinns zu gleiten, als plötzlich meine Schreibmaschine nach mir greift. Das macht mich irgendwie stutzig. Ich sage noch zu ihr: „Entweder du ziehst dir selbst das Nachthemdchen aus, oder" – da wird mir plötzlich klar, daß mir diese Geschichte wohl niemand glauben wird, was mich sehr traurig macht. So traurig, daß ich jetzt niesen muß. Gesundheit.

Der Narr und der König

Es war einmal ein König, an dessen Hof lebte auch ein Narr, über dessen feinen Witz sich der König nicht genug verwundern konnte. „Ei, wo hast du nur diese Scharfzüngigkeit und diesen feinen Witz her, lieber Narr?" fragte er den Narren, als die beiden eines Nachmittags durch den Park des Schlosses lustwandelten, worauf der Narr zweideutig entgegnete: „Quatsch nicht so dumm rum, alter Knallkopp!" Über diese Replik mußte der König herzlich lachen, worauf der Narr listig fortfuhr: „Wenn du so weiterlachst, wirst du dir noch in die Hosen machen."

Da mußte der König noch heftiger lachen. Und als er wieder Atem schöpfen konnte, sagte er: „Dieses glänzende Wortspiel will ich mit einem hübschen Sümmchen Goldes sowie deiner urkundlichen Ernennung zum Hofnarren auf Lebenszeit belohnen."

„Welches Wortspiel, du Sack?" sagte da der Narr, worauf sich der König überhaupt nicht mehr beruhigen konnte, bis ihn der Narr, geheimnisvoll lächelnd, mit den Worten unterbrach: „Na, dann rüber mit dem Zaster – aber die damit verbundene Urkunde kannst du dir in den Arsch stecken."

Da aber stutzte der König und sprach: „Diesen deinen letzten Scherz habe ich nicht begriffen, lieber Narr?" „Dann denk doch drüber nach, du Doofmann!" sagte der Narr doppeldeutig, und der König verfiel daraufhin in ein angestrengtes jahrelanges Nachdenken. Doch erst, als er bereits auf dem Sterbebette lag, ging mit einem Mal ein Lächeln über sein Gesicht, und mit schwacher Stimme ließ er nach dem Narren rufen. „Ich glaube, jetzt habe ich dein Wortspiel begriffen, lieber Narr", sagte er dem Herbeigeholten, der verschmitzt rückfragte: „Welches Wortspiel denn, du Armleuchter?"

„Na, das mit der Urkunde, die ich mir in den Arsch stecken sollte. Damit wolltest du sagen, daß du dich sehr über die Urkunde gefreut hast, nicht wahr?" Da stöhnte der Narr geheimnisvoll auf und sagte: „Du bist wirklich dümmer, als die Polizei erlaubt."

„Häh?" fragte da der König. „Was bedeutet Polizei in diesem Zusammenhang? . . . Ach so, ich verstehe: Ordnungshüter!" Und ein Schmunzeln breitete sich über sein ganzes Gesicht, ein Schmunzeln, das auch im Tode nicht von ihm wich. Und so starb er, wie er gelebt hatte: voll brummender Dummheit.

Wenn Politiker zu früh nach Hause kommen . . .

„Ach herrje, nun muß ich nach einem so langen und aufreibenden Arbeitstag auch noch die Bierdosen an die Decke hängen!" Mit diesem Stoßseufzer betrat Aumi Genscher nach einem langen und aufreibenden Arbeitstag seine Wohnung. Doch wer beschreibt sein Erstaunen – schon wieder wir? Na gut: Er war wahnsinnig erstaunt, als ihm Sammy Davis jr. und Yoko Ono entgegentraten und verkündeten, sie hätten ihm gerade die Bierdosen an die Decke gehängt, müßten aber jetzt leider gehen, weil sie noch anderen Menschen eine Freude zu bereiten hätten. Mit einem herzlichen „groovy, man, groovy!" verabschiedete sich unser Außenminister von den kleinen, hilfreichen Menschen.

„Wenn ich die Sau erwische, die mir schon wieder ein Hakenkreuz an die Tür geschmiert hat!" Mit diesem zornigen Ausruf betrat nach einem kurzen, arbeitslosen Tag Exmiprä Filbinger seinen Privatbunker. Doch wer beschreibt sein Erstaunen – okay, okay, wir machen's: Er war baff erstaunt, als er plötzlich der gesamten CDU-Führungsspitze gegenüberstand, die gutgelaunt zu dem eben fertig gemalten Willkommensschild „Grüß Gott, Herr Nazirichter!" hinüberblinzelte.

„Ach, wenn es doch noch einmal so schön sein könnte wie früher!" Mit diesem wehmütigen Gedanken betrat Butaprä Stücklen seinen Bungalow. Doch wer beschreibt sein Erstaunen – noch einmal wir; aber das nächste Mal sind Sie dran: Er war zu Tränen erstaunt, als er sich auf einmal im Kreise derer wiederfand, mit denen er seine wunderschöne Kindheit verbracht hatte. Man muß nämlich wissen, daß er einst von einem Wildschwein geraubt ward, in dessen Rudel er aufwuchs, und daß er erst Jahre später von der CSU mit Hilfe einer gefälschten Steckrübe aus dem fränkischen Urwald gelockt wurde. Aber eigentlich muß man das gar nicht wissen; man sieht's doch.

Texte: Eilert/Gernhardt/Knorr

Die letzte (und beste) Folge von **,,Berlin Alexanderplatz'':** Rainer Maria Faßbiber wurde nun endgültig in die staatliche Filmförderungsanstalt eingeliefert. Jeden Abend darf er zur Beruhigung einen Bundesfilmpreis schlucken. **Quark Bohm** verfilmt inzwischen den Ikea-Katalog. Die Hauptrolle spielt – wie immer – sein minderjähriger Adoptiv-Elch.

☆☆☆

„Bismarck - Portrait eines deutschen Herings“ nennt sich das neueste 48-Stunden-Opus des deutschen Filme-Machers **Hans Jürgen Syberberg.** Er läuft zur Zeit mit ungewöhnlich großem Erfolg in New York. Jedenfalls im Heimkino seiner dort ansässigen Tante, die den Film schon dreimal gesehen haben will.

☆☆☆

Ein unverhofftes Wiedersehen gab es beim Treffen der Hobby-Köche in Braten-Braten. Die international renommierten Schleck-Schluris **Andy Warhol** und **Josef Beuys** tauschten begeistert ihre Rezepte im Absahnen, Abkochen, Überbraten und Preise pfeffern aus. Man trennte sich mit dem Versprechen, sich auch in Zukunft reichlich Honig ums Maul zu schmieren.

☆☆☆

Der Mißerfolg von **Helma Sanders'** Film „Deutschland, bleiche Mutter“ hat auch andere europäische Filmemacher nicht ruhen lassen. Folgende Streifen sind in Vorbereitung: „Italien, fauler Vater“, „Frankreich, blasse Base“, „Spanien, kregler Cousin“, „Finnland, feuchter Vetter“, „Portugal, pickliger Schwippschwager“ und „DDR, souveräner Staat“.

☆☆☆

„Harald Juhnke singt Dean Martin“ – 50 000 bereits ausgelieferte Platten mit dieser Aufschrift wurden jetzt von der Plattenfirma in einer großen Rückruf-Aktion eingezogen. Der korrekte Titel sollte natürlich lauten: „Harald Juhnke säuft Dean Martin“, wir nehmen an, unter den Tisch.

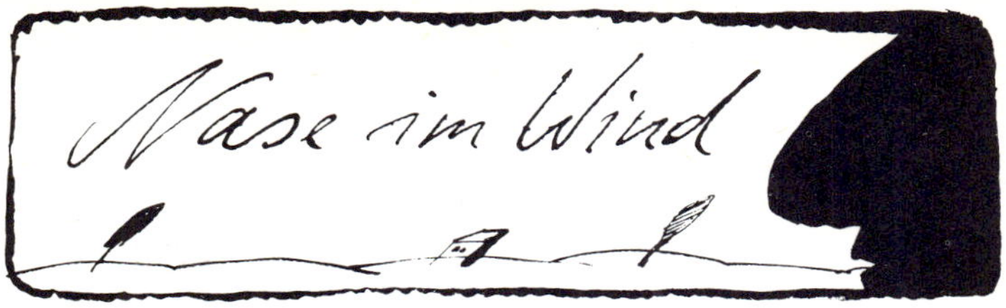

Trips und Trends

Daß Loki Schmidt nicht nur eine begabte Ehefrau, sondern auch eine liebenswerte Bildhauerin ist, bewies ihre erste Einzelausstellung; Motto: „Mein Helmut hat viele Gesichter“. Bereits im 8. Versuch gelang ihr eine Büste, die unserem Bundeskanzler zum Erschlagen ähnlich sieht.

Boy Gobert (bürgerlich: Sir Gobelin), neuer Generalintendant von Berlin-West, kommt zum großen Erstaunen des Publikums mit sparsamsten Mitteln aus. So ist es ihm etwa in seiner „Wallenstein“-Inszenierung gelungen, mit nur 700 Statisten die Illusion größerer Menschenansammlungen zu vermitteln. Und zwar so glaubwürdig, daß es schon fast unheimlich war.

☆☆☆

Ein alter Traum wird endlich wahr. Zur Eröffnung des **Deutschen Turnfestes** ist es den Verantwortlichen tatsächlich gelungen, diese vier Gastredner zu verpflichten: Max Frisch, Erich Fromm, Hans-Jürgen Fröhlich und Loden-Frey. Gemeinsam singen sie die Hymne „So ein Tag, so helmutschön wie heute!“ Kalauernder Kommentar von Turnpräsident Willy Weyer: „Prima.“

☆☆☆

„Peine-Pattensen-Paris“ heißt die neue Mammut-Ausstellung im **Centre Pompidou.** Der Glanz der alten Seine-Metropole wird durch 250 000 Ausstellungsstücke wieder einmal fast lückenlos repräsentiert, während Peine und Pattensen durch die Leiter ihrer Volkshochschulen vertreten sind.

Der Börsenverein des deutschen Buchhandels versteigert nächste Woche wieder zwei Portemonnaies. Das erste stammt aus dem Nachlaß von **Arno Schmidt** und enthält jenen Zehn-Mark-Schein, den der Dichter zärtlich als „Schmidts Traumzettel“ zu bezeichnen pflegte. Es ist aber auch ein zu prächtiges Stück! Ganz blau und mit einem jungen Mann drauf. – Die zweite Börse ist eine ehemalige Grabbeigabe aus der Hermann-Hesse-Pyramide in Montagnola. Sie wurde leider bereits zweimal geplündert und enthält nur noch eine in stümperhaftem Sanskrit abgefaßte Grabräuber-Verfluchung: „Wer in dieser Börse fischt, kricht von Wischnu eins gewischt.“

☆☆☆

Unter dem Titel „Alternatives Wohnen“ hat **Albert Speer** ein Buch herausgebracht, in dem er sich endgültig von seinen architektonischen Jugendsünden distanziert. Überzeugendstes Beispiel: sein Entwurf für das Rathaus freies Wendland mit eingebauter Protestgalerie.

☆☆☆

Zu Ehren von **Peter Stein** soll der Berliner Stein-Platz in Stein-Platz umbenannt werden. Mit dieser Ehrung hofft der Berliner Senat zu verhindern, daß der Theatermann sein bisher ehrgeizigstes Projekt verwirklicht, „Die Menschen“. Stein freilich denkt nicht daran, einzulenken. Einzige Konzession: Der Beginn der Aufführung wird von 18 Uhr auf 20 Uhr verlegt („Damit die Leute vorher noch mal gut zu Abend essen können“). An der zweijährigen Aufführungsdauer allerdings wird nichts geändert („Kommen die Leute halt zwei Stunden später nach Hause; mir doch egal“).

☆☆☆

Unbeständigen Gerüchen zufolge haben die Jugendserienerfinder des ‚Stern‘, **Heiko Gebhard** und **Kai Hermann** schon wieder ein neues Projekt auf der Pfanne: Nach ,,Christiane F.'' und ,,Andi Z.'' folgt nun die Serie ,,Hubi H.''. Beschrien wird diesmal das Schicksal des jugendlichen Hubert, der seit seinem 12. Lebensjahr nicht vom Kopfhörer seiner Stereoanlage wegzukriegen ist. Er mußte sogar die Schule abbrechen, weil das Verlängerungskabel nicht soweit reichte. *wü.*

☆☆☆

Die Preise für die Preise der **Filmfestspiele in Cannes** sind neu festgelegt worden. So soll die goldene Palme im kommenden Jahr zwei Millionen Dollar mehr kosten; dafür entfällt die bisher gültige Auflage, mit dem Schmiergeld auch noch einen Film abzuliefern.

☆☆☆

Ein farbenblinder, staubdummer Ex-Harvard-Professor und Negerzwitter, dem eine Rocker-Bande in frühester Kindheit sein Quietschentchen vergewaltigt hat und der seit diesem Schock die Badewanne nicht mehr verläßt, ist der Held einer **neuen Fernseh-Krimi-Serie** mit dem Titel „Watermans Rache“. **ZDF-Chefeinkäufer Schorsch Schaunichtdrauf-Kaufdendreck** erklärt zu dem Projekt: „Ich finde, das mündige deutsche Fernsehpublikum hat ein Recht darauf, einen realistischen Einblick in die hochinteressante Arbeitsweise bigeschlechtlicher, studierter, traumatisch geschockter US-Privatdetektive zu bekommen.“

Hilke Raddatz

Dr. Knaake mit Dieter Mendelsohn in:

Am Telefon

Dr. Knaake mit Dieter Mendelsohn in:
Vor dem Opernbesuch

Dr. Knaake mit Dieter Mendelsohn in:
Unsere Asylanten

Dr. Knaake mit Dieter Mendelsohn in:
Der Jugendgefährdende

Bernd Eilert
Robert Gernhardt

McDONALDS DAR

Man sieht's ihm an: kaum hat Walter Höllerer den dritten Viertelpfünder verdrückt, da ist er auch schon längst nicht mehr so fickrig und schaut sich regelrecht gelassen nach Literaten um, deren Manuskripte er archivieren kann.

Bukowski is here. Während er sich selbstvergessen einen abzwiebelt, denkt er auch an sein tragbares Weißweindepot und füttert es liebevoll mit Big-Mäc-Resten.

Wer verzehrt hier wen – Günter Herburger einen Hamburger oder Günter Hamburger einen Herburger?

F NICHT STERBEN

Frankfurt. 22 Uhr 15. Im Künstlerlokal McDonalds ist es wieder einmal passiert: Jungverleger Siegfried Unseld hat an einem Abend gleich zwei bisher unbekannte Lyriker entdeckt. Nun schirmt er sie ab gegen die Nachstellungen der anwesenden Konkurrenz: Rowohlt, Fischer, Hanser, Rainer Wunderlich. Und mit verständnisinnigem Lächeln wird gleich Big Boss Ronald McDonald den beiden Glücklichen einen Big Mäc servieren.

Szenen wie diese werden wohl bald der Vergangenheit angehören. Falls der Sachsenhäuser Apfelweinkelterer Solzer seine Pläne wahr macht, wird schon bald an Stelle des alten Frankfurter McDonalds ein 08/15 Äppelwoilokal entstehen. Das alte Frankfurter McDonalds: jahrelang Domizil für Künstler und Kurtisanen, Maler und Modelle, Dichter und Dämchen, Literaten und Lolitas, Prominente und Prostituierte, Gourmets und Gourmands, Neutöner und Neurotiker, Rockartisten und Rollerskater – das alte Frankfurter McDonalds soll so nicht mehr sein.

Ronald McDonald, Freund und Vertrauter aller wirklich namhaften Künstler unserer Zeit, Herr über Hamburger und Sunny Drinks, ist traurig: „Ce cochon Solzer . . . merde!" berlinert er gedämpft.

„Sollen hier, statt abwaschbarer Plastikkacheln und pflegeleichten Chroms, Plüsch und Naturholz diese Wand bedecken? . . . Nein, nicht die da – die andere . . . Sollen sie das?" Wenn es nach Deutschlands Künstlern ginge: Nein. Sie wissen, was sie an ihm haben, an Ronald McDonald. Ein Wirt, der seine Hamburger verkauft gleichermaßen an Bekannt und Unbekannt; der bei schönem Wetter einfach ein paar Stühle und Tische auf die Straße stellt, nur um den Umsatz zu heben; der zu Buchmessenzeiten manchmal bis weit vor 23 Uhr sein Lokal geöffnet hat.

Was das „Romanische Café" für die Gotik und das „Café du Dome" für den französischen Atheismus war, das ist das Frankfurter McDonald für die deutsche Nachkriegskultur.

Bevor sich nun der letzte Vorhang zum letzten Mal über den allerletzten Hamburger senkt, wollen wir hier noch einmal den Geist dieses unvergleichlichen Schnellimbiss' beschwören in Bildern und Anekdoten . . . Ja, Herr Solzer, das wollen wir! Denn es gibt Dinge, die wichtiger sind, als aus rotbäckigen Äpfeln schäumenden Wein zu machen – nämlich: aus isolierten Künstlern zufriedene Gäste.

Deshalb, mit Golo Mann zu sprechen:

McDonalds darf nicht sterben! Es gibt noch Hoffnung – Kopf hoch, Golo!

McDONALDS DARF NICHT STERBEN

Nicht nur Dichter trafen sich im McDonalds, auch die schönen Mädchen waren ständige Gäste. Oft wurde zu vorgerückter Stunde die Frage erörtert, ob nun die Dichter der Mädchen wegen oder die Mädchen der Dichter wegen kämen, bis der welt- und wortgewandte Peter Rühmkorf, der in seiner Jugend eine abgeschlossene Klempnerlehre absolviert hatte, den Streit ein für alle Mal mit den Worten beendete: „Nun – auch bei schönen Mädchen gibt es doch allerhand zu dichten." Und er schaute dermaßen verschmitzt in seine Frittenbox, daß sogar Thomas Bernhard ein Schmunzeln nicht unterdrücken konnte.

✶

Thomas Bernhard ist heute einer der ausdauerndsten McDonalds-Gäste. Das war nicht immer so. Ja, er hätte bei seinem ersten Besuch fast für einen Skandal gesorgt. Als er nämlich nach Bestellung eines Fisch Mäc die diesen umschließende Plastikbox in Erwartung einer besonderen Kostbarkeit öffnete und darin nichts anderes erblickte als ein Stück von einem toten Fisch, das nur notdürftig in zwei weichen Brötchenhälften versteckt war, da herrschte er den Paktistani an der Kasse an, das sei eine infernalische Natur- und Kardinalgemeinheit von zutiefst tirolerischen Ausmaßen, er, Bernhard, habe nicht zwanzig Mal den gleichen Roman geschrieben, um sich dafür dieser lebensrestzersetzenden Elementarinfamie auszuliefern ... Der dienstbare Geist, der dergleichen noch nie erlebt hatte, tat das einzig richtige, indem er dem aufgebrachten Dichter begütigend zuraunte: „Nix schimpfe, esse!" Der verblüffte Dichter tat wie ihm geheißen und war begeistert.

Was aber nur wenige Bernhard-Fans wissen: Sein bekanntes Bühnenstück „Minetti" sollte ursprünglich „Fisch Mäc" heißen und das Schicksal eines an den Rollstuhl gefesselten Kabeljaubrötchens beschreiben. Der Plan aber scheiterte daran, daß Minetti es hartnäckig ablehnte, sich in ein Brötchen einwickeln zu lassen.

✶

Besonders hoch ging es her, wenn Marianne Koch ihren Geburtstag von Ronald McDonald ausrichten ließ. McDonalds Sorgfalt begann schon bei der Sitzordnung. Jedes Jahr suchte er einen passenden Überraschungstischherrn für Marianne aus. Einmal war es der Volkskomiker Rudolf Platte, so daß er das vielbelachte Gespann Koch-Platte präsentieren konnte; ein anderes Mal war es der Schriftsteller Hans Christoph Buch (Koch-Buch!). Nur einmal gab es lange Gesichter an der Geburtstagstafel. Das war, als Ronald McDonald den Philosophen Ernst Bloch der überraschten Marianne an die Seite gesetzt hatte. „Koch-Bloch? Was bedeutet denn das!?" maulte Joachim Fuchsberger und fragte damit allen anderen Gästen aus der enttäuschten Seele. Doch Ronald McDonald wußte auch hier Rat. Durch einen eilends herbeigeschafften Pfarrer wurde der würdige Philosoph im Schnellverfahren umgetauft; und zwar in Blech. Koch-Blech ... nun ja: der Abend war gerettet.

✶

Streit duldete Ronald McDonald kaum in seinem Lokal. Als sich im Philosophenwinkel eines Abends Karl Popper und Jürgen Habermas nach einer schier endlosen Diskussion darüber, was schwerer zu beseitigen sei, das Theoriedefizit des Behaviou-

Die Angst des Dichters vorm Zweizeiler: Peter Handke hat sie erst bei Ronald McDonald vollends abgelegt. „Oh, diese Apfeltaschen! Die knusprig heißen. Bitte beißen", wirft er in einem inspirierten Moment auf die Serviette, doch leider bleibt es nicht dabei. Ein Haufen Romane folgt.
Auch das gibt's bei McDonald (mittleres Bild): Geschäfte im Philosophenwinkel. 2001-Verleger Lutz Reinecke (von vorn) überredet gerade den Fischer Dietrich Dieskau, ihm seine Fischstäbchen in Zukunft exklusiv zu überlassen.

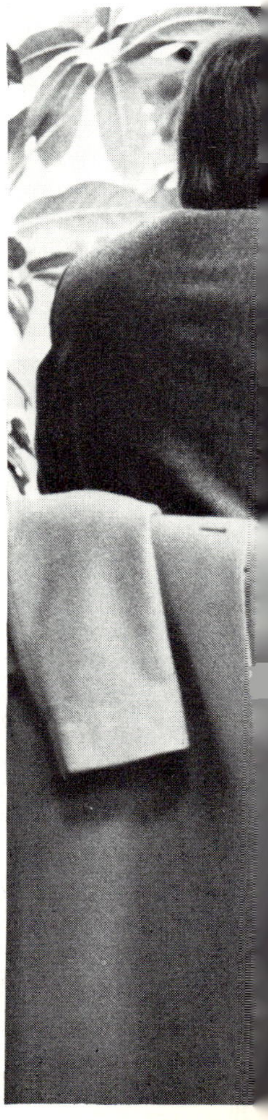

rismus oder das Praxisdefizit der Frankfurter Schule, vollends über der Frage zerstritten, wer den nächsten Sunny Drink zu bezahlen habe, trat Ronald McDonald entschlossen zwischen die Streithähne: „Meine Herren, da hier wohl weder ein Praxis- noch ein Theorie-, sondern eindeutig ein Mäusedefizit akut vorliegt, erlaubt sich mein Haus, den nächsten Drink gratis auszuschenken."
Und das ersehnte Kaltgetränk mit Orangengeschmack (mit Naturstoffen gefärbt) kühlte unsere beiden Heißsporne sogleich und nachhaltend ab.

✶

Die Anhänger der konkreten Poesie, die sich rund um Ernst Jandl scharten, mieden das McDonald, da ihnen die dortige Atmosphäre zu gemütlich war. Statt dessen trafen sie sich regelmäßig im Burger King. Um so erstaunter war Peter Weiss, als er ausgerechnet Ernst Jandl persönlich dabei überraschte, wie dieser einen Viertelpfünder bestellte.
„Du hier? Ist das dein Ernst, Jandl?" fragte er zweideutig.
„Klar", entgegnete der nicht minder elegant, „ich bin stets dort, wo ich meinen Peter weiß!"
Das aufbrausende Gelächter wurde allerdings durch eine entschlossen hinzutretende Dame gestört, die ungefragt erklärte: „Angenehm, ich heiße übrigens Elfriede Jellinek."
Fluchtartig verließen unsere beiden Dichter das Lokal, und es wurde noch der Beginn einer wunderbaren Freundschaft.

✶

Nach Drehschluß trafen sich auch unsere Filmemacher gern bei McDonald. Hier kam denn auch Werner Herzog die Idee zu der vielbewunderten Schlußeinstellung seines Filmes: „Cheeseburger oder der Zorn Gottes". Während sich eine gewaltige Flutwelle Heißgetränks mit Kakaogeschmack in das Studio ergießt, versucht Kaspar Cheeseburger sich auf einer heißen Apfeltasche zu retten und wird darüber wahnsinnig. Wer jedoch sollte etwas so Ausgefallenes wie eine heiße Apfeltasche herstellen? Hilfeheischend wandte sich Herzog an Ronald McDonald, der ihm jedoch väterlich zu verstehen gab, er, Werner, sei wohl selbst wahnsinnig geworden. Daher mußte die vielbewunderte Schlußeinstellung zunächst ausfallen. Sie soll zur Zeit in Südamerika auf Indiobasis nachgedreht werden.

✶

Schwierigkeiten gab es lediglich, wenn durchreisende Ausländer bei McDonalds Station machten. So wäre der englische Nobelpreisanwärter Graham Greene beinahe das Opfer seiner Sprachschwierigkeiten geworden. Als nämlich die riesenhafte Zentralfriteuse leck schlug und sich ihr Inhalt, immerhin 2500 Hektoliter siedenden Öls, in den Schankraum zu ergießen begann, harrte allein Greene vor dem Notausgang aus.
Warum er denn nicht durch diese Tür geflohen sei und sich die Hosenbeine habe ansengen lassen, wollte man hernach von dem noch Dampfenden wissen. Nun, das sei schließlich verboten gewesen, erklärte dieser, freilich auf Englisch, und er wies immer wieder auf das Schild über der fraglichen Tür. „Not Ausgang", las er radebrechend vor: „Kein Ausgang!"
Seit jenem Tag aber hängt über jener Tür das polyglotte Schildchen: DOCHAUSGANG.

„Wo man schreibt, da laß dich ruhig nieder", denkt auch die übrigens hochtalentierte Gabriele Wohmann und jagt bei einem Happy Mäc Shake ihrem Heger-Roman „Sanftes Gehege" ihren Gewichtheber-Roman „Wildes Gehebe" hinterher.

Ist das nicht ... Solschenizyn? Ja. Nachdem er sich in den Westen abgesetzt, seinen Bart abgenommen und seine Haare abnorm gebleicht hat, genießt er nun bei Ronald McDonald Meinungsfreiheit und Cheeseburger. Solschenizyn hocherfreut: „Ist sich was andres, als dauernd Paprika-Gulag!"

Und klatschten frenetischen Beifall

Ein erregender Vorgang aus Oper, Psychologie und Fernsehen

Von Eckhard Henscheid

„Wir kennen die Massen, wir kennen das Theater. Das Beste, was darin sitzt, deutsche Jünglinge, gehörnte Siegfriede und andre Wagnerianer, bedarf des Erhabenen, des Tiefen, des Überwältigenden. So viel vermögen wir noch. Und das andre, das auch noch darin sitzt, die Bildungs-Kretins, die kleinen Blasierten, die Ewig-Weiblichen, die Glücklich-Verdauenden, kurz das Volk – bedarf ebenfalls des Erhabenen, des Tiefen, des Überwältigenden. Das hat alles einerlei Logik" (Nietzsche, Der Fall Wagner, 1888).

Vor einigen Jahren erinnerte sich im „Neuen Forum" Thomas Bernhard seiner jungen Jahre als Salzburger Theaterreporter. Wegen Schmähung („Schwachsinn und Schweinerei") dieses Theaters sei er vor Gericht zitiert worden, der Richter habe Leitzordner voll guter anderweitiger Theaterkritiken vor sich gehabt und ihm, Bernhard, die Beweise aufgezählt: „. . .,und klatschten herzlichen Beifall . . . und klatschten herzlichen Beifall . . .' Ununterbrochen blätterte er und sagte ,und klatschten herzlichen Beifall . . .' Und immer wieder sagte er: Also, was wollen Sie? ,Und klatschten herzlichen Beifall!'"

Nicht mehr herzlichen, sondern frenetischen, orkanischen, nichtendenwollenden Beifall klatschten jüngst die Besucher des Münchner Herkulessaals anläßlich einer konzertanten, eigens für die simultane Fernsehübertragung eingerichteten Aufführung von Wagners „Tristan und Isolde" unter Leonard Bernstein. Die Aufführung hatte viele interessante Aspekte. Über Bernsteins Behauptung, hier operiere die beste aller denkbaren „Tristan"-Besetzungen, mögen die Joachim Kaisers rechten. Daß der „Tristan" die größte aller Musiken sei, für diesen eilig, laut und plaziert ausposaunierten Unsinn wird sich das nicht unsympathische Show-Genie Bernstein dereinst vor diesem und jenem und vor allem vor Mozart zu verantworten haben. Es ist schon etwas komisch Verzweifeltes, daß 92 Jahre nach Nietzsches Analysen und Abrechnungen Wagners Musik noch immer mit dem Nimbus von Extra-Göttlichkeit daherwalzt und verkauft wird. Das Interessanteste an der Aufführung war und bleibt der auch für wagnerische Verhältnisse unverhältnismäßige Beifall. Es hatte etwas Verwirrendes, zur besorgten Nachdenklichkeit Anstachelndes, fast Aufregendes, was der im Herkulessaal verrammelte Kulturschmock sui generis da annähernd ad infinitum klatschend und trampelnd zusammendröhnte.

Sofern man sich darauf einigt, daß die Tristan-Musik a) heute allenfalls noch dafür gerade steht, Teenagernerven nachpubertär aufzugeilen, wohlfeil ihr Rückenmark zu bezaubern (Nietzsche), abgestanden wirkt zudem durch ihre eigene rettungslose Kommerzialisierung, z.B. durch Nachahmung in jeder dritten Filmmusik, als Hörsensation eher fade denn von revolutionärer Virulenz wie ehedem; wenn man b) auf guten Verdacht hin unterstellt, daß diese Musik trotzdem noch zu kompliziert tönt, dem schätzungsweise zu 70-90 Prozent mit Hohlköpfen besetzten Auditorium eine Vorahnung jenes Vergnügens abzutrotzen, das ihm nachher an Käfer's Feinkost-Imbißbar den Tort versüßt; wenn man c) statuiert, was sogar ein Wagnerianer erahnen müßte: daß eine Tristanaufführung im Jahr 1981, was den Fortschritt der Kultur anlangt, eh und eo ipso schnurzegal ist – dann müssen andererseits sehr verwickelte Motive die Leute zum nimmersatten Beifallzollen in den Herkulessaal gescheucht haben. Sehr unterschiedliche Vermutungen drängen sich auf:

1. Sie klatschten so begeistert, weil sie an einer Veranstaltung teilnahmen, an der auch der berühmte Jetset-Vertreter Bernstein aus sageundschreibe Amerika teilnahm und von der schon wochenlang vorher feststand, daß sie ein Ereignis würde, weil sie eins zu werden hatte.
2. Sie applaudierten so aufrecht hingerissen, weil „Tristan" dem Hörensagen nach Wagners Opus Maximum ist, sein „Schwärstes" – und weil man das guten Gewissens darf: Weil nämlich der „Tristan" ideologisch unverfänglicher ist als der „Ring" z.B., weil er nämlich nichts als die Große Liebe abfeiert, die zweifellos um so hehrer ist, je länger sie dauert – der 1. Akt allein 1¾ Stunden. Sicherlich klatschten sie auch deshalb so heftig, um die Mühsal des Sitzens mit Sinn zu versehen.
3. Sie klatschten sich waidwund, um der Liebe, die unverkennbar Thema der Oper ist, auf deren Gewalt sie aber sonst selbstverständlich pfeifen, die Ehre zu erweisen – eben weil diese Liebe nur noch in der Oper ihrem Zynismus konvernieren darf, sie wären ja sonst keine Opernbesucher.
4. Sie klatschten, um sich, wie jedes Publikum, fürs eigene Verständnis und Gefühl zu belobigen. Sie applaudierten aber um so vehementer, als es zu beweisen galt, daß sie als erste – 115 Jahre nach der Uraufführung – die Eminenz der Musik geschnakelt hatten – und um eben diese Doppelinformation an den dummen Fernsehzuschauer weiterzuleiten.
5. Sie klatschten, mit anderen Worten, so erschütternd, weil das Fernsehen mit zugange war und ihre Anwesenheit sowohl als ihre Begeisterungsfähigkeit scharf kontrollierte.
6. Sie klatschten – im Gegenteil – deshalb so rauschend, weil sie wieder mal nix kapiert resp. erlebt hatten, sich also schämten und die Peinlichkeit vor dem Fernsehen zu verbergen trachteten.
7. Sie klatschten lauteren Herzens laut und lang, um der Länge und evidenten Kompliziertheit und vermeintlichen Exklusivität der Musik im Sinne des schieren und stupiden Leistungsideals dieser Gesellschaftsordnung die verdiente Würdigung zuteil werden zu lassen.
8. Sie klatschten, um ihren Ärger zu kaschieren oder zu übertölpeln, daß andere zuhause den gleichen (eingebildeten) Hochgenuß hatten, aber eben nur fast: diese konnten ja nicht klatschen – sie wären denn gaga.
9. Und darum klatschten sie wiederum noch eine Idee zäher, weil es zwar irgendwo unleugbar von Nachteil, ja eine Ungerechtigkeit war, daß nun sämtliche Proleten draußen im Lande gratis an ihrem hypothetischen Pläsir teilzuhaben vermochten – aber eben dieser ihr sozialer Großmut mußte nun erst recht von der Kulisse irgendeiner Musik – nein, nicht irgendeiner: es mußten schon die „Tristan"-Weihen sein! – mit rasendem, nein rasselndem Beifall bedankt werden.
10. Am Ende klatschten sie deshalb, weil es sie als ewig absterbende Gattung Mensch noch immer gibt: sichtbar, hörbar, opernfest. „Die Halbtoten ins Leben zu rufen", diese Qualität attestierte Nietzsche als wesentliche Wagners Musik. Der Mann war oft tatsächlich visionär.

Freimut Wössner

Nur Mut, Graf Mammo!

Wer hat's auch gemerkt? Früher kam doch in jeder Spiegel-Nummer ein gewisses Maß an original nackten Frauenbrüsten. Stimmt's? Ob es die Brust einer Fixerin, die Brust einer scheidungswilligen Gattin oder die Brust einer schlagenden Frau („Die Frauen schlagen zurück") war – dem Spiegel war bisher jeder Anlaß recht. Bisher. Aber irgend etwas muß anders geworden sein.

Wenn wir jetzt bloß mal z.B. das Heft 34 nehmen, weil wir das gerade da haben:

Da ist ein Artikel über Recht im Urlaub mit insgesamt 17 Fotos. Und keine einzige nackte Frau! Nicht einmal ein harmloser Urlaubsbusen! Ist das zu fassen? Dann: ein Bericht über die „Aussteigerkommune Longo Mai". Sieht man sie nicht schon vor sich: nackte Langhaarige, die flötenspielend und kinderstillend in ihrer ewigen Arbeitspause am Flußufer rasten? Aber nein: 9 pupsige Sachfotos! Dann: „Krach um ‚Poona-Film'". Und ein Foto dazu, mit lauter angezogenen Leuten! Das darf doch wohl nicht wahr sein! Auch im Filmteil: Fehlanzeige. Personalien: keine einzige Meldung, wie etwa so eine von früher:

Nancy Nachtigal, 26, Flugbegleiterin bei der US-Linie TWA, bekommt Ärger mit ihrem Arbeitgeber. Grund: die Stewardeß hatte sich, nur dürftig verhüllt, für die Mai-Ausgabe des US-„Playboy" ablichten lassen (Photo). Ein TWA-Sprecher bla bla . . .

Nein. Nichts dergleichen.

Und im Fernsehprogramm, das doch früher immer für zwei bis vier Brüste gut war? Immerhin: ein Foto von „Busenwunder Dolly Dollar". Und doch: die Frau hat ein Kleid an!!

Was ist los? Sind die Spiegel-Leute noch prüder geworden? Nein. Unmöglich. Da muß was anderes sein. Und wie um die Spannung zu steigern, frage ich noch einmal: Was könnte da dahinterstecken? Sollte etwa die Frauenbewegung . . .?!! Na klar, das ist es! Die sind dabei, den Laden zu unterwandern! Die Hausmitteilung im Spiegel 33 war eigentlich schon deutlich genug: Da wurden die 5 Spiegel-Bildbeschafferinnen vorgestellt, und der einzige(!) Mann im Team ist nicht einmal auf dem Foto drauf – angeblich, weil er gerade im Urlaub war . . .

Ein Blick ins Impressum gibt mir dann die Gewißheit: Während bei Redaktion und Schlußredaktion ein Verhältnis Mann : Frau von 94 : 12 herrscht, sieht es bei Dokumentation (29 : 20) und Illustration (9 : 8) völlig anders aus! 9 : 8, das ist ja fast paritätisch!

Fast. Bis auf einen: Graf Mammo.

Ach – und jetzt fällt mir auch ein, daß ich in unserem Beispiel-Heft die Serie „Medizin in der Krise" noch gar nicht angeschaut habe. Also, wenn da nicht wenigstens **eine** Brustuntersuchung vorkommt, dann soll mich doch . . .

Aber unser guter, alter Graf Mammo läßt uns nicht im Stich: auf Seite 153 endlich erscheint die erlösende Brustwarze!

Hier ist seine neue Glanzleistung:

Wie hab ich sein stilles Wirken schon so oft bewundert! Er war es, der mir den doch recht spröden Stoff der Mammographie schmackhaft machen konnte und dem es gelungen ist, selbst in die düstersten Mediziner-Schelten des Spiegel ein wenig Licht und – wenn er gar zum Mittel des schwarzen Balkens griff – einen Hauch von Lüsternheit zu zaubern.

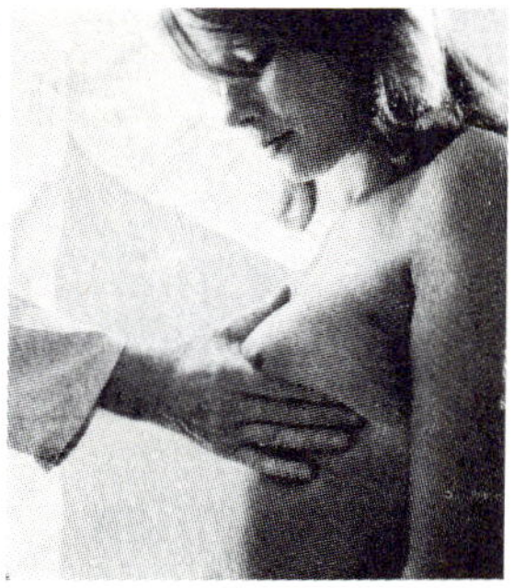

Krebsvorsorge-Untersuchung
Zeit zwischen Diagnose und Tod verlängert?

Hier seien ein paar Beispiele seines Schaffens gegeben:

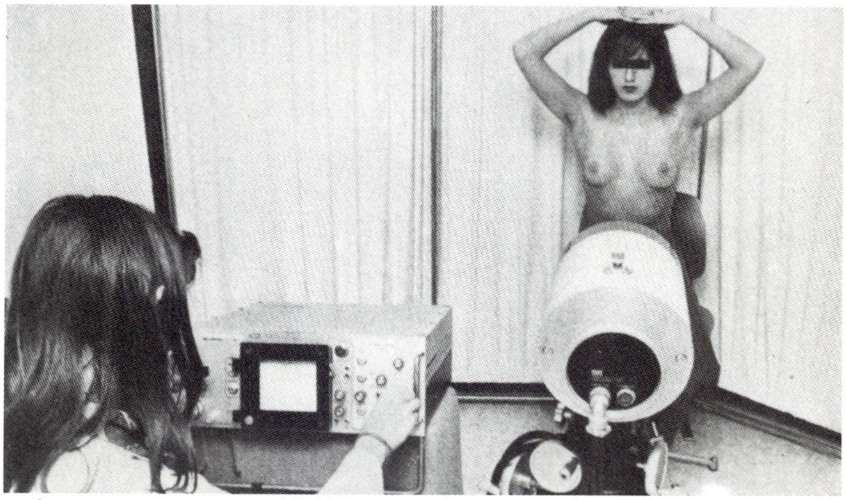

. . . kommt es zu Irrtümern und Fehldeutungen: **Brustuntersuchung mit Thermographie**

Mammographie
Vier Risikogruppen für Krebs

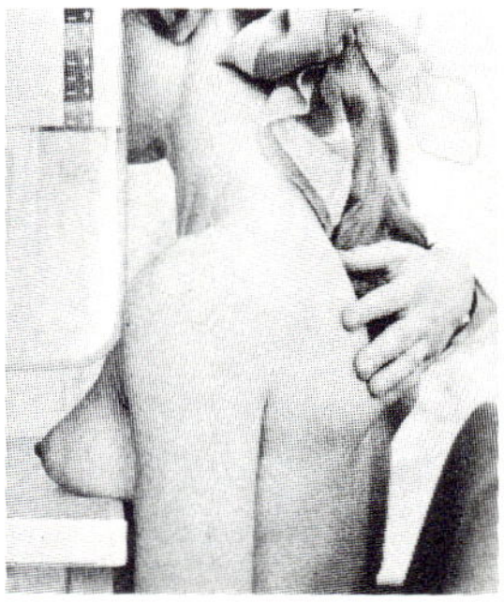

Brustkrebs-Vorsorge durch Mammographie
Haben Persönlichkeitsmerkmale mehr Gewicht?

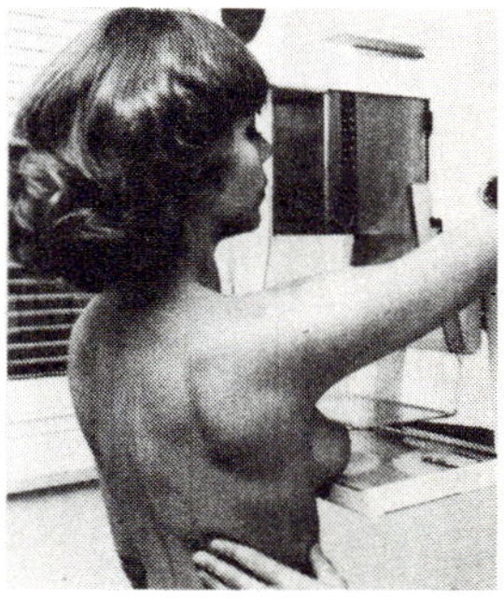

Krebsvorsorge durch Mammographie
Fördern Abtasten und Probeschnitte . .

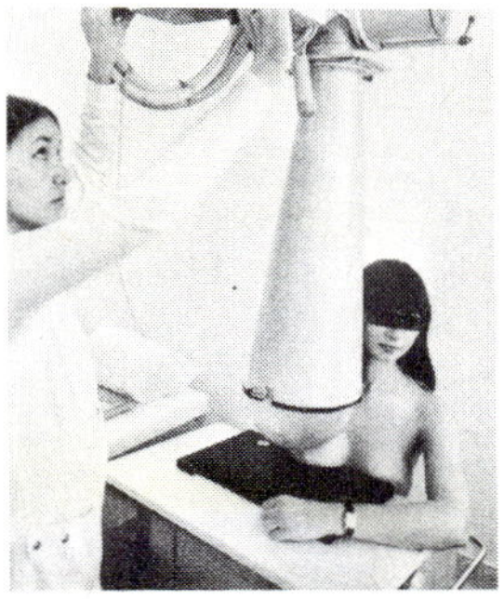

Mammographie-Gerät
Florierendes Geschäft

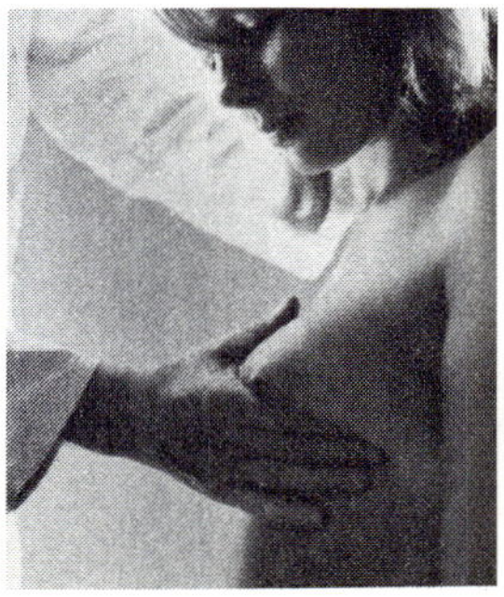

Krebsvorsorge-Untersuchung
Schock befürchtet

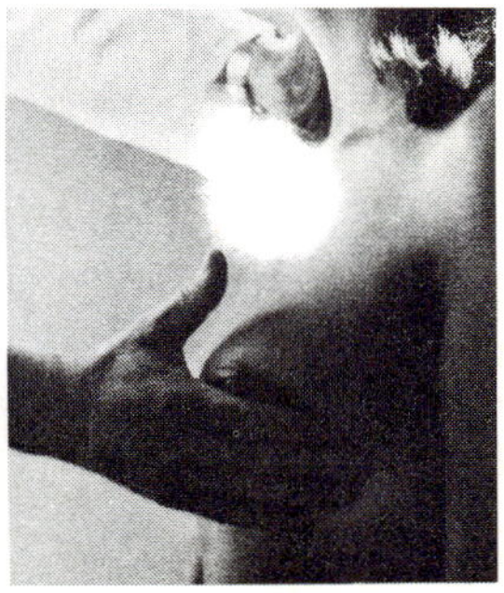

Brustkrebs-Vorsorgeuntersuchung
„Ich hätte vor Kummer . . ."

Nur Mut, Graf Mammo!

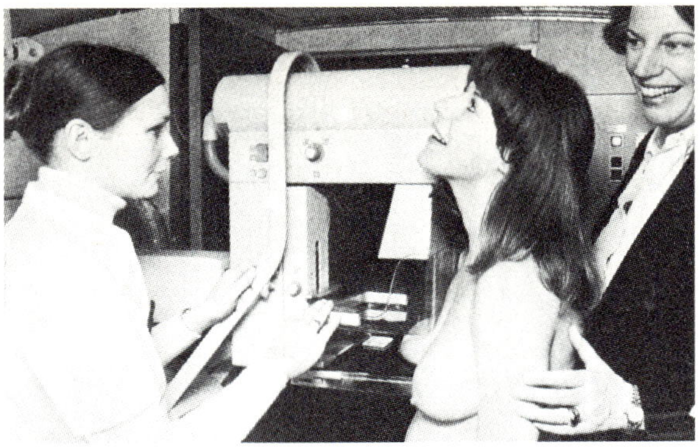

Mammographie, Befürworterin Scheel*: „Verschleppung ist die tragische Phase"

Tja. Aber so, wie der Spiegel zur Zeit ausschaut, scheint unser Graf der letzte Aufrechte in der vom „Umkippen" bedrohten Spiegel-Mannschaft zu sein. An einem Beispiel sei das noch einmal verdeutlicht:

1978
Nr. 30
S. 123

Busenfreiheit im Sommer 1978:
Deutschland (Halensee-Park in West-Berlin; u.: Isar-Ufer in München)

1979
Nr. 48
S. 276

Sonnenbadende (an der Isar): Erhöhte Krebsgefahr

Wo 1978 in einer Titelgeschichte über Busenfreiheit 4 Grazien am Ufer der Isar noch unbefangen abgebildet wurden, da mußte ein Jahr später schon die Geißel der Menschheit herhalten, damit man es wagen konnte, die 4 Mädels nochmal abzudrucken. Es ist den Spiegel-Frauen offensichtlich gelungen, die entblößte weibliche Brust in das Ghetto der Krebsvorsorge und -therapie abzudrängen. Und man muß fürchten, daß die Gleichberechtigungsfanatikerinnen über kurz oder lang (wahrscheinlich aber über kurz) auch diese letzte Bastion der Männerwelt zu Fall bringen werden. Deshalb möchten wir versuchen, unserem Grafen ein bißchen unter die Arme zu greifen, indem wir ihm zeigen, daß er auch in der ihm noch belassenen schmalen Nische in die vollen greifen kann. Nur Mut, Graf Mammo!

Selbstuntersuchung:
Knubbel im Heuhaufen . . .

Krebsvorsorge: Ist vorbeugen besser als heilen?

Urinprobe im Labor:
Geschmacksache?

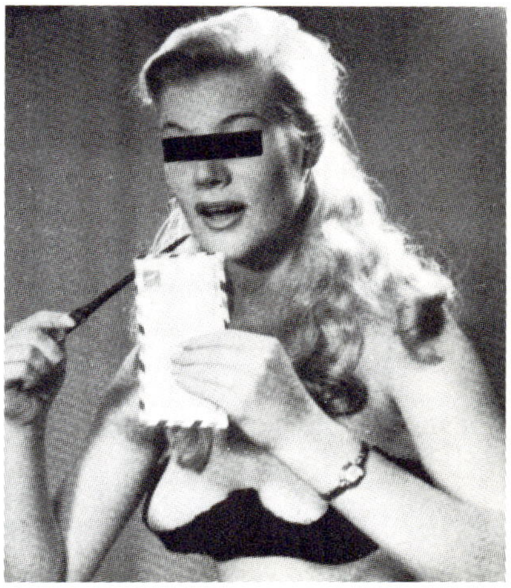

Überhöhte Arztrechnung:
Schock nach der Behandlung?

Pflanzengifte in der Muttermilch:
Verlust der Mitte?

Krebsprophylaxe:
Risiko durch falsche Ernährung?

F. W. Bernstein

Das Landexamen

Wie die listigen Bauern der Stadtflucht begegnen

Immer häufiger ziehen jüngere Leute in ihren bunten, weiten Hosen und ihrer unergründlichen Torheit aufs Land. Dafür mögen sie ihre Gründe haben – allerdings mißtraue ich jenen zutiefst, die vorgeben, sensibilitätshalber die Stadt fliehen zu müssen. Die behaupten, sie würden bereits auf den ersten Biß merken, ob das harte Ei oder die weiche Birne aus der Eierfabrik oder vom Mist kommen. Die der Stadt nachsagen, sie sei kaputt. Die Stadt? Gott befohlen. Kein Wort wahr.

Wahr ist vielmehr, daß es auf dem Lande nicht ganz geheuer ist. Wer einmal dort war, der weiß, daß hinter den sieben Bergen und in reiner Luft neben handgewebtem Rosenkohl und selbstgeblasener Zupfgeige die wüstesten Schufte wachsen, Leute, deren Stadtfeindschaft eine solide fünfhundertjährige Grundlage hat: die Bauern.

Der Umgang mit diesen Gesellen wird sich für den Aufs-Land-Gezogenen nicht immer vermeiden lassen – und bald wird er feststellen müssen, daß die Kommunikation mit ihnen irgendwie unheimlich beschissen verläuft. Die Bauern haben sich nämlich in den Jahrhunderten, in denen die Städter sie sich wohlweislich selbst überließen, eine Geheimsprache zurechtgezimmert, die dadurch nicht verständlicher wird, daß man sie Dialekt nennt. Schlimmer noch: diese Geheimsprache wechselt von Region zu Region, ja, von Ort zu Ort. Um die intersubjektive Distanz zu minimieren, die Interaktion zu stimulieren und die Diskussion vor Ort zu entfrusten, müssen die Landsüchtigen also erstmal in einem Trocken-Sprechkurs geschult werden. Anschließend haben sie sich beim jeweiligen Landratsamt einer Sprachprüfung zu unterziehen – die besten Voraussetzungen in puncto Dumpfheit nützen ja wenig, wenn man mit den Gummistiebelmonstern von nebenan nicht auch unheimlich stark diskutieren und echt kommunizieren kann.

Ratsch! Vorhang auf zum Landexamen. Einwanderer in den Vogelsbergkreis bitte in Zimmer 17 vorsprechen. Nicht drängeln! (Die folgenden Szenen stützen sich auf das Buch von Georg Michel „So Leut sein mir in Vogelsberg und Schlitzerland", Hermann-Schroedel-Verlag, Hannover 1964.)

I. Akt

Ein Büroraum. Der Prüfer, ein alter Schulmann aus Volkartshain, arbeitet grad die Übersetzungsaufgaben für die Landmeisterprüfung aus.

Prüfer: ... Där hot die Arwet au net erfonge. Där is so fuul wie en Esel. Goud gefrieschtikt spiert mer de gaanze Daach ...

Es klopft. Der Kandidat tritt ein.

Kandidat: Ich bin allhier erst kurze Zeit und komme voll Ergebenheit einen Mann zu sprechen ...

Prüfer *seiner nicht achtend:* Dou domm Oast, dou best net ganz decht! Du Durmel! Doe Bläß! Dou Gewirreroast! Schengoast! Nechtnotzer! Knäulkopp! Dös Gewiirer solls verschmeißen! Ja bitte. Sie wünschen? Ach ja, Sie kommen zum Examen. Bitte schön. Heiligkraizgewirrerdunnerwärrer, es gett alles schuu sin richdige Wäg.

Kandidat: Wie bitte?

Prüfer: Aha! Sie wollen zu uns aufs Land?

Kandidat: Ja! Ich will! Ich muß! Ich ...

Prüfer: Das wollen wir doch mal sehen! Wie nennt man den Schuhlöffel in Queck?

Uffzug?

Richtig. Und in Maar?

Offzieher.

Richtig. Aber in Angersbach?

Uffzug.

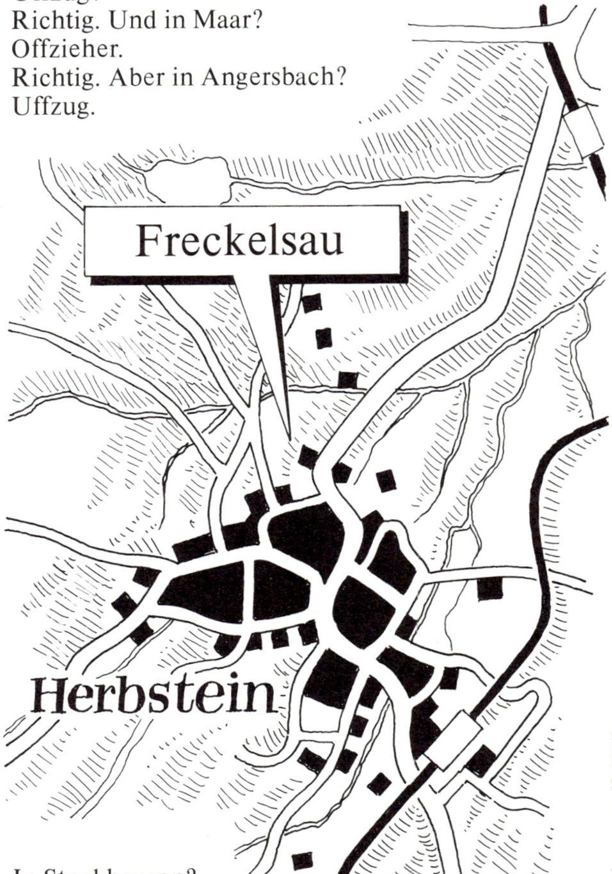

In Stockhausen?

Uffzug.

In Herbstein?

Uffzug.

Eben nicht! In Herbstein sagt man Uffzieher! In Meiches?

Uffzieher.

Na also! Und in Ilbeshausen?

Uffzug.

Klar. Jetzt aber: In Grebenhain?

Onzugg.

Ausgezeichnet! Und in Volkartshain?

Uffzug.

Ha! Eben hab isch Sie! Niemals! Sondern? Na?

???

Sie wissen es nicht? In Volkartshain sagt man „Schouleffel". Aber ich gebe Ihnen noch eine Chance: Wie heißt der Schuhlöffel in Metzlos-Gehaag?

???

Uffzug natürlich! Durchgefallen! Kommen Sie in einer Woche wieder. Der nächste, bitte!

II. Akt

Der Prüfer am gleichen Ort. Mit einem sadistischen Lächeln memoriert er Fragen für die Abschlußprüfung.

Prüfer *murmelnd:* Zwei Kühe heißen in Queck zwoo Kee, in Stockhausen zwoo Kii, in Meiches zwu Kii, in Ulrichstein zwaa Koi, in Grebenhain

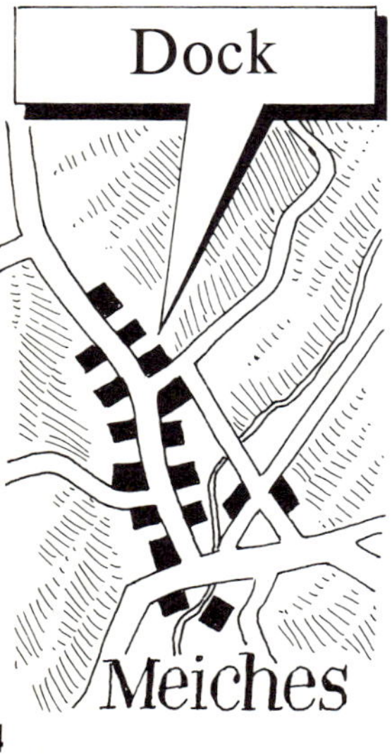

Zeichnungen: H. Müller

zwu Koi, in Metzlos-Gehaag zwu Kii, in ...
Es klopft. Der Kandidat tritt ein, blaß, aber gefaßt.
Prüfer: Ach, Sie sind's! Dann wollen wir mal: Wie nennt man das Mutterschwein in Angersbach?
Dack.
Gut. In Maar?
Dack.
Quack! Isch geb Ihne gleich Ihrn Dack. Wie sagt man in Maar?
Dock.

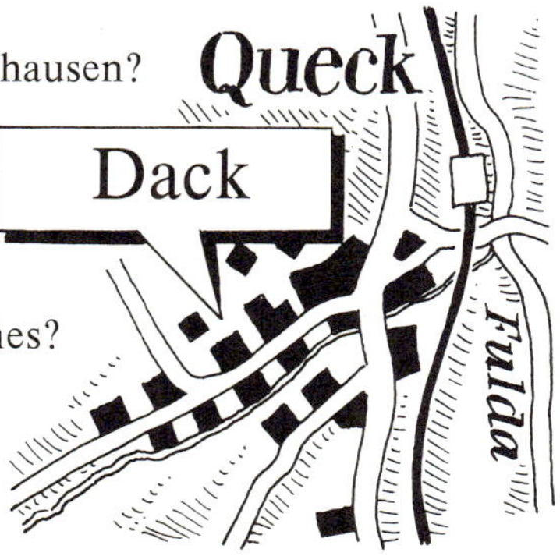

Immer noch. Stockhausen?
Dock.
Herbstein?
Dock ... äh nein!
Na?
Freckelsau.
Sehr richtig! Meiches?
Dock.
Ulrichstein?
???
Ulrichstein?
???
Nun: das Mutterschwein in Ulrichstein ... Emm ... Emm ... Modderschwien?
Unsinn! Mock natürlich! Mock! Merken Sie sich das!
Nun aber: In Ilbeshausen?
Schmock.
Werden Sie nicht albern! Freckelsau! Klar?! Grebenhain?
Zock.
Was fällt Ihnen ein! Auch hier immer noch Freckelsau, ja?!
Volkartshain?
Schouleffel.
Ich warne Sie! Treiben Sie es nicht zu weit. Nochmals: Volkartshain, Mutterschwein ...
Volkartshain, Mutterschwein, s' werd doch net die Freckelsau sein?
Meine Geduld ist nicht mehr länger! Freckelsau stimmt.

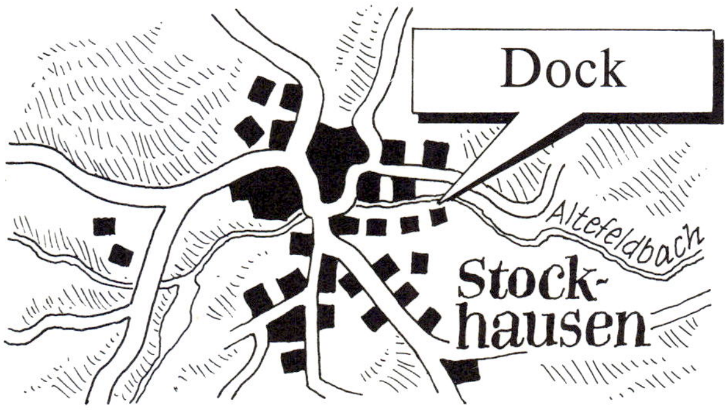

Freiensteinau, aber bitte nehmen Sie sich zusammen.
Freckelsau.
Ja doch! Und nun sagen Sie mir nur noch: Was heißt der Pantoffel in Grebenhain?
Schlabbe.
Jawohl! Und in Volkartshain?
Souleffel ... nein: Baatsche ... nein ... Pock?
Unsinn! Pandoffel! Durchgefallen! In einer Woche gebe ich Ihnen noch einmal eine Chance! Die letzte!

III. Akt

Der Prüfer am gleichen Ort. Er stellt die Fragen für den Kommunizierschein III zusammen.
Prüfer: Seider schoo ferdich metm Haamache: Übersetzen Sie diesen Satz aus dem Stockhausenschen ins Ulrichsteinsche ... *Er hält inne, schreibt dann schwungvoll weiter.* Saier aach baal ferdich metm Haamache?
Es klopft. Der Kandidat wankt in den Raum.
Prüfer: Ach, der Herr Pock! Auf geht's, Herr Kandidat! Was heißt „mornze-unnen"?
Morgen nachmittag.
Richtig. Und wo?
In Stockhausen.
Jawohl. Und wie heißt mornze-unnen in Angersbach?
Monnochmiddoag!
Ausgezeichnet. In Ilbeshausen?
Mornzonnen.
Grebenhain?
Mornzonnen.
Freiensteinau?
Mornzonnen.
Metzlos-Gehaag?
Mornzonnen!
Ha!
Mornzemiddag!
Immer noch. Maar?
Monzenochmiddäg!
Herbstein?
Mornoanomzä ... Hrm! Monomnmnzn ...
Herbstein!
Hrmnzonnornoachmädohm
Herbstein!
Hrmznnchzschlchz ... schlchz ... rchhrnnn.
Herbstein! Und heulen Sie hier nicht so!
Herbstein?
Ja, Herbstein! „Mornze-unnen" in Herbstein!
Schlchz ...
Na?
Mornoachmiddoag!

Genau! Und jetzt: „Vorgestern nachmittag ist unsere Großmutter mit den Zigeunern fort" in Ulrichstein?
Innechnäch ...
Ja!
Innechnächtzeon ...
Und! Weiter!
Innechnächzeonnächinenächzeonnzenächte ...
Was fällt Ihnen ein! Vorgestern nachmittag ist unsere Großmutter ...
Innechnächzemornzeunnenechmeddemiddoagnoachzemonnocheasdägennechzebächzenechzenoachmonzebonzenonoachdiä ...
Ja? Hallo – ist dort das Einwohnermeldeamt Frankfurt? Ja, bitte rasch ...
Noachzeinnechzoädinädoaginnechzeonnze ...
Hallo, Hallo! Einwohnermeldeamt? Ja, dringend! Ein schwerer Fall. Bitte holen Sie ihn sofort ab. Er muß rasch wieder in die Großstadt eingeliefert werden.
Innechnächtzeonnen eas iis Äller medde Hosse fott, eas iis Äller, meede Hosse. Innechnechtzeonnen ...
Zwei Pfleger betreten eilig den Raum.
Die Pfleger, *auf den Kandidaten deutend:* Der da?
Prüfer: Ja! Nehmen Sie ihn mit! Rasch!
Die Pfleger haken den Kandidaten unter.
Kandidat: Innechtzeonneneasiisällermeddefrekkelsau ...
Pfleger: Ja, ja, das sagen sie alle!
Pfleger mit Kandidat ab.
Prüfer *satanisch:* Der nächste, bitte!
Vorhang.

Herr Fischer und seine Frau

Eine klare Antwort

Eindeutig zweideutig

Ach der!

Der Wettstreit

Der Abschied

... rief die Komtesse aus Leibeskräften ... ... aber Fuzzy war nicht aufzuhalten.

Kommunikationsschwierigkeiten

Zweiter Herr von links zum dritten: „Natürlich verstehen Sie mich nicht — der Anlehner und der Angelehnte haben sich noch nie verstanden ...“

Der leicht beeinflußbare Lektor

Aus einem Afrika-Roman

WIDDER

21. 3. – 19. 4.

Geduld und Fleiß zahlen sich aus. Leider nicht für Sie, sondern für Ihren Arbeitgeber. Durch übertriebene Eile verderben Sie sich alle Möglichkeiten. Aber ist die Möglichkeit, auf der Straße von einem Auto überfahren zu werden, wirklich so wünschenswert? Nehmen Sie im März nicht alles wortlos hin. Danken Sie den Menschen, die sich herablassen, Sie zu erniedrigen und zu beleidigen. Für den kommenden Sommer sollten Sie sich ruhig eine Menge vornehmen. Es klappt sowieso nichts. Der 7. September ist ein günstiger Tag für lang aufgeschobene private Erledigungen: Prügeln Sie Ihren Partner! Neue Menschen kommen auf Sie zu. Springen Sie rechtzeitig beiseite, falls diese beritten sind. Illusionen können schmerzlich werden. Zum Beispiel die Illusion, Ihr Partner hätte Ihnen die Prügel vom 7. September schon verziehen. Konzentrieren Sie sich im Dezember voll auf die Gegenwart. Die Zukunft wird noch beschissener. Und vergessen Sie nicht, die Augen vor dem Einschlafen zuzumachen. Nachher ist es vielleicht zu spät.

STIER

20. 4. – 20. 5.

Sie werden im nächsten Jahr einen wahnsinnig schlechten Film sehen: Er handelt von einem Dreijährigen, der urplötzlich dem Bösen verfällt. Das wäre an sich noch nicht so schlimm, wenn dieser besessene Dreijährige nur nicht gar so blöd wäre. Er soll auf Geheiß des Bösen seine Mutter vergewaltigen, seinen Vater lebendig im Garten vergraben, die Kirche sprengen und den Orient-Expreß durch Manipulation der Zündkerzen zum Entgleisen bringen. Kinderleicht! Doch was macht er: Bringt seine Mutter dazu, in der Kirche Kerzen anzuzünden, hilft seinem Vater, den Garten zu sprengen und versucht verzweifelt, den Orient-Expreß zu vergewaltigen, wobei er – aber ich will nicht zuviel verraten: Sie müssen sich den Film ja noch anschauen.

ZWILLINGE

21. 5. – 20. 6.

Jawohl. So geht's doch auch. Ein makelloses Jahr steht Ihnen bevor. Männer und Frauen, wie Sie es brauchen. Reisen, wohin Sie wollen. Eine Gesundheit, die auch verschärftem Alkohol- und Nikotinkonsum spielend standhält. Ein Tip: Keine Angst vor weichen Drogen! Frei nach Goethes Geheimrat: „Mein Rat ist daher, nichts zu forcieren und alle unproduktiven Tage und Stunden lieber zu vertändeln und zu verschlafen." Geld spielt für Sie ohnehin keine Rolle. Von der Höhe Ihres Jahreseinkommens haben Sie einen guten Überblick auf den Rest der werktätigen Massen. Grundlage dafür ist der Ertrag aus einer spontanen Spendenaktion zu Ihren Gunsten. Voraussetzung dafür ist allerdings, daß Sie am 20. 6. geboren wurden und die Konto-Nummer 10-16467 1 Ihr eigen nennen dürfen. Das dürfen Sie aber nicht.

KREBS

21. 6. – 22. 7.

In Ihrer Haut möchte ich 1981 am allerwenigsten stecken. Erstens würde das wohl ziemlich eng für uns beide und zweitens: Ihre Gesundheit! Im Januar fängt es mit einer Grippe ganz harmlos an; im Frühjahr holen Sie sich eine Lungenentzündung mit anschließender Tbc; im März gibt's Scharlach und Diphterie; Windpocken, Flecktyphus, Gürtelrose, Malaria, Gelbfieber, Ruhr und Mumps im April, dazu ein aufkeimendes Magengeschwür; und im Mai, lieber Krebs – tja, nomen est omen. Ach, nicht was Sie denken – pfui! Aber die angeblich so frischen Flußkrebse im „Ristorante Risico" zu Venedig, die sollten Sie lieber nicht essen. Ich kenne den Koch seit Jahren. Er neigt dazu, seinen Mangel an Phantasie und Fingerspitzengefühl durch ein Übermaß an Knoblauch zu vertuschen. Und gerade bei Leuten wie Ihnen, denen man den depperten Touristen sofort ansieht, benutzt er meist minderwertiges Olivenöl. Also, Obacht!

LÖWE

23. 7. – 22. 8.

Vor drei Dingen sollten Sie sich hüten im nächsten Jahr: Erstens Hochspannungsleitungen, zweitens Kreissägen und drittens italienische Tenöre. Gefährlich wird es allerdings erst, wenn Sie auf einer Hochspannungsleitung einen Herren mit einer Kreissäge sehen, der lauthals „O mia bella Hochspannungsleitung" knödelt. Dann sind Sie leider endgültig verrückt geworden.

JUNGFRAU

23. 8. – 22. 9.

Ihnen steht ja ein aufregendes Jahr bevor! Im besten wie im übelsten Sinne. Sie sind entweder zu beneiden oder auch nicht. Mal wird es Ihnen gut gehen – mal weniger gut. Oder umgekehrt. Besonders interessant daran ist, daß Sie sich manchmal abends besser fühlen werden als morgens, an anderen Tagen jedoch am Morgen schlechter als am Abend. Manche dieser Tage werden Ihnen wie im Fluge vergehen, während andere Ihnen länger vorkommen werden als sieben Güterzüge. Sie werden mehr oder weniger Glück haben –, oder Pech. Oder sieben Güterzüge – was Sie wollen. Einige Leute werden Sie bewundern – andere nicht. Nein, ich meine nicht, daß irgendjemand Sie bewundern wird. Unsinn. Sie sollten einige Leute bewundern! Mich z.B., für meine Geduld.

WAAGE

23. 9. – 22. 10.

Ich sehe Sie direkt vor mir: Sie sind der ganz spontane Typ. „Klettere ich mal mit 'ner Kreissäge auf diesen Hochspannungsmast und sing' was Italienisches!" sagen Sie sich. Oder: „Les' ich mal mein Horoskop – is' zwar Quatsch, aber ich will

gen nicht –

das tut für Sie unser Aushilfsastrologe Adolf Sömmering

doch spontan grad wissen, was so anliegt . . ." Sie sollten weniger spontan sein! Spontaneität sollte wenigen Auserwählten vorbehalten bleiben, deren glückhafte Veranlagung sie dazu prädestiniert. Ich glaube nicht, daß Sie auserwählt sind. Ich fürchte, was Sie für Ihre Spontaneität halten, ist im Grunde nichts weiter als eine gewisse Denkfaulheit. Doch ich will Ihnen gern die Chance geben, mir zu beweisen, daß mehr dahintersteckt. Überweisen Sie bitte ganz spontan und ohne die üblichen Mätzchen einen beliebigen Betrag auf das Konto Nummer 10-16467 1 bei der bhf-bank (Bankleitzahl 500 200 20) in Frankfurt am Main. An der Höhe der Überweisung werde ich den Grad Ihrer Spontaneität dann schon abmessen können.

SKORPION

23. 10. – 21. 11.

Was haben Sie sich eigentlich dabei gedacht? Daß das ewig gutgeht? Daß das nie herauskommt? Daß Ihre gesamte Umwelt aus Narren besteht? Blindgänger, die nicht sehen, was Sie vor Ihrer Nase so treiben? Nun, Sie haben sich getäuscht. Im Jahre 1981 kommt alles auf. Und unter äußerst entehrenden Umständen für Sie. Ich sage nur soviel: Ihre Mutter wird bei der Aufdeckung Ihrer Schandtaten eine nicht unbedeutende Rolle spielen. Ihre eigene Mutter! Können Sie sich das vorstellen? Nein?! Das sollten Sie aber. Damit Sie nicht unvorbereitet in das hineintaumeln, was sich als die peinlichste Geschichte, die Sie je erlebt haben, abgrundtief in Ihr Gedächtnis eingraben wird. Und das will bei jemanden, dessen Leben so reich an peinlichen Geschichten ist, schon etwas heißen.

SCHÜTZE

22. 11. – 21. 12.

Vor allen Dingen sollten Sie sich 1981 endlich anständige Hosen kaufen. Wieso? Ja, ist Ihnen denn nicht klar, daß Ihre Hosen eine Naturgemeinheit sind? Sie sind zu eng! Zu weit! Sie stecken darin wie eine Wurst! Wie ein Würstchen! Das ist abscheuerregend. Ihre Hosen sind ekelhaft in all ihrer Pellenhaftigkeit. Sie unterstützen zudem aufs Unvorteilhafteste das birnenförmige, sackartige Ihrer Gesamtfigur. In diesen Hosen werden Sie nie Glück haben. Jeder, der Sie sieht, wird, in seinem Innersten verletzt, aufstöhnen: Was für Hosen! Wie kann dieser Mensch und Hosenträger es wagen, mir in diesen Hosen entgegenzutreten, und mich um meine Liebe, meine Achtung, meine Anerkennung und/oder gar mein Geld anzugehen?! Er soll sich gefälligst zuvörderst neue Hosen kaufen! – Aber was für Hosen denn? höre ich Sie jetzt greinen: Mit oder ohne Bügel – und/oder Bundfalten? Mit oder ohne Schlag? Eng oder weit? Einfarbig, gestreift, kariert oder geblümt? Etwa Möhrenhosen? Oder Bermudas? Gedeckt oder grell? Baumwolle, Wolle, Seide oder Gabardine? Und welche Farbe sollen meine neuen Hosen nur haben? – Herrschaftszeiten! Lassen Sie mich doch endlich mit Ihren Hosen in Frieden! Hosen, Hosen, Hosen – können Sie denn an nichts anderes denken?! Kein Wunder, wenn Sie es nie zu etwas bringen.

STEINBOCK

22. 12. – 19. 1.

Endlich! An Ihrem Geburtstag lernen Sie ihn kennen: den Stier Ihrer Träume. Genau Ihr Typ: stattliche Erscheinung, geschmackvoll gekleidet, vermögend, ein brillanter Erzähler und ein geduldiger Zuhörer. Kurz: der Mensch, der Ihnen in allem entspricht, sie vollkommen versteht und ideal ergänzt. Er weiß Antwort auf alle Ihre Fragen und, noch besser: Er fragt nur Sachen, auf die Sie Antwort wissen. Es ist wie ein Rausch. Wenn er Ihnen bloß nicht von diesem wahnsinnig blöden Film erzählen würde, der angeblich von einem besessenen Dreijährigen handeln soll, der bei dem Versuch, den Orient-Expreß zu vergewaltigen, ums Leben kommt. Das gibt's doch nicht! Sie können einfach nicht glauben, daß ein so idiotischer Film existieren soll und zerstreiten sich irreparabel mit Ihrem Traumtyp – was an sich noch nicht so schlimm wäre, doch Sie rennen aus lauter Rechthaberei auch noch ins Kino und schauen sich diesen Film an . . . oje, oje.

WASSERMANN

20. 1. – 18. 2.

Was soll ich Dir sagen, mein Freund? Du bist und bleibst ein vollkommener Mensch. Meiner Warnungen und Weisungen bedarfst Du nicht. Drum lies nicht weiter hier! Halt ein! Was ich Dir sagen kann, ist doch nur eines: Hüte Dich vor den Einflüsterungen und Schmeicheleien falscher Freunde, die Dir einreden wollen, Du mit Deiner Schönheit, Deiner Begabung und Deinen exquisiten Manieren habest Besseres verdient, als wie jeder gewöhnliche Erdenwurm unter dem Joch der Verpflichtungen und Nichtigkeiten einherzukriechen. Das ist nicht wahr. Du solltest froh sein, daß man Dich Schleimbeutel überhaupt mitkriechen läßt und Dich noch nicht zertreten hat. Du bist nicht nur widerlich, Du bist auch noch dumm. Liest freiwillig Dein Horoskop – als ob ich Dich nicht ausdrücklich davor gewarnt hätte. Gibt Dir das nicht zu denken? Nein, Du begreifst es nie.

FISCHE

19. 2. – 20. 3.

Sie hätte ich doch beinahe wieder vergessen. Aber das sind Sie ja gewohnt. Das geht Ihnen immer so. Und es wird Ihnen auch weiter so gehen. Keiner nimmt richtig Notiz von Ihnen. Keiner fragt Sie um Ihre Meinung. Und wenn Sie die ungefragt äußern wollen, hört keiner richtig zu. Sie sind oft allein. Wundert es Sie etwa, daß keiner Sie gern kennenlernen möchte? Und daß jeder, der Sie kennt, nur den einen Wunsch hat, Sie baldmöglichst wieder loszuwerden? Ja, warum hält denn keiner die Verabredungen mit Ihnen ein? Warum besucht Sie niemand freiwillig? Warum guckt jeder so betreten zur Seite, wenn Sie es wagen, den Mund aufzumachen? Warum interessiert sich denn nie jemand für Sie? Nein! Antworten Sie bloß nicht! Ich weiß es doch genau. Es ist der gleiche Grund, aus dem ich absolut keine Lust habe, Ihnen Ihr Horoskop zu stellen.

Früh genug vollendet

Ein eher phantastischer Beitrag von Bernd Eilert

Was macht die Zeit? Die Zeit vergeht. Und wie? Und wie. Daß James Dean die Kurve nicht mehr gekriegt hat, das ist nun auch schon wieder 25 Jahre her, ja, ja.

Er starb an einem Donnerstag
an grauer Straße grauem Rand;
sein Auto machte Überschlag,
was er nicht überstand.

Fünfzig wäre er geworden im nächsten Februar. Schwer vorstellbar? Nein, eigentlich nicht. Was aus ihm geworden wäre? Das ist die falsche Frage: Was er geworden wäre? Fett wäre er geworden. Aber ja. Sie sind doch alle fett geworden, die jungen Wilden. Orson Welles ist fett geworden. Marlon Brando ist fett geworden. Elvis Presley war fett geworden. John Lennon ist fett geworden. Was? Der ist gar nicht fett geworden? Weiß man das denn so genau? Eben. James Dean wäre bestimmt fett geworden. Breitwanst. Der Schrecken aller Schminkmeister, der Alptraum aller Kostümbildner, die große Bewährungsprobe für jeden Beleuchter. Durch halbdunkle Filme höre ich ihn ächzen, voller Sorge, daß man nur sein Doppelkinn nicht sieht. Wir beide wären voll der Sorge: er und ich. Denn aus den mürrischen Mißtrauensfältchen sind längst schlaffe Würstchen geworden, statt der Taille trägt er schnitzelbreite Ledergürtel, wenn er linkisch im Türrahmen lümmelt, führt kein Weg mehr an ihm vorbei. Ja, und wenn er dann – immer noch mit unnachahmlicher Wehmut, gewiß – den Daumen zum Mund führt, um daran zu nagen, denkt keiner mehr: „O Weltschmerz, o Hunger nach Liebe, o!" sondern bloß noch ans Essen: „Jetzt frißt er auch noch seinen eigenen Daumen, bäh!"

Es ist schon so, und jeder Andächtige wird mir recht geben: Manche Menschen sind genau zum richtigen Zeitpunkt abgetreten. Auch wenn sie das selbst vielleicht anders sähen: es mußte so sein. Egal wie – aber jung, Hauptsache jung, jung genug mußten sie sterben.

Die heilige Johanna ist sogar nur 19 geworden. 1412 bis 1431, das habe ich nachgeschlagen. Auch sie durfte einfach nicht älter werden. Als eiserne Jungfrau am bigotten französischen Hof – was für ein Leben! Allein dieser Aufwand, jeden Liebhaber zu verheimlichen – falls überhaupt noch ein Rittersmann oder Knappe gewagt hätte, ihr Nationalheiligtum zu – ach, die schlüpfrigen Scherze kann sich ja jeder selbst dazu ausdenken. Ich seh sie jedenfalls so vor mir, die 80jährige Jeanne: immer noch erschreckend rüstig, wenn auch schon zu harthörig, um noch irgendwelche Stimmen zu vernehmen, es sei denn man schreit. Doch kaum hört sie etwas von der Entdeckung Amerikas oder gar der Gründung von New Orleans – schon will sie wieder los: „Befreien! Befreien!" – „Aber Johanna!" Die Schranzenschaft kichert, und der junge König schickt sie zur Strafe in ihr Turmzimmerchen hinauf.

Da sitzt sie dann, still, wie gemalt von Vermeer, an ihrem Stickrahmen und denkt bei sich: Ach, wär ich Dussel doch im Dorf geblieben. Ein schlechter Witz, denn wäre sie dort etwa besser alt geworden? Wo man ihr die alten Extravaganzen ständig vor- und vorgehalten hätte? Eine Magd, die in den Krieg ziehen will!

War es dagegen nicht wirklich besser, von den Engländern als Hexe angezündet zu werden und dafür posthum in den Heiligenstand zu gelangen?

Was die alten Geschichten sollen? Bitte, ich kann mir eine noch ältere ausdenken, so weit zurück reicht meine Vorstellungskraft:

„Wer ist denn das?" „Hä?" „Der Penner mit dem Rauschebart da!"

„Ach der, laß den bloß in Ruhe!" „Wieso? Der kann doch nicht einfach an der Theke einschlafen!"

„Sei froh, daß er schläft, wenn der nämlich loslegt –"

„He, Mann! Du hast ja ein Nachthemd an!" „. . . ich . . . ich aber . . . ich aber sage Euch – Moment, ich sag's Euch gleich, ich muß nur zuvor einen kleinen . . . Prost!"

„Verflucht, jetzt haste ihn geweckt." „Ssso. Ein Gleichnis." „Bitte nicht!" „Doch. Siehe, es war einst ein Sämann, der säte . . . tja, was säte der noch . . ."

„Wieso überhaupt säte? Sehen, sah, gesehen – er sah!"

„Ne." „Oder meinst Du: segelte? Ein Seemann, der segelte . . ."

„Genau. Es war einst ein Seemann, der segelte allerlei Samen. Es begab sich aber –" „So ein schwachsinniges Gleichnis!" „Was! Du wagst es!? Wahrlich, ich sage Dir –" „Er hat's nicht so gemeint, Herr, beruhige Dich!" „Ich will mich nicht beruhigen!" „Ich weiß, ich weiß, Du willst, daß wir Dir einen ausgeben." „Trefflich bemerkt! Selig sind die Spendierhosenträger, denn –" „Moment! Angeblich konntest Du in Deiner Jugend doch selbst Wasser in Wein verwandeln." „Allerdings. Und das begab sich so: Es war einst eine Hochzeit zu Kanaan . . ." „Nichts wie weg!" „Der spinnt doch . . ."

Himmel, wohin hat der Strom meiner Phantasie mich fortgerissen!? Ich denke, ich muß nicht erst blasphemisch werden – was ich beweisen wollte, ist doch nur, daß auch das Christentum dem rechtzeitigen Tod seines Gründers Jesus einiges zu verdanken hat. Eigentlich alles. Ob man das nun begrüßt oder nicht. Wen die Götter lieben . . .

Sonst noch Beispiele gefällig? Nein, nicht nötig. Und Gegenbeispiele? Natürlich gibt es welche. Sogar ein ganz besonders naheliegendes, sowohl räumlich als auch zeitlich: Konrad Adenauer. Zweifellos das größte politische Talent, was die Union je hervorgebracht hat, zweifellos. Das muß man sagen. Auch wenn es nicht allzuviel sagt.

Konrad Adenauer ist eindeutig zu früh gestorben. Ach, was hätte dieser Mann nicht noch alles . . . Erst an der Schwelle seiner staatsmännischen Möglichkeiten stand er. Die Lücke, die er hinterließ, konnte bis heute nicht gestopft werden. Sein Tod kam wohl zu unerwartet. Noch immer ist kein würdiger Erbe in Sicht, unwürdig waren seine Stellvertreter auf Erden, alle: Erzel, Kieshardt, Barsinger, Stohl, Krauß – man kennt ja kaum noch ihre Namen. Und ganz gleich, wer der nächste sein wird, auch er wird Conny nicht vergessen machen. Seine Frische, seine Energie, sein Temperament! Ein unersetzlicher Verlust! Vielleicht – vielleicht nicht ganz . . .

Wie, wenn er barbarossagleich hinter den sieben Bergen hockte, dornröschenhaft hinter selbstgezogenen Rosen verborgen, geierartig harrend des Parteitages, der ihn durch einstimmigen Beschluß aus seinem todesähnlichen Schlummer erweckte?

Wäre das nicht toll? Das wäre es. Zumindest für die CDU/CSU, denn für sie ist es die einzig halbwegs realistische Möglichkeit, ihre Wahlaussichten entscheidend zu verbessern. Keine Experimente! Und wenn es 1984 noch nicht klappen sollte, dann eben 1988 – wer weiß . . .

Titanic PRÄSENTIERT:

Kaum hatte Bundeskanzler Schmidt die Wahlen gewonnen,
da schien er wie ausgewechselt. Der Macher zauderte,
der Könner patzte und der Realist begann zu phantasieren.
Das Urteil der Medien war eindeutig:
DER MANN IST NICHT WIEDERZUERKENNEN.
Doch niemand fand sich, der eine Erklärung für den Wandel wußte.
Also gut. Dann erzählen wir eben die wahre Geschichte.
Und zwar die ganze. Nicht nur die des Kanzlers,
sondern auch die seines Schattens und wie er dann …
Aber das kommt ja erst viel, viel später.

Alles hatte an Kanzlers Geburtstag begonnen. Damals war unter den zahllosen Gratulanten auch Bundestagspräsident Richard Stücklen. Ein güldenes Schnupftabakdöslein hatte er ihm überreicht und mit falscher Freundlichkeit zu ihm gesagt:

Nach diesem überwältigenden Einstiegserlebnis vergißt der Kanzler mehr und mehr seinen politischen Auftrag und seine staatsmännischen Pflichten. Immer öfter kommt er auf sein neues Lieblingsthema zu sprechen:

Quer, längs, oder schräg nach oben – ich fliege, wie ich's brauche.

Wenig später, im Wahlkampf, trägt der Kanzler seine fixe Idee auch in die Öffentlichkeit. Vor allem große Plätze beflügeln seine Phantasie:
Zuwachsraten, Wohlstand, bäh! Ich sage Ihnen mal, was wirklich schön ist: von hier auf's Münchner Rathaus zu fliegen . . .

. . . oder auf die höchsten Zinnen des Römers! Das ist doch für Euren Kanzler kein Problem!
Der Erfolg gibt ihm Recht. Sein Hang zu Höhenflügen, seine konsequente Ausklammerung politischer Probleme und seine leeren Versprechungen sichern ihm die Wiederwahl. Aber er nimmt es kaum noch zur Kenntnis. Immer heilloser verstrickt er sich in das Gespinst seiner Flugphantasien:

Ach ja. Jetzt dort oben um den Kronleuchter düsen . . .

Auch bei wichtigsten Staatsbesuchen denkt er nur noch an das Eine:
Wollen wir ins Palais Schaumburg laufen oder fliegen?
What?

It is very simple. I take you huckepack and we fly together.
I'd rather walk.

Bis zu diesem Zeitpunkt ist des Kanzlers Verhalten durchaus nicht aus dem Rahmen gefallen. In einer Umgebung, in der ein Helmut Kohl glaubt, er könne reden, ein Josef Ertl, er könne alles einsacken, ein Graf Lambsdorf, er könne sich alles herausnehmen und ein Friedrich Zimmermann, er könne alles auf seinen Eid nehmen, in einer solchen Umgebung fällt ein Kanzler nicht weiter auf, der glaubt, er könne fliegen. Doch anläßlich seiner lustlos zusammengestoppelten und tonlos vorgetragenen Regierungserklärung, kommt schließlich doch einigen der Verdacht, daß mit dem Kanzler etwas nicht mehr stimme. Und in der Tat: seine harmlosen Phantastereien haben sich zu einem gefährlichen Wahn verdichtet. Nun behauptet er allen Ernstes, etwas zu können, was ja nun nachgewiesenermaßen vollkommen menschenunmöglich ist:

Erster Argwohn kommt schließlich innerhalb der Partei auf, als der Kanzler einen Sonderparteitag einberuft, um seinen Freunden etwas angeblich außerordentlich Wichtiges mitzuteilen:

Doch keiner seiner Parteifreunde wagt es, ihn auf den Boden der Realität zurückzuholen.

Die SPD hat Glück. Einer findet sich, der bereit ist, den Kanzler behutsam aus dem Verkehr zu ziehen. Ein erfahrener Mann, ein Mann der Mitte, ein Mann, der sich wie kein anderer Sorgen um die politische Stabilität in diesem unserem Lande macht! Dieser Mann geht nun daran, den sorgsam gehüteten KGM-Krisenplan in die Tat umzusetzen. (Für alle Leser, die meinen, der Plan hätte gut und gerne schon zwei Seiten früher in Kraft treten können, halten wir ein kleines Trostpflästerchen bereit: es ist ein toller Plan! Also dran bleiben!)

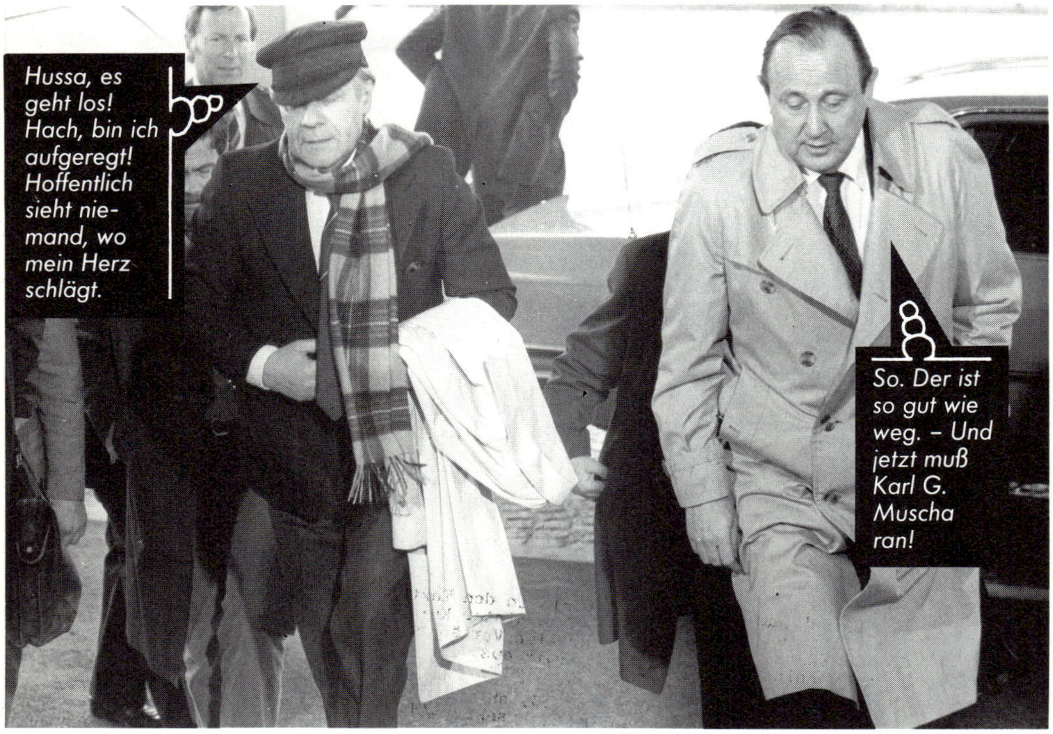

Aus dem Geheimdossier des BND:
„Karl G. Muscha, 65. Berufsspieler, Eintänzer, Heiratsschwindler, Trickbetrüger, Kleinkrimineller. Der gedrungene Einzelgänger arbeitet vorzugsweise in Spielkasinos, auf Rennplätzen und vermögenden Witwen. Besondere Vorzüge: keine. Besondere Laster: Wettleidenschaft. Besondere Kennzeichen: Verblüffende Ähnlichkeit mit Bundeskanzler Schmidt."

Ohne Schwierigkeiten finden die Beamten des BND den Gesuchten auf dem Rennplatz von Hamburg-Klein Flottbeck: „Herr Karl G. Muscha, folgen Sie uns unauffällig!"
Das nennt der nun unauffällig folgen . . .
Scheiße, jetzt hab ich mir vor Angst schon wieder in die Hose gemacht!
Ungeduldig erwartet Hans Dietrich Genscher den Schatten des Kanzlers. Denn bereits in zehn Minuten soll er das Kabinett zu einer folgenschweren Entscheidung veranlassen.
Herr Muscha, passen Sie auf: Sie werden gleich im Kabinett für die Stationierung von Cruise Missiles plädieren.
Kruse wie? Den Namen muß ich mir notieren.
Hier steht's: Cruise Missiles.
Ach Cruise wie Luise?
Nein, Cruise wie Mus.
Ach so. Krus wie Mus. Und Missiles?
. . . wie Miß Seils.
Meine Herrn, Miß Luise Krus Seils wird auf deutschem Boden stationiert. Ist das klar?
Na endlich. Helmut ist wieder der Alte.
Bravo Kanzler!
So klar hat er sich schon lange nicht mehr ausgedrückt.
Und nach seinem erfolgreichen Auftreten im Kabinett erobert der Schatten des Kanzlers nun auch die Herzen seines Volkes im Sturm.

Männer . . .
Hej! Das ist mein Bier!
Ich lasse Ihnen was drin.
Toll! Ein Kanzler, der was drin läßt!

Frauen . . .
Verehrte gnädige Frau, glauben Sie mir: wenn ich nicht grade Kanzler wär, dann wär ich gern Ihr Teddybär!

Kinder . . .
KOLJA
Ich schreib's Dir auf mein Junge: Du setzt Dein Taschengeld auf „Golden Boy" im dritten Rennen. Auf Sieg natürlich. Hinterher machen wir halbe, halbe. Klar?

. . . und Alice Schwarzer.
Wollen wir tauschen? Dies Röschen gegen Ihr Höschen?

Währenddessen am Brahmsee: Der echte Kanzler startet seinen wievielten Flugversuch?
Den vierten.

Doch vorher überprüft er das Fahrgestell.
Reifen prall! Startbahn frei! Schilf ahoi! Tower! I'm ready!

Alles scheint nach Genschers Plan zu laufen. Doch bei einem ganz gewöhnlichen EG-Gipfel macht Karl G. Muscha eine schreckliche Entdeckung.
Nett, daß Ihr Deutschen die Cruise Missiles bei Euch stationieren wollt.
Gott, warum soll die arme Frau nicht bei uns stationiert werden?
Frau?! Die Cruise Missiles sind doch amerikanische Mittelstrecken-Raketen mit Atomsprengköpfen.
Da schrillt in Karl G. Muscha eine Alarmsirene auf! Es ist sein Zockerinstinkt, der ihn bisher noch nie im Stich gelassen hat.
Ein Scheißspiel! Viel zu hoher Einsatz – null Chancen. Wer da nicht aussteigt, ist doch behämmert. Wer hält hier eigentlich die Bank?
Karl G. Muscha reist nach Westen.
Was denn? So klein dürfen die Raketen nur sein?
Genau! Und wir wollen sie auch nur für Silvester haben!
Karl G. Muscha reist nach Osten. Beim Abflug macht er schon wieder eine Entdeckung; und zwar eine merkwürdige.
Wieso stehen hier am hellichten Vormittag so viele Männer rum? Haben die nichts zu tun? Die könnten doch Witwen trösten.
Bei der Ankunft macht er eine noch merkwürdigere Entdeckung.
Da stehen ja auch so viele Männer rum. Gibt es hier keine Witwen?
Karl G. Muscha überrascht die Sowjet-Führung mit einem echten Hammer-Vorschlag.
Ein Wettabrüsten? Das haut mich vom Hocker.
Wettabrüsten? Zu riskant. Da halt ich mich raus.
Bevor der wieder zu Hause ist, könnten wir schon die Luftwaffe aufgelöst haben.
Warum gucken denn meine Leute so böse?

Wetten, daß wir zuerst abgerüstet haben?
Wetten, daß nicht?

Die Wette gilt. Doch in den Bundestag heimgekehrt, muß Karl G. Muscha erleben, wie sein eigener Verteidigungsminister immer noch scharfmacherische Reden hält.
Schluß jetzt! Her mit dem Mikrophon!
... bedarf es deshalb verstärkter Verteidigungsanstrengungen!

Nein, meine Damen und Herren, wir dürfen nicht auf- wir müssen abrüsten! Erstens habe ich mit Breschniew eine Wette laufen, und zweitens wäre ein atomarer Krieg doch ganz töricht! Rennplätze, Spielcasinos, Witwen, all das, was wir uns in 30 Jahren aufgebaut haben ...

Na, das war's wohl, Herr Karl G. Muscha. Folgen Sie uns bitte; aber diesmal wirklich unauffällig.
Oje, jetzt muß ich mir ja schon wieder in die Hosen machen.
Dies war der letzte uns bekannte Gedanke des Schattens des Kanzlers. Das weitere Schicksal Karl G. Muschas verliert sich im Dunkel geheimnisvoller Andeutungen und widersprüchlicher Gerüchte. Sicher hingegen ist, daß noch am gleichen Tag eine Delegation am Brahmsee erschien.

Doch damit ist der Schatten des Kanzlers zu weit gegangen.
Sehr schöne Rede Karl. Wir werden Dich alle sehr vermissen. Schau mal, wer da wartet.

Nein! Ich will nicht wieder nach Bonn! Ich übe doch gerade den Start aus der Hocke. Ich weiß jetzt, wie es geht: Man muß auch mit den Hosen flattern.

Etwas später in Bonn.
Was soll ich denn hier überhaupt?
Sie sollen irgendwelche Raketen loben.

Meine Damen und Herren. Mir sind die Flügel gebunden. Aber wenn ich schon nicht fliegen darf, dann sollen doch wenigstens Cruise Missiles hier fliegen dürfen! Diese tollen, neuen Mittelstrecken-raketen! Die können nämlich senkrecht starten, meine Damen und Herren, weil sie mit den Hosen flattern . . .
Tja. Und seitdem werden wir wieder von der gewohnten Garde ganz normaler Idioten regiert.

Das war mein Liebesleben

Erich Honeckers Memoiren – hier vorgestellt von DDR-Vertreter Moldt – offenbaren die schillernde Figur des Staatsratsvorsitzenden in ihrer ganzen Bandbreite. Allein das Kapitel seiner erotischen Ausschweifungen fiel – bis auf den letzten Satz – der Selbstzensur zum Opfer. Der Satz ging in sein Buch ein, das Restkapitel hat Freimut Wössner gerettet.

Es war 1935 in Berlin. Ich hatte – als Mitglied des Zentralkomitees des KJVD – die Aufgabe, sozusagen in der „Reichshauptstadt" die Leitung und den weiteren Aufbau der KJVD, des Kommunistischen Jugendverbandes Deutschlands, zu übernehmen. Ich freute mich sehr, daß mir meine Partei nun schon erneut die Gelegenheit gab, mein Wissen systematisch zu erweitern und meine schon gewonnenen Erfahrungen aufs Praktischste in die Tat umzusetzen.

Auf mich – der ich ja mit 23 Jahren noch ein junger Mann war – machte Berlin einen sehr großen Eindruck. Und die faschistischen Organe, die auf den Straßen zu sehen waren, erschienen mir wie ein Menetekel – ähnlich jener berühmten flammenden Geisterschrift, die bekanntlich bei dem Gastmahl des Belsazar an der Wand aufleuchtete.

Um so mehr war ich aufs Tiefste erfreut, als es mir gelungen war, auf dem damaligen Belle-Alliance-Platz (bekanntlich der Platz, auf dem sich Bismarck seine Sozialistengesetze ausgedacht hatte und der heute Mehringplatz heißt, nach Franz Mehring, einem bedeutenden marxistischen Journalisten und Historiker) die Bekannschaft einer jungen Frau zu machen. Wie sich – auf mein sofortiges und unermüdliches Fragen hin – herausstellte, war sie weder Mitglied des KJVD noch der KPD. Trotzdem machte ich ihr den Vorschlag eines Spazierganges durch das faschistische Berlin, und ich konnte befriedigt feststellen, daß sie sofort und ohne im Geringsten zu zögern diesen Vorschlag bereitwillig annahm.

Wir schlugen den Weg unter den Yorck-Brücken ein, wo Jahrzehnte später die antikapitalistische und antiimperialistische Jugend Westberlins mit den Rufen „Ho-Ho-Ho-ne-cker" ihren Protest gegen den Kapitalismus und Imperialismus ausdrücken sollte. Darüberhinaus mußte ich daran denken, daß sehr viele Straßen weiter – und dazu auch noch in Hamburg – das Geburtshaus von Ernst Thälmann stand.

Hannelore, so war der Name meiner Begleiterin – machte mir das Angebot, eine „Juno" (das ist die heutige „Ernte 23") mit ihr zu rauchen. Da erzählte ich ihr schmunzelnd, wie ich einmal in dem Theaterstück „Spartakus, der Postenschreck", das von der kommunistischen Kindergruppe Wiebelskirchen zur Aufführung gebracht worden war, die Rolle des Trompeters Rolf spielte. In dieser Eigenschaft nun mußte ich in der Hand eine Zigarette halten, die ich dann einmal – obwohl mein Vater es mir streng verboten hatte – nach der Aufführung heimlich „schmauchte". Doch – und noch heute denke ich mit Vergnügen an diesen Streich – war mir dann aber so schlecht davon geworden, daß ich in Zukunft – und wie die Erfahrung gezeigt hat, auch zu recht – auf diesen „Genuß" verzichtet habe, auch ohne das Verbot des Vaters, der ja Mitglied der saarländischen KPD war.

Meine Begleiterin war zutiefst belustigt und wir schritten eine Weile aufs Engste voran. Planmäßig und in Übereinstimmung mit unseren Kräften näherten wir uns schrittweise und Zug um Zug dem Wittenbergplatz. Ich erinnerte mich noch genau, wie ich damals daran gedacht habe, wie im Jahre 1924 in Wiebelskirchen die äußerst schmerzliche Nachricht vom Tode Wladimir Iljitsch Lenins eintraf. Der Schulunterricht wurde unterbrochen und ich weiß noch genau, daß wir – als der Unterricht dann nach der großen Pause um 10 Uhr 45 weiterging – Religion bei Pfarrer Hecker hatten, einen Mann, an den ich mich noch gut entsinne.

Ich, als Anhänger der wissenschaftlichen Weltanschauung, des dialektischen und historischen Materialismus, halte nichts von „Religionslehrern". Und doch schätzten wir diesen Mann außerordentlich und in hohem Maße wegen seiner Großzügigkeit, mit der er uns die Erlaubnis gab, uns während seines Unterrichts auf Klassenarbeiten vorzubereiten oder aber Hausaufgaben zu machen.

Inzwischen waren wir auf dem Kurfürstendamm angekommen und standen vor einem bekannten Tanzpalast, dem „Old Eden", der heute „New Eden" heißt. Die junge Frau in meiner Begleitung machte den Vorschlag eines Besuchs dieses Lokals und ich willigte nicht ohne ein gewisses Gefühl der Vorfreude ein. Wie außerordentlich groß aber war meine Enttäuschung, als wir am Eingang die Auskunft erhielten, daß der Eintritt mit Verzehrbonus von 10 auf 25 Mark erhöht worden war! Das war natürlich zuviel für eine Rotgardistenbörse. Als ich meiner Begleiterin dies eröffnete, sagte sie – und ich entsinne mich noch genau jedes ihrer Worte – ungefähr folgendes: „Also, wenn Ihr Kommunisten nicht einmal 25 Mark Eintritt bezahlen könnt, dann kann an Eurem Kommunismus nicht viel dran sein!" Und damit wandte sie sich von mir ab und ich weiß noch heute, daß ich sie seither nie wieder gesehen habe.

Auch wenn der Hergang und der Verlauf dieser Bekanntschaft nicht in voller Übereinstimmung mit meinen damaligen vielfältigen Erwartungen und Bedürfnissen war, so muß ich doch abschließend die Feststellung machen: *Ich kann mich an keinen Augenblick in meinem Leben erinnern, da ich an unserer Sache gezweifelt hätte.*

F.K. Waechter **Das stille Blatt**

Der Fluß glitzerte in der Morgensonne, es roch nach Teer und fauligem Wasser. Den Metzgermeister überkam ein Glücksgefühl, daß er sich ein Loch in die Hosentasche bohrte, ganz so, als sei er wieder ein Knabe.

F.K. Waechter Die Rückseite

F.K. Waechter **Das stille Blatt**

„Wo Gott Hochhäuser bauen läßt, versieht er sie auch mit Sprechanlagen", sagte Heinz und zog in seiner Freizeit durch die Trabantenstädte, den Menschen Mut zuzusprechen.

„Kasperle, Kasperle,
was machst du mit mir?"

4.
Barbarisch arisch

Hart wie Kruppstahl, zäh wie Leder,
frech wie früher, dumm
wie damals, heute wie gestern

„Ich aß Hitlers Hündchen"

Ein irgendwie doch erstaunliches Bekenntnis – aufgezeichnet von Bernd Eilert, Robert Gernhardt und Peter Knorr

Eigentlich hatte es eine ganz normale Eßreportage werden sollen. Doch dann wurde es etwas ganz, ganz anderes: die Begegnung mit einem Menschen, der unser gesamtes bisheriges Geschichtsbild in Frage stellte.
Eigentlich hatten wir uns auch geschworen, nie wieder einen Bericht mit derart unseriösen, anreißerischen Sätzen zu beginnen. Aber leider kam auch das ganz anders. Doch immer hübsch der Reihe nach: erst die Fakten, dann die Lügen.
Wir waren also für „Bessers Brechjournal" ins Elsaß gefahren, um den „Chien d'Or" in Harpsheim zu testen. Den Parnaß der Hundeküche! Wir hatten ihn von Hundefreunden rühmen hören, konnten uns freilich nur wenig darunter vorstellen. Aber auch in diesem Fall galt die alte Feinschmecker-Regel: nach Tische ist man klüger. Hervorragend die in Vinaigrette eingelegte Schäferhundzunge! Unver-

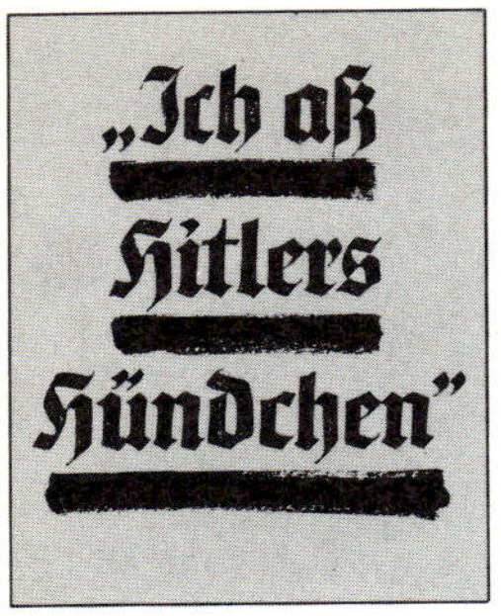

gleichbar das „Filet de Dobermann au Mostriche"! Ein Gedicht der lauwarme Salat mit einem süß-sauren Haschee aus coupierten Basset-Öhrchen! Ganz und gar makellos das Sorbet aus geeister Hundepisse mit Quetsch übergossen und unterm Tisch flambiert, das legendäre „Pipi à la Foxl"! Dagegen fiel das „Musse au Pudle" leider ein wenig ab; eine Idee weniger mousse und etwas mehr Pudle hätten da Wunder gewirkt. Doch beim abschließenden Hundekuchen konnten wir dem Wirt, der nun mit den geschmackvoll durchbrochenen, silbernen Kotzkübelchen zu uns an den Tisch trat, in ehrlicher Überzeugung sagen: superb!

Aber er wirkte seltsam abwesend; wie in Gedanken – dabei waren wir doch in Harpsheim. Doch auch das schien uns nicht mehr so sicher. Ding-dong, ding-dong, halb drei, schrie die alte Kuckucksuhr, als der greise Wirt plötzlich etwas sehr Merkwürdiges sagte: „Jetzt hassen Sie mich sicher, Sie sind doch Deutsche, oder?" Wie kam er darauf? Wir mochten ihn und seine Küche. Sagten das auch. Aber was sagte er? „Ich bin an allem schuld", sagte er, und „jetzt ist es ja heraus. Alle Welt weiß es nun. Und im Grunde bin ich erleichtert. 65 Jahre lang habe ich mit der Schuld gelebt. Ich war ein blutjunger Mensch damals. Es war Krieg. 1. Weltkrieg, Sie verstehen, zum 2. reichte es noch nicht; wir waren ja noch so jung!" – Was redete er da? Aber er fuhr fort: „Ihr seht in mir den Verworfensten aller Sterblichen! Aber was sollte ich denn damals anderes machen? Mein Vater war gestorben, ich hatte das Lokal gerade übernommen, und für den kommenden Mittwoch hatte sich der Inspecteur des Guide Michelin angesagt. Die deutschen Truppen hatten alles weggefressen – o diese Deutschen! Ich liebe sie, Göthe, Bach, Ölderlin, wenn sie bloß nicht soviel fressen würden!" Der Wirt schien verwirrt, doch er redete weiter. „Drei Sterne hatte mein Vater mir und dem Lokal hinterlassen, und die galt es zu verteidigen. Aber womit? Mit einer Speisekammer, der ausgerechnet das fehlte, was seit jeher das Renommee unseres Hauses ausgemacht hatte: le chien!? Was also tun? Die erbarmungslos näherrückende Front hatte mich von den Hundefarmen der Dordogne und den Pekinesenbänken der Normandie abgeschnitten, und so . . . seine Stimme erstarb zu einem kaum überhörbaren Flüstern, „so habe ich dann das getan, was solch unsägliches Leid über die Völker der Erde gebracht hat. Ich stahl Foxl."

War das alles? War der weinerliche Greis an unseren Tisch getreten, nur um uns das zu sagen, daß er in seiner Jugend einen Hund gestohlen hatte? Uns, den gesuchtesten Hundefängern westlich von Bad Orb? Uns, denen es zu verdanken ist, daß der Kölner Dom heute so gut wie hundefrei ist?

„Verstehen Sie doch!" nun schrie er fast, „Foxl war nicht irgendein Hund! Er war Hitlers Hund!" Und wie zum Beweis zog er die Nummer 12/1980 des SPIEGEL aus der Suppe. „Hier: Adolf Hitlers Monologe im Führerhauptquartier, Folge 2. So hören Sie doch: ‚Meinen Foxl, ich hab ihn oft studiert . . . Ich habe ihn so gern gehabt! Niemand durfte mich anrühren, da ist er rabiat geworden. Nur mir hat er gefolgt . . . Meine Kameraden haben mir gesagt, er hat auf niemanden reagiert, bis ich wieder dagewesen bin. Wenn ich nur in seine Nähe gekommen bin, hat er mich schon erkannt, das war dann ein Geschrei! . . . Ach, daß sie mir den geklaut haben! Wir treten in Harpsheim an, auf einmal fehlt der Hund . . . Dieser Schweinehund, der ihn mir genommen hat, weiß gar nicht, was er mir angetan hat.'"

Der Wirt starrte uns an. Wir starrten zurück. Das Tischtuch starrte vor Hundekuchenkrümeln. „Begreifen Sie doch! Dieser Schweinehund war ich! Aber konnte ich denn wissen, daß dieser Hitler ein so nachtragender Mensch war, daß er nur wegen dieses Hundes nicht ruhte, bis er der mächtigste Mann in Deutschland war, um endlich ganz Europa nach Foxl absuchen lassen zu können? Und mit welchen Methoden! Mon dieux! Deutsche Hundefänger vom Nordkap bis Tobruk, deutsche Hundesuchtrupps zu Wasser, zu Lande und in der Luft. Verstehen Sie jetzt? Der ganze 2. Weltkrieg – alles meine Schuld! Furchtbar! Aber, meine Herren, das Furchtbarste kommt ja noch . . ." Wir zuckten gepflegt zusammen. Was sollte denn nun noch kommen? Gab's noch etwas Schlimmeres als den 2. Weltkrieg? Doch der entfesselte Greis hatte recht: „Ich hatte beschlossen, dem Guide-Michelin-Prüfer einen ‚chien bastard surprise' vorzusetzen. Ein ganz einfaches Rezept. Das Fleisch muß mindestens 24 Stunden vorher in einer Salbei-Marinade köcheln, und es ist entscheidend, den Garpunkt zu treffen. Ich schaue also gegen Mitternacht noch einmal nach dem Braten, da passiert es! Meine Tat ist mir noch heute unfaßbar. Welcher Teufel ritt mich? Es muß der Hunger gewesen sein, die Gier schied ja wohl aus, ich hatte vorher ausgezeichnet gespeist. Aber was soll ich Ihnen sagen: eine halbe Stunde später war Foxl weg! ‚Foxl, wo bist du?' rief ich entgeistert in die leere Terrine. ‚Hast ihn ja selber weggeputzt', scholl es mir wie ein Echo zurück. Tolle Terrine das! Die ging mir später auch noch kaputt – aber lassen wir das . . ." Er stöhnte auf, wir stöhnten ab, und da brach es aus ihm heraus – ein Glück, daß die Kübelchen noch nicht abserviert waren –: „Drei Sterne verloren, Krieg verloren, Foxl weg, Terrine kaputt – und ich bin an allem schuld! Wissen Sie, manchmal, wenn ich keinen Schlaf finden kann, dann schlägt mein Gewissen. Und wie ich dann zurückschlage, das sollten Sie mal erleben: links eine rein, und wenn es das Maul aufmacht, gleich rechts noch eine nach! Aber es ist nicht totzukriegen. Es meldet sich immer wieder, immer wieder, Merde!"

Kaum hatte der greise Wirt diesen Namen ausgerufen, als seine, wie man sich ja wohl vorstellen kann, noch viel greisere Mutter aus der Küche trat. „Na? Hast du den fremden Herrschaften wieder die Ohren vollgeschwatzt?" fragte sie mit gespielter Strenge, „nun reicht's aber. Wissen Sie, er übertreibt manchmal ein bißchen." Wir zahlten und gingen. Nachdenklich. Mit einem aparten Stich ins Grüblerische. Durften wir das eben Gehörte glauben? Sollten wir es gar veröffentlichen? Natürlich.

Im Interesse eines neuen, vollständigen und objektiven Hitler-Bildes ist es endlich an der Zeit, nicht nur von seinen Verbrechen, sondern vor allem von seinen Hundchen, Kätzchen, Muschis, Mizis, Fiffis und sonstigen Schnurrpfeifereien zu berichten. Mehr davon! Mehr von Hitlers Tischgesprächen, Nachtischgesprächen, Bettgeflüster, Schmalfilmen, Foto- und Poesiealben. Mehr davon. Alles.

Alles, damit wir diesen erstaunlichen Mann endlich in seiner hinreißenden Vielfältigkeit kennen- und schätzen lernen. Obwohl, die Sache mit den Juden war natürlich so doch nicht ganz in Ordnung.

Abonnieren Sie Titanic

Sie haben dann eine Menge Vorteile:

- Sie sparen Geld. Im Abonnement kostet Titanic nur DM 3,75 pro Heft, statt DM 4,50 im Einzelverkauf. Sie sparen DM 9,– im Jahr.
- Titanic wird per Post ins Haus geliefert.
- Wir schenken Ihnen das auf der Antwortkarte abgebildete große Poster (85 x 60 cm) von Hans Traxler.
- Sie können jederzeit Titanic wieder abbestellen. Bereits bezahlte Gebühren für noch nicht gelieferte Hefte bekommen Sie dann zurück.

Titanic-Vorzugskarte

3 FBH F

An diese Adresse schicken Sie bitte TITANIC für 12 Hefte zum ermäßigten Abonnementspreis von DM 45,–, das sind DM 3,75 pro Heft, statt DM 4,50 bei Einzelbezug (über 16% Preis-Vorteil).

Die Zustellgebühr trägt der Verlag. Die Lieferung beginnt mit der nächsterreichbaren Ausgabe.

Vorname   Name

Straße/Nr.

PLZ   Wohnort

Wichtiger Hinweis:

Sie garantieren mir, daß ich diese Vereinbarungen innerhalb einer Woche bei Ihnen schriftlich widerrufen kann.

Gewünschte Zahlungsweise für TITANIC (bitte ankreuzen):

☐ **Bargeldlos durch Bankeinzug**

Kontonummer   Name der Bank

Bankleitzahl (vom Scheck bitte abschreiben)

☐ oder gegen Rechnung (12 Hefte DM 45,–)

Bitte keine Vorauszahlung leisten. Rechnung abwarten.

Datum

X

Unterschrift

Auslandspreis Europa 54,– DM.

Titanic

gibt's jeden Monat neu:

Satiren, Polemik, Kommentare, Reportagen, Hintergründe und Spaß.

Cartoons, Texte, Fotos und die berüchtigten Briefe an die Leser.

Das unten abgebildete Poster bekommen Sie geschenkt, wenn Sie Titanic jetzt abonnieren.

Hans Traxler enthüllt, wie es wirklich zum Untergang der Titanic kam. Das Poster ist 85 x 60 cm groß.

Die weiteren Vorteile eines Abonnements stehen auf der Rückseite dieser Karte.

Titanic

Titanic Das endgültige Satiremagazin

Nicht freimachen, Gebühr zahlt Empfänger

ANTWORT

Titanic

LESER-SERVICE
POSTFACH 104849

2000 HAMBURG 1

War es wirklich so?

Das Foxl-Syndrom. Oder: Ein Bekenntnis und seine Folgen für die Deutung einer ungewöhnlichen Ära.

1915: Als die Welt
noch in Ordnung war. Adolf Hitler (r.)
und sein treuer Hund Foxl.

1924: Adolf Hitler
kann seinen treuen Freund Foxl
nicht vergessen.

1933: Einmütig erklärt sich
das deutsche Volk bereit, Adolf Hitler bei der Suche
nach seinem treuen Hund Foxl zu helfen.

1939: Adolf Hitler dehnt die Suche nach Foxl auf
ganz Europa aus. „Die einen gehen links, die anderen rechts.
Und wer den Foxl gefunden hat, hupt dreimal!"

Schauen Sie sich diese

Günter Wallraff war der erste. In zwei Büchern gab er sich als kurzfristiger BILD-Mitarbeiter und langfristiger BILD-Leser zu erkennen. Wer noch irgendwelche Zweifel daran gehabt hatte, daß BILD im wesentlichen aus Erfindungen, Verleumdungen und Lügen besteht, war danach klüger. Er wußte nun auch, daß BILD bei der Nachrichtenbeschaffung nicht vor kriminellen Methoden und bei der Nachrichtenverwertung nicht vor gezieltem Rufmord zurückschreckt.
Ende des pathetischen Teils.

Der Tragödie nämlich folgt das Satyrspiel: Wallraff fand Nachfolger. Seit Anfang des Jahres erklären BILD-Leser in der BILD-Zeitung „Warum sie alle BILD lesen". Was sind das für Typen, die offenbar immer noch nichts dabei finden, sich zu diesem Lauseblatt öffentlich zu bekennen? Sadisten? Masochisten? Schamlose? Verführte? Schlichte Toren? Oder einfach Blattläuse?
Ende des fragenden Teils.
Den Fragen nämlich folgt die Antwort. Wir haben die BILD-Bekenner in drei Gruppen unterteilt:

Typen bitte an!

Exklusiv-Dokumentation von Bernd Eilert und Robert Gernhardt

Warum ich BILD lese

Pfarrer Adolf Sommerauer, München

„Ob eine Zeitung die politischen und sonstigen Meinungen beeinflußt, darüber streiten immer wieder die Gelehrten. Ganz sicher aber ist eine Zeitung ein Barometer für Hoffnungen und Ängste der Leser. Deshalb ist mir BILD schon durch die hohe Auflage Ergänzung und Anfrage an Erfahrungen, die ich aus anderen und auch aus eigenen Quellen habe. Für Ergänzung hat man offenbar auch in der BILD-Zeitung etwas übrig; denn man läßt mich in ihr schreiben."

Bild

Warum ich BILD lese

Bundestagspräsident Richard Stücklen:

„Die BILD-Zeitung enthält zwar viel Information, die zu wissen entbehrlich ist: etwa daß ein Filmstar seine Villa aus Angst verkauft oder ein anderer nach seiner Scheidung von der Ehe genug hat. Dennoch möchte ich auf das Blatt nicht verzichten, denn es bringt auch wichtige Meldungen, die insbesondere den Politiker interessieren. Da ich oft auf eine rasche Information angewiesen bin, ist die BILD-Zeitung ein notwendiger Bestandteil meiner täglichen Lektüre."

Bild

…kanzler und Außen…inister Hans-Dietrich Genscher (FDP)

… lese die BILD-Zeitung, … BILD ist bekanntlich im…dabei. Wenn BILD dem …er auf der Straße „auf's …schaut" und oft artikuliert, …r denkt, ist das gut gerade …ns Politiker. Hier liegt die …sche Bedeutung des Bla… …aß mir nicht alles gef… …n BILD steht, versteht …selbst. Gottlob leben in ei… … der … der … Zeit… …n

…D lese

Franz Josef Strauß, Ministerpräsident von Bayern

„12 Millionen Leser greifen Tag für Tag zur BILD-Zeitung. Auch ich gehöre zu ihnen, weil BILD mir einen gerafften, trotzdem umfassenden und leicht lesbaren Überblick über die wichtigsten Tagesereignisse vermittelt. Für einen Politiker ebenso wichtig ist aber, daß BILD die Probleme aufgreift, die unsere Bürger wirklich bewegen. Die tägliche Abstimmung am Zeitungskiosk ist dafür der eindrucksvolle Beweis. Allerdings darf der durch Aufmachung und Überschriften erzielte Absatzerfolg nicht das einzige Kriterium sein."

Warum Dr. Bernhard Vogel, Ministerpräsident des Landes Rheinland-Pfalz, BILD liest

„Als Politiker muß ich wissen, was Millionen von Mitbürgern jeden Morgen als Information oder Kommentar lesen. Wichtig sind für mich persönlich vor allem die knappen Interviews zu aktuellen politischen Ereignissen, bei denen BILD nie lange drum herum redet, sondern immer sofort zur Sache kommt."

Bild

Warum ich BILD lese

Inge Meysel

Ich lese BILD, weil ich so schrecklich neugierig bin und durch die Überschriften jedesmal angeregt werde (auch wenn ich nicht die Absicht hatte) BILD zu kaufen. Auf der einen Seite freue ich mich über das, was ich alles gelesen habe, auf der anderen Seite ärgere ich mich wieder. Und so bin ich jeden Morgen hin- und hergerissen. Das Resultat? Am nächsten Morgen siegt wieder die Neugierde – und ich kaufe BILD.

Bild

Köhnlechner

1. Die Springer-Spezis
Warum diese Typen für BILD werben, liegt auf der Hand. Peter Boenisch war selbst Chefredakteur bei BILD, bevor er zur WELT kam. Peter Bachér war Kolumnist der BAMS, bevor er als Machér HÖRZU übernahm. Dr. Manfred Köhnheiler, der berühmte Wunderlechner, braucht BILD, um serienweise Nachwuchs-Hypochonder heranzuzüchten; und auch BILD-Pfarrer Sommerauer ist entschuldigt: Nachdem ihm das Fernsehen keine publizistische Plattform für seine Buhusen-Obsession mehr bietet („Busengröße 4 oder 5 oder 7 . . . was soll ich als Pfarrer dazu sagen? . . . Busen und immer Buhusen!"), darf er in BILD, umrahmt von Buhusen aller Größen, zu all dem aufrufen, was BILD Tag für Tag mit allen Mitteln hintertreibt: Besonnenheit, Nächstenliebe, Toleranz und ähnlich exotische Gefühlsduhuseleien.

2. Die Schau-Schaumis
Daß diese Typen für BILD lächeln, ist durch zwei häufig anzutreffende Grundbefindlichkeiten des modernen Menschen zu entschuldigen: durch seine

Schauen Sie sich diese Typen bitte an!

Warum ich BILD lese

Georg Leber (SPD), Vizepräsident des Deutschen Bundestages

„Ich lese jeden Morgen die BILD-Zeitung, weil ich als Politiker wissen muß, was 12 Millionen Mitbürger täglich lesen und weil damit die BILD eine der wichtigsten Zeitungen ist."

Feigheit und seine Dummheit.

Wer jemals verfolgt hat, wie BILD jemanden verfolgt hat, wie die steilen Karrieren so bedeutender Unterhaltungskünstler wie Drafi Deutscher, Lou van Burg, Abi Ofarim und zeitweise sogar Udo Jürgens geknickt oder gekappt wurden, der wird verstehen, warum minder begnadete Publikumslieblinge wie Peter Alexander, Anneliese Rothenberger, Inge Meysel, Ilja Richter und sogar Heino ihren BILD-abhängigen Beliebtheitsgrad durch Ergebenheitsadressen über die nächste Säuberung hinwegzuretten hoffen. Und außerdem ist sich doch sogar das BILD-betriebene Psychologische Institut für Psychologie in München darin einig, daß stetes Singen den härtesten Keks höhlt. Den letzten Funken Verstand tropft dann noch die ständige BILD-Lektüre zu. Doch, das ist so.

3. Die Politiker

Was aber treibt diese Typen dazu, ihre oft fast ansprechenden Köpfe für BILD hinzuhalten? Warum geben sie öffentlich vor, ein Blatt zu lesen, das Sachen macht, die sie nie machen würden: lügen, betrügen, Rufe morden!? Sind sie nicht alle gestandene Männer in geordneten Verhältnissen? Von ihren Familien geduldet, von ihren Freunden geschätzt, von ihren Parteien geachtet, von ihrem Volke geliebt. Träger schönster Auszeichnungen, Bekleider höchster Ämter, Vertreter größter Staubsauger – äh ... Interessengruppen – na! Ideale. Peter Lorenz etwa, der es innerhalb weniger Jahre vom einfachen Gefangenen der Bewegung 2. Juni zum seriösen Senatspräsidenten von Berlin brachte – warum wirbt er für BILD? Wirkt etwa immer noch das kellerbedingte Kaspar-Hauser-Syndrom nach? Oder Lothar Späth, der dem Musterländle Baden-Württemberg als jüngster Ministerpräsidentle vorstehtle? Mit 41 Jahren schon! Was treibt ihn? Der Übermut des dummen Jungen? Die Lust an Schwabenstreichen? Ist er den Belastungen des neuen Amtes etwa doch noch nicht gewachsen, der kurze Mann?

Oder Franz Josef Strauß? Wir verraten wohl kein Geheimnis, wenn wir das Geheimnis verraten, daß sein Bierkonsum sich in letzter Zeit derart gesteigert hat, daß er allein vom Flaschenpfand wie ein Ministerpräsident leben kann. Doch dies Leben in Sauf und Brauf führt zu Ausfallserscheinungen: Strauß bewirbt sich um das höchste Kanzleramt im Staate. Strauß umwirbt Wähler außerhalb seines bajuwarischen Biotops. Und Strauß wirbt für BILD.

Keine Droge ohne Dornen – auch die schäumende nicht.

Verängstigt, verstört, versoffen – unsere Bereitschaft, in den BILD-Tätern Opfer zu sehen, ist schier schrankenlos. Doch selbst unserer Schrankenlosigkeit sind Schranken gesetzt. Es bleibt ein harter Kern von BILD-Werbern, die keinerlei mildernde Umstände geltend machen können, die offenbar nur eins verbindet: Sie sind erpreßbar. Damit sagen wir selbstverständlich nicht, daß sie erpreßbar sind – wir fragen nur: Was sind sie sonst? Wenn nicht erpreßbar?

Da ist Richard Stücklen. Seinem Namen zum Trotz ein ganzer Mann, ein prächtiger Präsident und Franke dazu; Fortuna hat ihr Füllhorn fast überreichlich auf seinen Scheitel geleert. Wer möchte ihm verübeln, wenn er die Meinung hegt, Fortunas Gunst werde ihn auch am Kartentische nicht verlassen. Der Herr spielt Skat. Skat ist ein Glücksspiel – hätte es mit Intelligenz zu tun, Harun al Richard ließe sich wohl lieber zerstücklen, eh' er die Karten zur Hand nähme – aber so ... Skat wird um Geld gespielt. Da wechseln in einer einzigen Nacht oft bedeutende Summen den Besitzer. Und wehe dem, der jede Nacht ... Was verdient eigentlich so ein Präsident? Und ist nicht jeder Schuldenmacher in Gefahr, den gleißnerischen Einflüsterungen gieriger Kredithaie zu erliegen? Und dann: das heulende Elend ... der BILD-Redakteur, der um eine kleine Gefälligkeit bittet ... andernfalls gewisse Schuldscheine ...

War es so? Bei Georg Leber gewiß nicht. Er, der Bauarbeiter, Gewerkschafter, SPD-Minister, Vizepräsident des Deutschen Bundestages, kann er nicht auf eine makellose Karriere zurückblicken? Oder führt auch er ein Doppelleben? Nun, der Herr malt. Freunde schildern ihn als heißblütige, ja zigeunerhafte Künstlernatur. Seit jeher war es das Vorrecht, ja die Pflicht des Künstlers, bürgerliche Tabus sinnenfroh über den Haufen zu malen. Frauenschönheit uns mit kühnem Pinselschwung gänzlich zu enthüllen. Der eine nennt es Kunst, der andere eine Sauerei. Eine Demokratie muß diese Diskussion gelassen ertragen können. Doch darf ein Bundestagsvizepräsident Sauereien malen? Aber was soll schon groß passieren, es bleibt ja alles in den eigenen vier Wänden? Doch dann fehlt auf einmal ein Bild an der Wand ... und dann ruft ein BILD an – doch es ist ein anderes BILD ... Und dann wird man um einen klitzekleinen Gefallen gebeten ... War es so? Ganz gewiß nicht bei Hans-Dietrich Genscher. Ein Liberaler auf dem Vizekanzlerthron. Ein Mann, der Vorurteilslosigkeit nicht bloß predigt, sondern auch praktiziert. Einst heiratete er seine Sekretärin; heute ist er seinen zahllosen Mitarbeiterinnen ein verständnisvoller, ja väterlicher Vorgesetzter. Doch verdient jede Hilfeheischende Vertrauen? Bonn ist voller Spione. Das Auswärtige Amt ist voller Geheimnisse. Genscher ist voller Mitgefühl. Und ist es nicht viel wichtiger, einem ratsuchenden jungen Menschen Gehör zu schenken, als ständig jeden offenstehenden Panzerschrank im Auge zu behalten? Doch dann ist auf einmal von Mikrofilmen die Rede ... Und der BILD-Redakteur hat ja nur ein klitzeklitzekleines Anliegen ... War es so? Ganz ganz gewiß nicht bei Bernhard Vogel. Er spielt nicht, er malt nicht, er hat nichts mit Frauen. In selbstgewählter Askese regiert er seine Pfalz, ein zweiter Ludwig II., scheu, nächtlich, den menschlichen Verkehr beschränkend auf ein schier unmenschliches Mindestmaß. Was fürchtet der Herr? Ist es die Stimme seines Blutes? Ist es die Angst, daß einer ins Herz seines Geheimnisses schaut? Daß einer aufsteht und es allen sagt: Er, der ach so christdemokratische Spitzenpolitiker Dr. Bernhard Vogel, er hat einen Bruder! Und der, der heißt nicht nur Jochen – der will uns auch unterjochen, alle! Betreibt er doch die Rechtsabteilung des leitenden Angestellten des Marxismus alias Herr Schmidt! Und eines Tages kommt er dann, der fürchterliche Anruf, und eine Stimme spricht: „Hier BILD, spreche ich mit einem der sauberen Vogel-Brüder ..."

War es so? Oh, sagt doch, daß es so gewesen ist – denn wenn es nicht so war, wenn alle jene Männer, zu denen wir bisher aufschauten, die sich uns eben jetzt wieder zur Wahl stellen, allen Ernstes der Meinung sind, daß es gute Gründe gäbe, BILD zu lesen – so müßte Ihnen eigentlich auch dieser Artikel gut gefallen haben. Er war sachlich, informativ, aktuell – kotz gesagt: nur lesbar mit dem vorgeschnallten Reiherbecher. ENDE

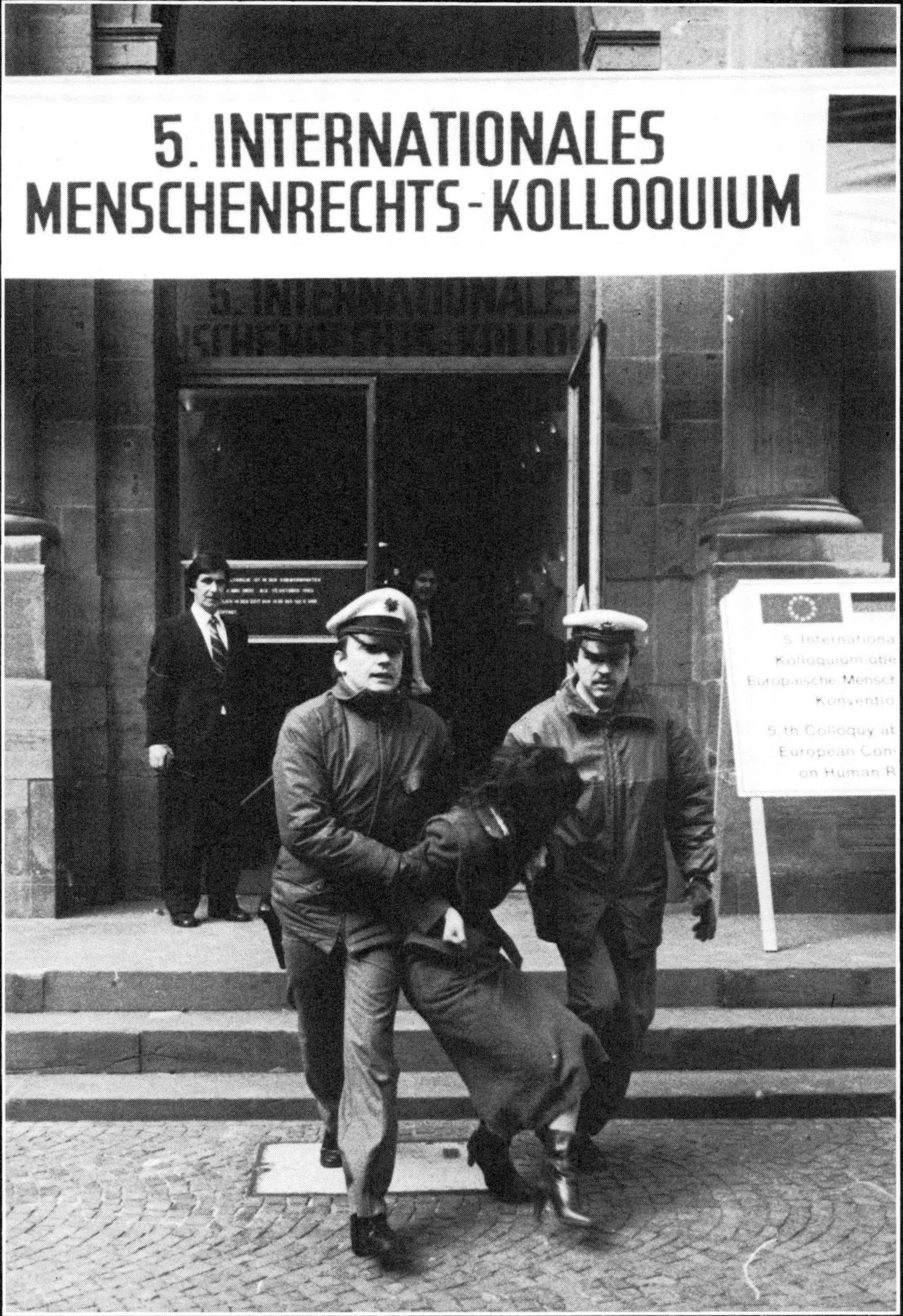

Das von Bundespräsident Carstens am 9. 4. 1980 eröffnete 5. Internationale Menschenrechts-Kolloquium in der Frankfurter Paulskirche brachte den lange erwarteten Durchbruch im Menschenrechtswesen. Der bisher gültige Katalog wurde um die folgenden Punkte erweitert:

Das Recht auf Maulverbieten. ● Das Recht, zu zweit auf einen loszugehen. Das Recht auf Festnehmen. ● Das Recht auf Festhalten. Das Recht auf Armumdrehen. ● Das Recht auf Wegschleifen.

Diese Rechte können gegen jedermann geltend gemacht werden, unabhängig von Hautfarbe, Geschlecht und Religion. „Wir sind mit diesem Ergebnis sehr zufrieden“, faßte ein deutsches Kommissionsmitglied (rechts im Bild) zusammen, „es ist der längst fällige Schritt vorwärts, der endlich der bereits bestehenden Praxis die notwendige Rechtsgrundlage verschafft!“ Um zu beweisen, daß es sich bei dieser Erklärung nicht um ein reines Lippenbekenntnis handelte, begann die Delegation sofort nach Verlassen des Konferenzgebäudes mit der Wahrnehmung ihrer neugewonnenen Menschenrechte.

»Wir haben in der Vergangenheit nicht deutlich gemacht, daß Nationalsozialisten in erster Linie Sozialisten waren . . .«

Dr. Edmund Stoiber,
Generalsekretär
der CSU

Was brummt im Kopf vom Dr. Stoiber?

Das Zitat links oben kennen Sie aus der Weltpresse. Sein Scharfsinn wurde in den letzten Wochen vielfach diskutiert. Es ist das Zitat des Jahres. Der es gebar, in einem Gespräch mit der „Frankfurter Rundschau", schreibt sich Dr. Edmund Stoiber, ist seit 1978 Generalsekretär der CSU – und spätestens jetzt nicht länger zu verschweigen. Wer Ohren hat zu hören, lauscht der Botschaft gern: Bier ist Schnaps, denn Schnaps zum Bier gesellt sich gern.

Und dennoch bleibt ein Rest von Bangnis vor dem Unauslotbaren. Wer ist der Kopf, der Seit an Seit mit Strauß das Land zu neuem Glanze führen will?

Psychopathologie heute:

Im Test: Dr. Edmund Stoiber

Zu Beginn wurde der Testperson eine Frage mit alternativen Lösungsmöglichkeiten vorgelegt.

„Stellen Sie sich vor, jemand nennt Sie einen unverschämten Lügner und wirft Ihnen Geschichtsklitterung vor. Wie reagieren Sie?"
(Nur eine Antwort ist möglich!)

A) Mit großer Gelassenheit (X)
B) Ich weise die Anschuldigung entschieden zurück ( )
C) Ich lasse den Mann verhaften ( )
D) Ich lasse ihn vorübergehend erschießen (X)
E) Das kann ich mir nicht vorstellen (X)

Herr Stoiber macht drei Kreuze. Nachdem die Testperson also offenbar außerstande ist, das Prinzip zu begreifen, nach dem nur eine Antwort auf die Frage gegeben werden darf, legen wir ihr eine einfachere Aufgabe vor: Wir bitten den Generalsekretär, das Fenster zu öffnen.

Aufgabe:

Fenster öffnen

Lösung Stoiber

Um das Testergebnis abzusichern, bitten wir die Testperson, sich die Schuhe zuzubinden.

Aufgabe:

Schuhe zubinden

Lösung Stoiber

Erste Strukturen eines möglichen Psychogrammes werden sichtbar. Der folgende Intelligenz-Test gibt weitere Hinweise:
„Es verhält sich Lila zu Blau wie Rosa zu . . ?"
Antwort Stoiber: „Luxemburg."
Wieder scheint die Testperson überfordert; wir vereinfachen das Schema:
Frage: „Was fällt Ihnen zu den folgenden Begriffen spontan ein?"

(Antwort Stoiber:)

Vogel . . . . Strauß
Haus . . . . Strauß
Vater . . . . Strauß
Mutter . . . . Strauß
Zukunft . . . . Strauß
Buschwindröschen . . . . Strauß

Um einer weiteren Ideenfixierung und Bewußtseinsverhärtung der Testperson vorzubeugen, ändern wir die Test-Methode und bitten um eine kurze, eigenständige Arbeit zum Thema „Mein schönstes Ferienerlebnis".

Mein schönstes Ferienerlebnis

In den Ferien war ich fast in Amerika. Amerika heißt so, weil es am Meer geschah. DeutschLAND ist ja nach RußLAND benannt worden und heißt eigentlich BundesREPUBLIK nach der Deutschen Demokratischen REPUBLIK. Während Amerika eigentlich USA heißt, und das ist auch kein Zufall, weil die sich nach der SA genannt haben. Soweit haben sie es also gebracht, die Nationalsozialisten, die ja in erster Linie SOZIALISTEN waren — aber das sagte ich wohl schon. Amerika ist überhaupt ein armes Land. Es ist schon zweimal überfallen worden: erst von den Indern unter ihrem Häuptling Kolumbus, der die ganzen weißen Ureinwohner ausgerottet hat mit seinen roten Horden. Und dann von King Kong. Das war ein vietnamesischer Riesenaffe, der die schönen Napalmen abgebrannt hat. Dann hat er das „KAPITAL" von Karl Marx gelesen und ist KAPITALIST geworden. Unter dem Namen Georg LEBER hat er die LEBER-Party gegründet. Dann hat er sich kleine Panzer gekauft von einem gewissen Potemkin. Der war Panzerkreuzer. Ich bin zwar gegen die Abtreibung, aber das geht doch zu weit: Panzer kreuzen in aller Öffentlichkeit — eine Schweinerei! Und dann sind die Schweine hierhergekommen und haben das Winterhilfswerk gestürmt und in der Reichskristallnacht das zaristische Hofbräuhaus angezündet. Das war die OKTOBERrevolution. Die feiern die Sozis ja heute noch jedes Jahr auf dem OKTOBERfest. Dann singen sie die InterNATIONALE, genau wie die NATIONALsozialisten. Und der Stalin begleitet sie auf seiner Orgel. Der war gebürtiger Schweizer aus Lambarene und verheiratet mit Lenin Riefenstahl, die seinen Riefen stahl und deshalb Neger wurde und in Südafrika den Huren beibrachte, graziös aufzutreten. Man nennt das dort Apartheit. Bei uns sagt man auch Apartheit — aber nur wenn jemand geniest hat.

Nun ist – was den Geisteszustand der Testperson betrifft – doch einiges klargeworden. Um letzte Gewißheit zu erlangen, legen wir dem Generalsekretär vier Fotos vor und bitten um Interpretation:

„Genau meine These: ‚Wir haben in der Vergangenheit nicht deutlich gemacht, daß Nationalsozialisten in erster Linie Sozialisten waren, die im großen und ganzen kollektivistische Lösungen angestrebt und durchgeführt haben.'

Genau! Was ich sage! Das sind die Lager, die sie sich gebaut haben, gleich nachdem sie das 3. Reich gegründet haben, die Sozialisten! Da gab es Arbeit in Hülle und Fülle; dort haben sie gemeinsam den Sozialismus aufgebaut, während die anderen arbeitslos waren. Sehen Sie nur die schönen hohen Tore! Da hat sich niemand den Kopf gestoßen!

Sehen Sie! Deswegen heißen diese Lager „Konzert-Lager". Musik-Umzüge haben sie gemacht, in feinsten Nadelstreifenanzügen. Das ist schon immer so gewesen: die Sozis amüsieren sich, während unsereiner den Kopf hinhalten muß!

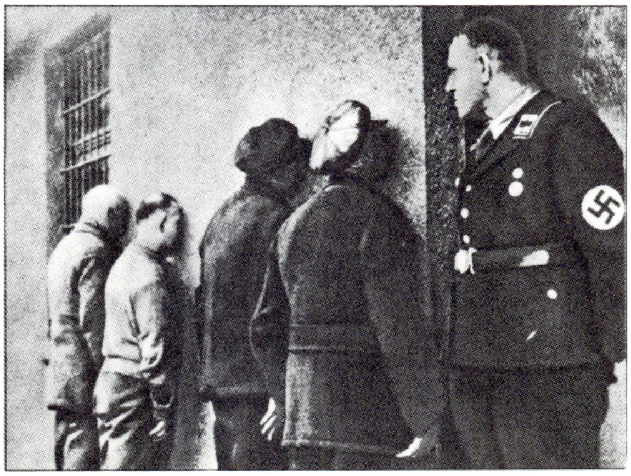

Während der normale Deutsche mit einer Hakenkreuz-Binde gebrandmarkt wurde – die mußten ja mit dem Ding rumlaufen! –, vertrieben sich die Sozialisten mit heiteren Kinderspielen die Zeit. „Eins, zwei, drei, vier Eckstein, alles muß versteckt sein ..." Und wie traurig der Mann da rechts ist, daß er nicht mitspielen kann!"

Das Testergebnis:

Die Testperson hat sich überraschend bereitwillig diesem für ihr öffentliches Renommee und ihre politische Zukunft nicht unbedenklichen Test unterzogen. Dies ist bei weitem das Beste, was sich über sie sagen läßt. Ansonsten hat der Test folgende schwerwiegende Defekte offengelegt: Weitgehende Unfähigkeit, Gedankenstrukturen zu verfolgen, allgemeinverständliche Sinnzusammenhänge herzustellen und die eigene Feinmotorik zu koordinieren. Es wurden schwere Störungen in der Affektabfuhr und ein zeitweilig traumatischer Zusammenbruch des Realitätsprinzips festgestellt.

Wir empfehlen deshalb, die Einschulung um ein weiteres Jahr zurückzustellen. – O, Verzeihung, darum ging es wohl in diesem Fall nicht. Drücken wir es also streng wissenschaftlich aus: Stoiber total ga-ga.

P.S.: Derartig gravierende psychische Störungen legen den Verdacht auf frühkindliche Deformierungen nahe; eine Hypothese, der nachzugehen einer weiteren Untersuchung vorbehalten bleiben muß.

Test-Team: Bernd Eilert, Peter Knorr und Chlodwig Poth

Zeichnung: Alex Ignatius

Das Freikorps Wörner auf seinem schweren Weg – von Robert Gernhardt

WAS BISHER GESCHAH: Der Aufruf der CDU-Politiker Dregger und Wörner, Deutschland müsse sich notfalls mit der Waffe für seine Öl-Interessen am Persischen Golf einsetzen, zeitigt Folgen. Rund um Schulenburg, einen Ritterkreuzträger aus dem 2. Weltkrieg, hat sich das Freikorps Wörner geschart, sieben Männer, die auf eigene Faust von Fulda aus aufgebrochen sind, um dem deutschen Volk wenigstens eine der lebenswichtigen Ölquellen zu erobern. Ihr Ziel sind die Ölfelder von Sham an der Straße von Hormuz. Um zum Golf zu gelangen, müssen sie die von Nomaden wimmelnde Wüste von Jiwa durchqueren . . .

Wir hatten bereits zur Nachtzeit die Zelte abgebrochen und die Kamele gesattelt. „Dürfte verdammt heiß werden heute", hatte Schulenburg in seiner knappen Art gesagt, und dann waren wir losgeritten: der grüblerische Roenninghoff, Merkel, der ehemalige Pazifist, der Berliner Sprüchereißer Gnitschke, die unzertrennlichen Brüder Meyer, Meyer Eins und Meyer Zwo, wie Gnitschke sie zu titulieren pflegte, Schulenburg und ich. Und noch ein achter war da, Omar, das arabische Faktotum, dessen durch diverse Lücken verzierte Zahnreihen nun im Licht des untergehenden Mondes schimmerten, als er sein unvermeidliches, bewunderndes „Deutsch gutt" ausrief. Seit Roenninghoff

ihm vor zwei Wochen in der Oase Ahwab einen vereiterten Dorn aus dem verlängerten Rücken gezogen und ihm einen der von den Arabern so sehnlichst begehrten Bubble-Gums geschenkt hatte, war der braune Geselle nicht mehr von seiner Seite gewichen, und Roenninghoff hatte ihn gewähren lassen.

Und jetzt ritten wir wieder. Ritten, wie wir es schon seit Wochen getan hatten. Oder waren es bereits Monate? „Fulda!" dachte ich, und für einen Moment huschte eine Erinnerung durch mein Hirn . . . Wie uns der Oberbürgermeister Dregger während einer geheimgehaltenen Weihnachtsfeier die Hand gedrückt und wie Wörner jedem von uns einen geweihten Ölkanister um den Hals gehängt hatte . . . „Was immer ihr tun müßt", hatte er noch gesagt, „denkt daran, daß ihr es für Deutschland tut." Deutschland! Aber für welches Deutschland ritten und litten wir hier? Für das Deutschland der Entspannungsphantasten und Alternativenergieler etwa? Für jenes Deutschland, das nichts von uns wissen durfte und wollte? Lohnte es sich dafür überhaupt . . .

„Na, Gernhardt – leiden Sie mal wieder unter ideologischen Bauchschmerzen?"

Schulenburgs spöttische Stimme riß mich aus meinen Grübeleien.

„Schätze, wir kriegen Besuch . . .", fügte er überraschend ernst hinzu und zeigte auf eine Staubwolke, die nun rasch näherkam.

„Sieht wie Nomaden aus", bemerkte Roenninghoff. „Nomädchen wären mir lieber", frotzelte der unverwüstliche Gnitschke. „Scheinen in friedlicher Absicht zu kommen", riefen Meyer Eins und Meyer Zwo wie aus einem Munde, und schon wollte ich die obligaten Bubble-Gums aus der Geschenktasche holen, als sich Schulenburgs Augen plötzlich verengten. „Absitzen!" schrie er gepreßt und „Feuer frei!"

Und dann geht alles sehr schnell. Unsere MGs beginnen zu reden, mitten in das „Salaam" des Nomadenführers hinein. Sein Burnus ist auf einmal eine rote, blutige Masse, unendlich langsam, so kommt es mir vor, gleitet er vom Sattel seines Reitkamels, dann fällt er wimmernd in den Wüstensand, umgeben von sich hastig ergebenden Nomaden.

„Schulenburg!" schreie ich, „Sie kamen als Freunde – warum . . ."

Doch Schulenburg ist bereits über dem stöhnenden Anführer. Reißt seinen Bart ab. Ein Milchgesicht kommt zum Vorschein. Reißt seinen Burnus auf. Zwei Brüste quellen hervor. Wischt ihm wie rasend die braune Schminke vom Gesicht. Kalmückenhaft geschlitzte, brechende Augen blicken uns an. „Politkommissarin Traptzşeva", sagt Schulenburg hart. „Kenne sie noch von Minsk her, als sie unsere braven Ukrainer gegen uns aufwiegelte. Traf sie dann an der FU wieder, wo sie unter dem falschen Namen Rabehl die Anti-Vietnam-Demonstrationen organisierte. Wußte, daß sie seit geraumer Zeit im Mittleren Osten die Araber gegen unsere Energieversorgung aufhetzen sollte . . ." Er pfeift durch die Zähne. „Und schauen Sie sich mal diese niedliche Empfangsüberraschung an!" Er deutet auf die Handgranate, die die Liegende noch fest umklammert hält. „Sie oder wir!" Er wendet sich kalt ab.

Und auf einmal schnattern die Nomaden alle aufgeregt durcheinander . . . Der seltsame „Anführer" habe sich bei ihnen vor zwei Wochen als Mullah vorgestellt, der sie im Auftrage des Ayatollah Khomeini im heiligen Krieg gegen die „Alemannis" führen sollte . . . Sie seien ihm blind gefolgt, sie hätten ja nicht gewußt, daß . . . „Ayatollah Khomeini!" Schulenburg lacht knapp auf. „Ihr meint wohl Alexejewitsch Kominski – wie sein richtiger Name lautet. Hatte bereits die Ehre mit ihm, als er noch Folterchef im berüchtigten Tscheka-Gefängnis . . ." Doch da verstummt er abrupt, wirft einen letzten Blick auf den Leichnam, und plötzlich sehe ich, wie eine Träne sich zögernd auf seine gebräunte Haut hinaustastet.

„Aufgesessen!" schreit er gepreßt.

Und wir reiten weiter.

Am Abend kampierten wir bereits am Persischen Golf. Merkel hatte das Meer als erster gesehen. „Da!" hatte er geschrien, „Wou? Wou?" hatten Meyer Eins und Meyer Zwo, die unverbesserlichen

Ostfriesen, gebrüllt und „Bellt hier nicht so rum!" hatte Gnitschke dröhnend gelacht. Doch nun waren die Zelte aufgeschlagen, über einem munteren Feuerchen verbreitete ein Kessel Erbsensuppe heimatliche Düfte, und langsam versammelte sich das Freikorps Wörner in Erwartung des Abendessens um die mit Recht so geschätzte Atzung. Nur Schulenburg fehlte. Saß wohl noch über seinen Aufmarschplänen.
„Wat denn, wat denn – wir sind doch hier nicht bei der Firma Drängelmann und Söhne!" Das war Gnitschke, dem traditionsgemäß die Suppenausgabe oblag. „Is doch für jeden wat da!"
Und bald hatte denn auch jeder sein randvoll gefülltes Kochgeschirr vor sich. Wir aßen schweigend und blickten nur kurz auf, wenn Gnitschke sein obligates „Jefräßige Stille" und Omar sein näselndes „Deutsch gutt" ausstießen.

VOLK OHNE ÖL

Und dann starrten wir noch eine Weile sinnend in das Feuer. „Zu Hause feiern sie jetzt Ostern . . .", sagte Roenninghoff nachdenklich, und auf einmal griff Meyer Zwo zu seiner Mundharmonika. „Es ist ein Has' entsprungen . . .", sehnsüchtig klang das alte deutsche Osterlied über den dunklen Persischen Golf, und nach und nach fielen wir alle ein „. . . aus einer Wurzel zart . . ."
Doch dann war, wie eine Erscheinung, Schulenburgs schmale Gestalt aus der Dunkelheit in unseren Kreis getreten.
„In die Schlafsäcke, Leute! Morgen wird ein heißer Tag! Gnitschke und Gernhardt beginnen mit der Zeltwache, die Ablösung erfolgt wie gewohnt. Gute Nacht!"
Gnitschke hatte es sich auf seinem Rucksack bequem gemacht, ich stand gegen den Stamm einer Palme gelehnt.

„Du, Gernhardt . . ."
„Ja?"
„Manchmal frage ich mich . . ."
Ich ahnte die Frage, die kommen würde. Hatte sie mir ja selbst oft genug gestellt in den letzten Wochen . . .
„. . . is det nich doch ein Wahnsinn, wat wir hier machen? Öl! Öl! Jibt et denn nischt Wichtijeres als Öl?"
Ich versuchte meine Stimme fest erscheinen zu lassen.
„Schau, Gnitschke – eine Volkswirtschaft ist wie der menschliche Körper. Und so ein Körper braucht Luft . . ."
„Braucht er, klar!" bestätigte Gnitschke.
„. . . und wenn dir nun einer die Hände um die Kehle legt, um dir die Luft abzudrehen . . ."
„Mann – der Kerl, der könnte wat erleben!" polterte es aus Gnitschke, „dem würd' ick . . ."
„Öl", fahre ich fort, „ist die Luft unserer Volkswirtschaft. Deshalb sind wir hier. Damit Deutschland atmen kann. Und Deutschland muß atmen können . . . es ist . . .", ich suche nach einfachen Worten, doch zu meiner Überraschung fällt mir Gnitschke ins Wort, Gnitschke, der Unstudierte, Gnitschke, das Berliner Schandmaul: „Deutschland is die Lunge det freien Westens. Und wenn die nich mehr funzionalisiert – oder wie det heißt, der olle Gnitschke kennt sich da nich so aus – denn . . ." Und er macht die Bewegung des Halsabschneidens.
Ich nicke und drücke ihm die Hand.
„Aba", fährt er fort, „warum wissen det nur so wenije? Warum sind wa hier nur sieben und nicht siebzigtausend Mann? Warum schweigt die Heimat – außer Dregger, Wörner und ein paar anderen Durchblickern? Warum . . ."
Ein Geräusch läßt uns herumfahren. Hinter uns steht Schulenburg. „Schlaf dich mal aus, Gnitschke. Ich übernehme deine Wache."
„Aba . . ."
„Nichts aber! Bist ein feiner Kerl, Gnitschke! Und nun hau dich in die Falle!"
„Ja, wenn det ein Befehl is . . ."
„Ist ein Befehl!"
Und Gnitschke zieht ab. Schmunzelnd schauen wir ihm nach.
Wir hatten schon eine Weile schweigend nebeneinandergestanden, als Schulenburg plötzlich zu reden begann: „Scheiß Ölkrieg!"
Überrascht blicke ich ihn an. Hatte ich richtig gehört?

„Scheiß Ölkrieg, werden sie in der Heimat sagen und uns fallen lassen wie eine heiße Kartoffel, falls irgendwas schiefgeht, die Herren Politiker. Mit dem Völkerrecht werden sie uns kommen. Uns der Aggression gegen die Araber beschuldigen. Als ob die Araber ein Volk wären! Es sind prächtige Kerle – aber wie Kinder. Geben Sie dem Araber eine Handvoll Kamelmist und einen Bubble-Gum, und er wird den Tag selig kauend unter einer Palme verbringen: Mañana – Gott will es so. Öl? Der Araber braucht kein Öl. Der weiß nicht, was das heißt: Heizölkosten. Benzinpreise. Zuwachsraten. Nein – wir kämpfen hier nicht gegen die Araber. Wir kämpfen hier gegen den, gegen den wir uns schon immer zur Wehr setzen mußten. Den, der uns 1940 den Zutritt zu den Ölfeldern von Baku verwehren wollte, den, der uns 1945 die schlesischen Kohlegruben raubte, den –" „. . . ewigen Russen", will ich ergänzen, doch Schulenburg fällt mir ins Wort: „Gernhardt, wissen Sie eigentlich, warum Merkel bei uns mitmacht? Er hat es mir mal erzählt: Es war 1976, an einem der verkehrsfreien Sonntage. Merkel lebte damals noch mit seiner alten, schwachen Mutter zusammen. Und die bat ihn, ihr eine Flasche Bier vom Kiosk an der Ecke zu holen, sie verdurste sonst glatt. Merkel wirft sich also in seinen Wagen, will zum Kiosk – doch er kommt nicht weit. Polizei hält ihn auf – Fahren ohne Sondergenehmigung. Na, und bis Merkel all diese Formalitäten hinter sich hat, bis er mit der Flasche Bier ins Zimmer seiner Mutter stürmt, da . . ." Er schluckt. „. . . da ist die alte Frau glatt verdurstet. Verdurstet, bloß weil am Persischen Golf irgendwo ein von Russen aufgehetzter Ölscheich uns den Ölhahn abgedreht hat . . . Ja – so ist aus dem Pazifisten Merkel . . ."
„. . . ein ölbewußter Deutscher!" ergänze ich, und Schulenburg nickt.
In Gedanken verloren schauen wir über die Bucht, und plötzlich erblicke ich sie: winzig kleine Lichtpunkte am anderen Ufer.
„Die Ölfelder von Sham", sagt Schulenburg, der meinem Blick gefolgt ist. „Morgen geht's ran. Ich hab' es den anderen verschwiegen. Sollten nochmal eine ruhige Nacht haben. Gilt übrigens auch für Sie, Gernhardt. Schlafen Sie – ich übernehme Ihre Wache!"
Sein Ton ist so bestimmt, daß ich keinen Protest wage. Zögernd wende ich mich zum Gehen, doch dann stelle ich sie noch, die Frage, die mich den ganzen Tag gequält hat . . .
„Schulenburg . . ."
„Ja?"
„Wieso haben Sie den vermeintlichen Nomadenführer eigentlich so ohne weiteres als Politkommissarin erkannt? Ich meine . . ."
Ich verstumme, und als Schulenburg antwortet, ist seine Stimme rauh.
„Gernhardt – wenn Sie mal älter sind, werden Sie es auch erfahren: ein Mann wird eine Frau, die er einmal geliebt hat, überall und immer wiedererkennen können – in jeder Verkleidung dieser Welt. Doch nun gehen Sie endlich" – er stöhnt es fast – „schlafen Sie sich aus, Menschenskind! Deutschland braucht Öl, und wir erörtern hier Weibergeschichten!"
„Ja", denke ich, als ich auf das Zelt zugehe, „Deutschland braucht Öl. Und morgen . . . Was mag der morgige Tag bringen?"
In der Ferne bellte ein Schakal, und alles Leid der Welt schien in diesem Bellen zu liegen . . .

Peter Knorr

DIE VERWECHSLUNG

Nun brennt mal schön!

Wie es zur erfreulichsten Nachricht des Jahres kam. Ein Protokoll von Robert Gernhardt und Peter Knorr.

Der alten Konferenzstadt Genf stehen große Tage bevor. Dort dürfen ab dem 10. April 1981 alle Staaten das neue Völkerrechtswerk der Vereinten Nationen über den Nichteinsatz bestimmter, konventioneller Waffen unterschreiben. Hei, wird das ein Gedränge geben! Denn der Vertrag ist nicht irgendein Vertrag. Nach langjährigen Verhandlungen wurde er am 10. Oktober 1980 durch eine Konferenz der Vereinten Nationen verabschiedet und sieht folgendes vor:

1. Der Einsatz von Brandwaffen gegen die Zivilbevölkerung wird geächtet.
2. Die Verwendung von heimtückischen Sprengfallen und Geschossen, deren Splitter auf dem Röntgenschirm nicht sichtbar sind, wird ebenfalls nicht gern gesehen.

Im Sinne einer Würdigung dieses großartigen Vertragswerkes veröffentlichen wir nun ein nur unwesentlich gerafftes Protokoll der langjährigen Genfer Verhandlungen. Alle Zitate sind der Frankfurter Rundschau vom 11. 10. 1980 entnommen.

„Ein gewisser Schutz der Soldaten gegen solch grausame Waffen wie Napalm konnte nicht erzielt werden."

A: Ich bin dafür, die Soldaten gegen Napalm zu schützen.
B: Warum?
A: Napalm hat so was Grausames. Dagegen ist ein ordentlicher Schuß in den Bauch eine saubere Sache.
C: Wer immer unsere tapferen Soldaten in den Bauch schießt, kriegt Napalm auf den Kopp.
D: Meine Regierung war von Anfang an gegen das

Zeichnung: Robert Gernhardt

Verbot der Bauchschüsse. Und zwar aus humanitären Gründen. Auf irgend was müssen unsere Männer doch schießen dürfen. Zugegeben, auf Menschen zu schießen, wäre Mord. Aber auf Bäuche ...
Präsident: Meine Herren, bleiben Sie beim Thema! Wie nun? Sollen die Soldaten einen gewissen Schutz gegen Napalm erhalten oder nicht?
A: Unsere ja.
B: Und unsere?
A: Eure nicht. Wie kommen wir dazu, eure Soldaten zu schützen?
B: Aha. Eure sollen also Schutz gegen Napalm bekommen. Und was bekommen unsere?
C: Napalm auf den Kopp.
D: Ich war mal in Napalm. Also diese Bergländer... Katmandu ... herrliche Gegend. Aber von einem Krieg dort würde ich abraten. Zu steiles Gelände.
Präsident: Zur Sache!

„Einige Länder hatten Vorschläge unterbreitet, wonach Kämpfer ohne feste Deckung oder Truppen, die sich mehr als 50 km vom Frontgeschehen entfernt befinden, nicht mit Brandwaffen angegriffen werden dürfen."

A: Na gut. An der Front dürfen alle Soldaten verbrannt werden. Aber was ist mit Truppen, die sich mehr als 50 km vom Frontgeschehen entfernt befinden?
B: Die müssen zuallererst verbrannt werden, damit sie gar nicht erst zur Front kommen.
A: Dann haben sie ja nichts mehr vom Krieg, wenn sie nicht mal mehr an die Front kommen.
C: Dann müssen sie eben früher aufstehen, dann sind sie auch rechtzeitig an der Front und kriegen noch was mit.
D: Ich kriege überhaupt nichts mit. Was sind denn

Nun brennt mal schön!

das für 50 km? Warum sollen die denn verboten werden?

„Diese Vorschläge wurden aber von der Mehrheit der Konferenzteilnehmer als eine zu weit gehende Einschränkung der Kriegsführung abgelehnt.“

B: Meine Herren! Eines in aller Deutlichkeit: Wenn das mit den 50 km durchgeht, dann führe ich keinen Krieg mehr. Mit keinem von Ihnen!
A: Wieso denn nicht?
C: Ooch schade!
D: Erpressung!
A: Nun seien Sie doch nicht gleich beleidigt!
B: Ich weiß doch, wie das läuft. Da rennen dann dauernd die Vermesser rum. Die einen sagen, der Napalmabwurf erfolgte noch innerhalb der 50-km-Zone, die anderen sagen außerhalb. Die Folge: Zank, Streit, Zerwürfnisse! Meine Herren, das machen meine Nerven nicht mit! Wenn ich einen Krieg führe, muß ich einen klaren Kopf behalten.
C: Genau. Und da kommt Napalm druff.
D: Meine Herren, ich als altes Frontschwein verrate Ihnen mal eines: 50 km hinter der Front befinden sich Bordelle. Und ein wirkungsvoller Schutz der Bordelle scheint mir eine unabdingbare, humanitäre . . .
Präsident: Bitte, bitte, bitte! Etwas mehr Konzentration; wir müssen noch das Verbot der Kleinkalibermunition pipapo hinter uns bringen!

„Keine Fortschritte erzielt wurden hinsichtlich eines Verbots von Kleinkalibermunition, von Gas-Luft-Gemischen, deren Explosion eine mörderische Druckwelle erzeugt, sowie von Bomben, die Zehntausende von kleinen Pfeilen oder Kugeln verstreuen.“

A: Druckwellen kann man nicht verbieten! Ob sie drückt oder nicht, das überlassen Sie doch in Gottes Namen der Welle selber.
B: Und was ist eigentlich gegen kleine Pfeile zu sagen? Die Indianer haben große gehabt, und niemand hat's verboten.
D: Die Indianer sollte man verbieten, dieses tückische Volk! Die benutzen ja Blasrohre aus dem Hinterhalt.
C: Wirklich? Dafür kriegen sie Napalm auf den Kopp!
Präsident: Also gut, abgelehnt. Und was ist mit Kleinkalibergewehren mit überdurchschnittlicher Verwundungswirkung?
A: Die sind ausgezeichnet! Zumindest die 5,6-mm-Sturmgewehre unserer Firma Heckler und Koch kann ich nur empfehlen. Keine glatten Durchschüsse, die Projektile überschlagen sich beim Eintritt in den Körper.
B: Ach was? Wie heißt die Firma?
A: Heckler und Koch.
D: Langsam, langsam. Sagen Sie's nochmal zum Mitschreiben.
A: H, wie Hirnschäden, E wie Exitus . . .
Präsident: Aber meine Herren! So kommen wir ja nie zum Landminen-Protokoll!

„Das Landminen-Protokoll verlangt von kriegführenden Parteien, daß sie genaue Pläne über vergrabene oder mittels Flugzeugen gelegte Minen anfertigen, damit die Sprengkörper nach Beendigung der aktiven Kampfhandlungen restlos entschärft und eingesammelt werden.“

B: Ich habe da schwere Bedenken. Das macht doch keinen Spaß! Ich meine, das Auslegen von Minen schon – aber das Einsammeln? Ich weiß nicht. Ich find' das blöd, wenn man bei den Kriegsvorbereitungen schon daran denken soll, wer dann hinterher wieder aufräumen muß.
A: Aber Herr Kollege, das gilt doch alles nur für konventionelle Kriege.
C: Also wenn mich einer in überkommene Konventionen einzwängen will, noch dazu im Krieg, dann kriegt er Napalm auf den Kopp. Mindestens.
Präsident: Ich stelle fest: Das Landminen-Protokoll ist angenommen. Letzter Punkt der Tagesordnung: die Booby-Traps.

„Geächtet wird der Einsatz gewisser Booby-Traps, wie Sprengkörper in Form von Kinderspielzeug oder Gebrauchsgegenständen genannt werden, die bei Berührung explodieren. Ebenfalls verboten werden Schrapnellgeschosse aus Kunststoff, die schwer aus dem Körper eines Verwundeten herausoperiert werden können, weil sie mit Röntgenstrahlen nicht zu orten sind. In der Praxis handelt es sich um eine eher vorbeugende Maßnahme, weil derartige Waffen noch nicht gebräuchlich sind.“

A: Ächten!
B: Sprengkörper in Form von Kinderspielzeug? Ächten!
D: Mal ne Frage: Unsere Waffen sehen doch alle aus wie Kinderspielzeug. Wollen wir die jetzt etwa alle ächten?
C: Nix da! Das Spielzeug sieht aus wie unsere Waffen; wir waren zuerst da!
D: Ui, ui, ui, da bin ich aber erleichtert.
A: Ja, und diese Kunststoffschrapnells . . . also was man noch nicht mal beim Röntgen sieht und was wir noch nicht mal haben, also diese . . . äh . . . Kunststoffschrapnells . . . die man selbst beim Röntgen nicht sehen kann . . . das wären natürlich tolle Verletzungen . . . die ließen sich sicher elend schwer heilen . . . wenn überhaupt . . .
Präsident: Was nun? Ächten oder nicht?
A: Naja, solange wir sie noch nicht haben . . . ächten!
Alle: Ächten!

„Der nach langjährigen Verhandlungen zustande gekommene Vertrag tritt sechs Monate nach seiner Ratifizierung durch zwanzig Staaten in Kraft.“

Präsident: Herzlichen Dank, meine Herren Delegierten, das wär's dann ja wohl. Oder sind noch Fragen?
D: Mal gesetzt den Fall, einer von uns macht einen Krieg. Und bei diesem Krieg setze ich aus Vergeßlichkeit oder Zerstreutheit z.B. Brandbomben gegen die Zivilbevölkerung ein. Kann ich dafür irgendwie belangt werden?
Präsident: Ich verstehe Ihre Frage nicht.
D: Ich meine, ob man mir daraus einen Strick drehen kann? So wie damals in Nürnberg, da wurden dann doch auch nach dem Krieg Militärs und Politiker . . .
A: Ach so.
B: Ach was.
C: Ach Quatsch.
Präsident: Aber mein Bester! Für den Fall haben wir doch vorgesorgt. Ganz blöd sind wir ja nun auch nicht.

„Der Vertrag enthält keinen Klagemechanismus für den Fall von Verstößen, sondern gründet auf dem Prinzip der Repressalie: Verbrennst du meine Zivilbevölkerung, verbrenne ich deine.“ ENDE

Nikolaus Jungwirth

Pazifistische Tendenzen im Alltag

Der neue amerikanische Präsident hat sich als Austragungsort für den nächsten Weltkrieg, den er gerade vorbereitet, die Bundesrepublik Deutschland ausgesucht. Da wir Deutschen die treuesten Verbündeten der Vereinigten Staaten sind, ist es unsere Pflicht, ihn bei diesem seinem Vorhaben zu unterstützen.
Unsere Regierung tut dies auch bereits in hervorragender Weise. Aber Kriegsvorbereitungen – sollen sie ihr Ziel wirklich erreichen – dürfen sich nicht allein in vorbildlicher Aufrüstung erschöpfen, vielmehr muß auch die notwendige Kriegsbereitschaft in der Bevölkerung geschaffen werden. Hierzu sind nächtliche Fackelaufmärsche, öffentliche Rekrutengelöbnisse und Appelle an die traditionelle Tugend der Wehrbereitschaft sicherlich ein gutes Mittel. Genauso wichtig ist es aber, jene den Wehrwillen negativ beeinflussenden „pazifistischen Tendenzen" zu eliminieren, denen wir auf Schritt und Tritt im Alltag begegnen und die unser Verteidigungsminister so sehr fürchtet. Wir haben einige dieser Erscheinungen aufgespürt und zeigen, wie man sie mit geringem Aufwand so verändern kann, daß sie der psychologischen Vorbereitung unseres Volkes auf den bevorstehenden Krieg nicht mehr im Wege stehen.

Gerade bei der Gestaltung von Publikumszeitschriften mit großer Verbreitung wäre es notwendig, durch die Darstellung eines klaren Feindbildes eine abwehrbereite Stimmung in der Bevölkerung zu erzeugen.

Deutsche Spitzenpolitiker, die in aller Öffentlichkeit ihre Hände wie zur Kapitulation erheben, sollten sich über eine verbreitete defätistische Grundhaltung in unserem Volke nicht wundern. Um dem entgegenzuwirken, wäre die deutliche Demonstration von Kampfbereitschaft angebracht.

Selbst bekannte Werke der Weltliteratur könnten durch minimale Korrekturen eine dem Wehrgedanken dienlichere Aussage erhalten.

Im Sinne der Schaffung einer kriegswilligen Gesinnung erscheint es begrüßenswert, daß ein beliebtes deutsches Volksgetränk seine Fahne von bewaffneten Kriegern vorantragen läßt. Allerdings sollte dabei der neueste Stand der Waffentechnik berücksichtigt werden.

Fotos: Dörte Nielsen, Montagen: Horst Baerenz

Auch die Namen von Straßen, Plätzen und Brücken in unserem Lande dienen noch immer allzu häufig der Verherrlichung des Friedens. Sofortige Umbenennung wäre dringend geboten.

Pack die Badehose ein

Eine üble Nachrede auf F. J. S.
von Eilert, Gernhardt, Knorr

Erinnern Sie sich noch? Vor den Wahlen? Eine Anti-Strauß-Dokumentation nach der anderen, Schwarzbücher, Bürgerinitiativen, Demonstrationen, Plakate, Karikaturen und was nicht alles. Und jetzt? Nach den Wahlen? Nichts mehr. Gar nichts.

Er hat es also doch geschafft. Mit dem raffinierten Schachzug, die Wahlen einfach zu verlieren, scheint er seine Kritiker ein für allemal zum Schweigen gebracht zu haben. Alle – bis auf drei. In einer Situation, in der ein Herr Nannen sich wieder voll und ganz seinem Hamburger Bilder-Blättchen widmet, Herr Engelmann den in der Zwischenzeit liegengebliebenen Aufrufstapel wegsigniert, Herr Staeck endlich wieder seiner heimlichen Liebe, der Landschaftsmalerei, frönt und Herr Augstein längst wieder sein altes Kifferklavier zur Hand genommen hat, in einer Zeit also, wo alle vor nichts als der puren Realität kapituliert haben, da gibt es immer noch uns.

„Das Gewissen der Nation" hat uns der bekannte Tübinger Staatsrechtler Prof. Dr. Dr. Theodor Eschenburg einmal genannt – also nicht gerade uns und auch nicht „Gewissen der Nation" und schon gar nicht der alte Eschenburg, der müßte ja verrückt sein – aber allein die Vorstellung!! Also gut; wir geben keine Ruhe:
Nous amusons – wir klagen an!

Herr Strauß! Sie haben gelogen! – Doch, doch. Jeder Mensch hat mal gelogen. Schönen Schreck gekriegt, wie? Aber nun der Reihe nach. Wie war das eigentlich damals, während der Kuba-Krise? Während wir am Rande des 3. Weltkrieges standen, standen Sie doch im Garten und reiherten hinter die Büsche. Sie, als Verteidigungsminister! Wenn Sie statt dessen dem blutjungen Präsidenten Kennedy einen militärischen Rat gegeben hätten, dann brauchten wir nicht länger am Rand zu stehen, sondern könnten uns längst auf den 4. Weltkrieg vorbereiten. Eine Chance, die nie wiederkommt.
„Daß ich auch immer reihern muß!" werden Sie nun sagen wollen. Doch wir gestatten jetzt keine Zwischenrede; wir fragen Sie: Was war mit Onkel Alois? Den haben Sie ja bös hängen lassen! Erst heißt es Alois hinten, Alois vorn, und kaum hat er mal ein paar Militärunterkünfte und einen anständigen Skandal auf die Beine gestellt, schon singen Sie: „Mein Name ist Zwieback – ich weiß nichts von FIBAG."
Hier wird nicht gesungen! Niemand kann Sie vor unseren Fragen schützen, nicht einmal Panzer.
Apropos Schützenpanzer: Wie war das doch? Ihr Interesse für tote Vögel hatte Sie ausgerechnet in New York in ein Wienerwald-Restaurant gelockt. Dort erklärten Sie dem durch die SPIEGEL-Affäre einschlägig ins Zwielicht geratenen Rudolf Augstein, sie würden jedes Maschinengewehr, das sich Ihnen in den Weg stellt, rücksichtslos umlegen. Oder war es jeder politische Gegner? Oder jedes Hähnchen? Worauf der saubere Herr Augstein Ihnen den Tip gab, gleich um die Ecke gäbe es in der Bar „Chez Lockhead" enorm scharfe Starfighter zu erwerben.
Soweit die nackten Fakten. Aber warum haben Sie die beiden angezogenen Nutten überfallen?
„Ich? Angezogene Nutten?" werden Sie jetzt brummen.
Aber wir wollen nicht in Erinnerungen schwelgen; schon gar nicht in Ihren. Kommen wir doch erst mal

zum Pinochet-Skandal. Kaum hatte der frischgebackene Diktator begonnen, seine Gegner umzubringen und die ersten KZs einzurichten, mußten Sie schon zu ihm hindackeln und an seinen KZs herummäkeln. Der Mann war doch Anfänger! Der konnte doch noch nicht so perfekte, durchorganisierte Spitzen-KZs aus dem Boden stampfen wie wir seinerzeit. Wenn man auch nur einen Funken von Muttertakt und Herzensbildung hat, dann übergeht man das belustigt.

O, jetzt rennen Sie schon ganz aufgeregt in Ihrem Ministerpräsidentenpalast herum. „Luft! Luft!" rufen Sie; aber die gleißenden Spiegel und der polierte Marmor werfen, wohin Sie sich auch wenden, stets nur ein schweißüberströmtes, leichenblasses Gesicht zurück.

Ja, es ist Ihres – unseres doch nicht! Wir reisen ja auch nicht in der Weltgeschichte herum und belästigen greise Staatsmänner. Warum mußten Sie dem steinalten Mao Tse-tung die Idee von der Achse Passau–Peking einblasen, um so weite Russenkreise in Angst und Schrecken zu versetzen? Ein Wahnsinnsplan!! Ein Schuß, der nach hinten losging!

Und wenn Sie hätten reisen sollen, dann haben Sie's nicht getan. Sie waren es doch, der seine geliebte polnische Arbeiterklasse im Stich gelassen hat. Ihr Auftauchen in Danzig hätte wie ein Fanal gewirkt! (In Polen nennt man es nämlich ein Fanal, wenn alle schreiend davonlaufen.) Statt dessen ließen Sie sich auf prächtigen Karikaturen-Ausstellungen in Ihrer Menschenwürde beleidigen. Das war bester Stürmer-Stil, Herr Strauß! Sie trieben es so weit, daß Sie Fotos von sich an öffentlich einsehbaren Plätzen aufhängen ließen. Das hätte sich nicht mal der Stürmer getraut!

„O, hätte ich doch mein dickes Halsende besser unter Verschluß gehalten!" klagen Sie nun. Doch wir gestatten keine Zwischenklagen.

Schaun Sie lieber zum Fenster hinaus. Wissen Sie, was da unten qualmt? Es ist ein Scheiterhaufen der verkohlenden Illusionen Ihrer politischen Freunde. Sie haben alle belogen. Doch! Das haben wir ja vorhin selber zugegeben. Allen haben Sie höchste Ämter versprochen. Führendste Positionen auf Ihrer riesigen Ananas-Farm in Alaska. Wie sich alle gefreut hatten! Geld und Zeit hatten sie investiert, wochenlang waren sie durchs Land gereist, um allem Volke zu verkünden, wie schön sie es bald haben würden.

Am 5. Oktober sollte der stolze Dampfer von Bonn aus in See stechen. Doch als Ihre Mannschaft in der Abenddämmerung jenes 5. Oktober an Bord steigen wollte, da war da gar kein Dampfer! Und als Ihre Männer sich betreten bei den umstehenden Schiffern erkundigten, da ward ihnen zur Antwort, ein Käpten Strauß sei hierorts unbekannt. Womöglich läge eine Verwechslung mit dem gleichnamigen Isar-Flößer vor, einem Mann übelsten Leumunds, der wohl gelegentlich in südafrikanischen und anderen faschistischen Gewässern herumhakenkreuze, der jedoch mit Sicherheit kein Patent für die christlich-demokratische Seefahrt besitze.

Herr Strauß! Haben Sie Herrn Stoltenberg seitdem je wieder gesehen? Der Mann ist über Nacht vollkommen erblondet. Schamerfüllt hat er sich unter die dänische Grenze verkrochen, in der Hoffnung, daß ihn niemand findet. Oder unser geliebter Helmut Kohl. Gestern noch ein prächtiger, birnenförmiger Mainzer Generalist, heute eine beleidigte Pfälzer Leberwurst. Oder Ihr Kettenhund Oberst Scharfmacher Dr. A. Dregger: Unser ganzes Land sollte vor seinem Gebell erzittern. Nun kläfft er wieder mit eingezogenem Schwanz im Nordhessischen den rundlichen Holger Börner an, den er für den Mond hält.

Dicker Mann, was nun? Einer Ihrer Vorgänger, Ludwig II., hat in einer ähnlich desperaten Lage Zuflucht zum bewährten Mittel des finalen Bades im Starnberger See genommen. Es muß ja nicht der Starnberger See sein. Es gibt viele Seen in Ihrem schönen Bayernland. Den Chiemsee, den Ammersee, den Tegernsee; ihre Wasser sind tief und unergründlich, und alle locken sie: „Komm! Komm!" Aber die Bademütze nicht vergessen!

Friedrich Karl Waechter
Nürnberger Gesetze

„Gar keine schlechte Idee, daß die jetzt alle diesen Jugend-Stern tragen müssen."

5.
Ich bete an die Macht

Die Macht der Macht?
Die Macht der Liebe? Die Macht der lieben Alten? Die Macht der alten Jungen? Die Macht der was denn nun?

Berliner Schnauze

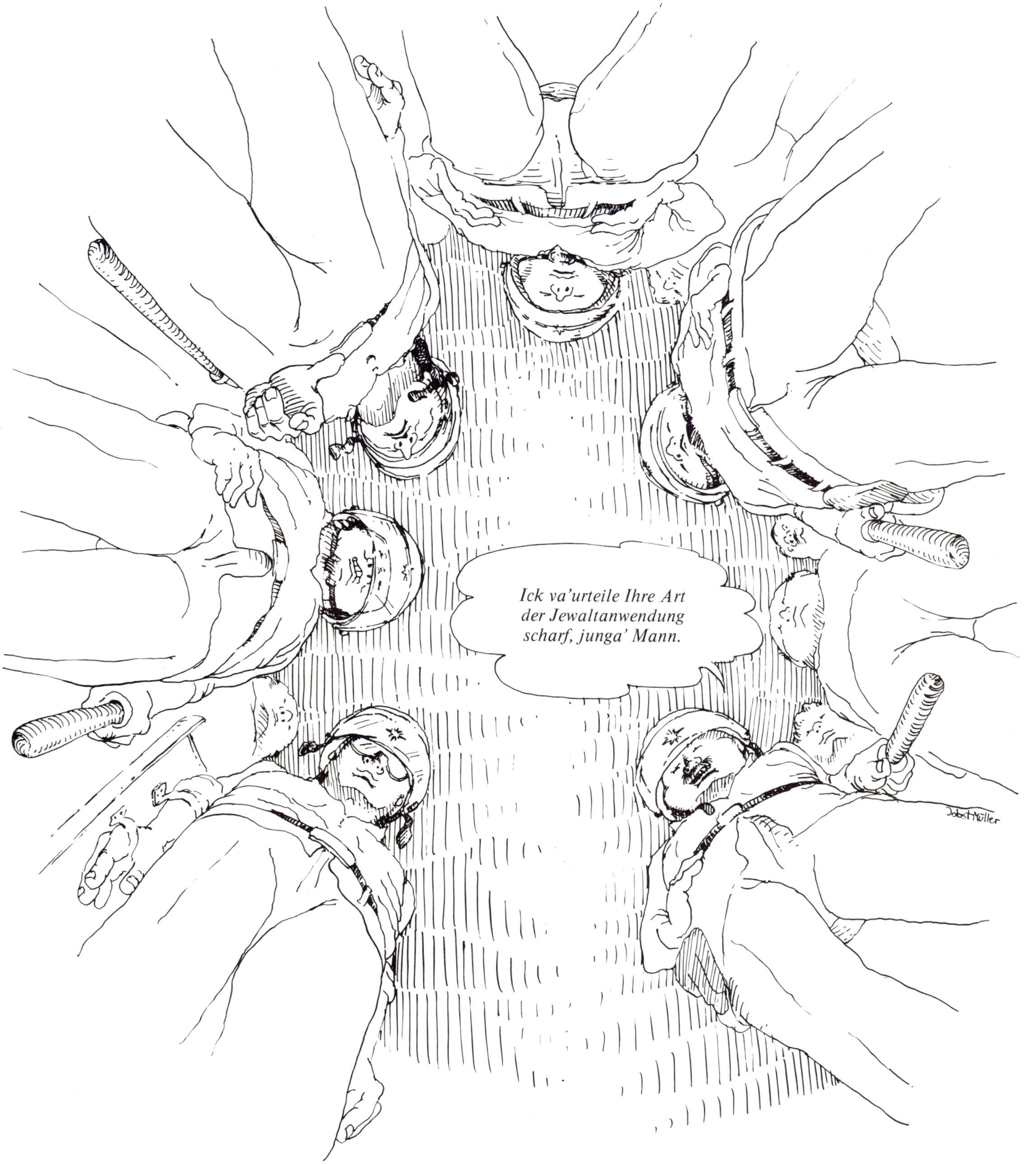

Militärbefriedigung

TÄTERÄTÄ! – O süße Nacht!
ZACK! O Lust, aufs neu entfacht!
Stillgestannn! Ich komme gleich
beim Großen Großen Zapfenstreich.

SCHNÄTTERÄTÄNG! – Wie gut das tut!
Gelöbnis-Dampf! Rekruten-Glut!
TSCHINDERASSA! – Männer, blast!
Tutet! Trampelt! Trommelt! Rast!

Hach! Ich komme. Keuch und Stöhn!
Rechtsum! Kehrt! Wie ist das schön!
Glücklich ist der Voyeur –
scharf jedoch die Bundeswöhr.

F. W. Bernstein

25 JAHRE BUNDESWEHR

Die öffentliche Vereidigung unterscheidet sich von der nichtöffentlichen Vereidigung durch Öffentlichkeit. Um die Verteidigungsbereitschaft der Öffentlichkeit ein für alle Mal zu garantieren, erlasse ich gegen sie folgenden

Tagesbefehl

1.
Jeder Angehörige der Bundeswehr ist berechtigt, jederzeit und an jedem Ort junge Rekruten zu vereidigen.

2.
Sollten keine jungen Rekruten zur Verfügung stehen, liegt es im Ermessen des Vereidigers, zwecks Zweitvereidigung auf alte Rekruten zurückzugreifen.

3.
Stehen alte Rekruten ebenfalls nicht zur Verfügung, so werden anwesende Zivilisten jederlei Geschlechts ersatzweise zwangsvereidigt.

4.
Mit Verlassen seines zivilen Wohnbereiches begibt sich der Unvereidigte in den Bereich der vorbereitenden Vereidigungsmaßnahmen und unterliegt als potentiell Vereidbarer dem Schutz der Vereidigungsordnung.

5.
Das Kommando „Helm ab zum Gebet!" gilt für zu Vereidigende ohne Helm im Sinne von „Hut ab zum Gebet!", respektive „Haut ab zum Gebet!", respektive „Haut bloß ab, wenn Ihr hier nicht beten wollt!"

6.
Im Vereidigungsfalle hat der zu Vereidigende Anrecht auf angemessenen Polizeischutz. Das Verhältnis zwischen Eidableger und Eidablegerbeschützer ist blendend und 1 : 40.

7.
Das Gleiche gilt für den Verteidigungsfall. Da wird sich der Russe aber umschaun, wenn er erst vierzig Bullen umnieten muß, um an den ersten deutschen Landser ranzukommen!

8.
Jeder abgelegte Eid wird in einer prächtigen Schatulle – im folgenden „Eidverwarsch." – verwahrt und unter angemessenem Polizeischutz in das nächstgelegene Verteidigungsministerium verbracht.

9.
Die Vereidigung ist ein feierlicher Akt und darf als solcher nicht gestört werden. Sie ist dem bürgerlichen Beischlaf vergleichbar. Jeder an dem Vorgang nicht direkt Beteiligte hat als Störer zu gelten.

10.
Es ist zu unterscheiden zwischen aktivem und passivem Störer. Der aktive Störer wird durch polizeiliche Maßnahmen zum passiven Störer geschlagen. Der passive Störer wird durch gezielte Schläge auf den Kopf zum aktiven Störer gemacht, um damit: siehe oben.

11.
Wer lacht, wird erschossen. Der Delinquent hat ein Standrecht. Wäre ja noch schöner! Bei der eigenen Erschießung rumsitzen, wie?!

12.
Es ist der Bundeswehr in den letzten 25 Jahren gelungen, den Frieden sicherer zu machen. Sie hat deshalb das verdammte Recht darauf, von nun an Straßen und Plätze unsicher zu machen.

Wir beten an die Macht.
Der liebe
Verteidigungsminister

Staatsbalz

So geht es in Schnützelputz Häusel
da singen und tanzen die Mäusel.
Paraden, Kanonen, Tatütata, Flöten –
da balzen und rammeln die Staaten. Die Kröten,
die Asseln und Geier, Schweinigel im Schlamm
die machen nicht annähernd soviel Tamtam.

Hosen voller Macht
stehen auf der Wacht;
machen hin und her
mit dem Scheißgewehr.

Stehen hinten stramm,
reißen zack sich zamm!
Keiner rennt davon
vor der Staatsaktion!

Doch vorne, da schnaubet und schnalzet und schreitet
ein Staat, und dem andern das Nachthemd sich weitet
im Wind. Ach, sie tänzeln und geben kein' Ruh –
und Du bist der Dumme und schaust auch noch zu!

F. W. Bernstein

Gerd Seyfried
Nulleinsvier, bitte kommen!

PIEP!

11

FETZ!
MENSCH SCHULZE, WO STECKST DU DENN!

12

STAMPF!

13

WAS IST DENN MIT IHREM FUNK-GERÄT PASSIERT?
ANARCHISTEN.
WACHHABENDER
Seyfried

14

F. W. Bernstein

Großmacht Wachtel?

Schaut euch nur die Wachtel an!
Trippelt aus dem dunklen Tann;
tut grad so, als sei sie wer.
Wachtel Wachtel täuscht sich sehr.

Wär sie hunderttausend Russen
hätt den Vatikan zerschussen
und vom Papst befreit – ja dann:
Wachtel Wachtel Dschingis Khan!

Doch die Wachtel ist nur friedlich
rundlich und unendlich niedlich;
sie erweckt nur Sympathie.
Großmacht Wachtel wird sie nie!

Lietzmann/ Baerenz

Niedersachsen - ein starkes Stück Deutschland

Niedersachsen – das sind die wogenden Teefelder Ostfrieslands und der Gesang der Schnapsdrossel auf der reetgedeckten Kate.

Doch Kenner wissen: Niedersachsen bietet mehr. Die haben vielleicht schon einmal die Luft um Oker und Harlingerode geatmet, erholten sich da, wo die Bayer-Werke ihre Dünnsäure in die Nordsee kippen, oder genießen den satten Sound der letzten, ganz schön tief fliegenden Starfighter über Ostfriesland.

Niedersachsen ist das einzige Bundesland, in dem Sie Unterstützung vom Verfassungsschutz bekommen, wenn Sie bei der Beschaffung von Sprengstoff und Waffen Schwierigkeiten haben. Und dann die einzigartigen Wanderungen durch die Manövergebiete der Lüneburger Heide! Umgeben von „Leoparden" und „Mardern" erleben Sie, wovon der alte Löns nur zu träumen wagte: die Heide wackelt.

Aber auch das ist Niedersachsen: Das ehemalige KZ Esterwegen, in dem Carl von Ossietzky einsaß, die Heimat der weltberühmten Moorsoldaten. Das ist Esenshamm mit seinen ewig undichten Schweißnähten. Niedersachsen – ein Land mit Zukunft!

Und das Land hat Höhen und Tiefen: Gorleben mit seinen unergründlichen Salzstöcken und der herrliche Harz, um den die bleihaltigen Winde wehen.

Aber was wäre Niedersachsen ohne seine Menschen. Von den reaktionären Deubeln entlang der Zonengrenze bis zu seinen kämpferischen Polizeibeamten und hinauf zur politischen Crème. Wo sonst gibt es einen Albrecht, einen Möcklinghoff, einen Wissenschaftsminister Pestel, der erkannt hat, „daß Kernkraftgegner Menschen sind, die von frühester Kindheit an den Weg zum Neurotiker gegangen sind." Es lohnt sich, sie einmal zu besuchen.

Kommen Sie nur zu uns, Sie werden uns schon kennenlernen!

Niedersachsen:
Ein Land, das auch mit Ihnen fertig wird.

Coupon: Ja, ich möchte mehr über das schöne Niedersachsen wissen.
○ Geschichte
○ Fremdenverkehr
○ Industrieansiedlung

Adresse:

Einschicken an:

Presse- und Informationsstelle der Niedersächsischen Landesregierung, Planckstraße 2, 3000 Hannover 1

Friedrich Karl Waechter
Die Räuber

Früher lebten die Räuber in Not und Elend, denn das Auflauern an Wegrändern und das Ausräubern vorüberziehender Geldsäcke verstieß gegen die Gesetze. Heute leben die Räuber herrlich und in Frieden. Zwar lauern sie noch immer an Wegrändern, um die Vorüberziehenden auszuräubern, doch weil das gegen kein Gesetz mehr verstößt, sind sie selbst die größten Geldsäcke geworden. Ach, wer da miträubern könnte!

KEINE ANZEIGE

Auch in Deutschland gibt es noch Kohle zu entdecken. Man muß nur lange genug danach suchen.

Wer an Öl denkt, denkt an Riesengewinne, an Kohle, Kohle und nochmals Kohle. Das ist richtig. Unsere Konkurrenten im Öl-Geschäft haben zum Beispiel im ersten Halbjahr 1979 erstaunlich hohe Profitraten erzielen können. Der Reingewinn des britisch-niederländischen Konzerns Shell stieg um 237,1 Prozent, der von Texaco um 106 Prozent, der von Gulf um 60 Prozent, der von Mobil um 57 Prozent und der von Chevron um 52 Prozent.

Insgesamt haben die Kollegen in den ersten sechs Monaten dieses Jahres über 14 Milliarden Mark verdient. Mit diesem Geld könnten sie beispielsweise 1,4 Mill. VW-Golf kaufen. Oder 100 Tonnen Gold. Oder jedem Arbeitslosen in der Bundesrepublik 14 000 Mark in die Hand drücken. Aber so dumm sind selbst unsere Kollegen von der Konkurrenz nicht.

Wir von Esso sind in diesem Jahr ein wenig traurig. Der große Konzern, zu dem wir gehören, die Exxon, hat im ersten Halbjahr 1979 nur einen Reingewinn von etwa 30 Prozent erzielt. Rund 2,7 Milliarden Mark.

An uns, der Esso Deutschland, lag das sicher nicht. Wir verdienten hier an jeder Tonne neun Mark Gewinn. Und wir nützten jede Chance, zusätzliche Profite zu erzielen. So holen wir beispielsweise mit hohen Erträgen das letzte Öl aus deutschem Boden. Etwa 5 Millionen Tonnen pro Jahr. Andererseits gelingt es uns, teures Importöl zu hohen Kosten wieder in den Boden zu stecken – als gesetzlich vorgeschriebene Bundesreserve, die in Salzstöcken gelagert wird.

Die Esso Deutschland ist indessen davon überzeugt, daß noch vieles krank ist in diesem unserem Lande und seinem Ölmarkt. Wie sagte doch jüngst der Vorstandsvorsitzende von Esso Deutschland, Wolfgang Oehme, in einem Interview mit einem deutschen Nachrichten-Magazin: „Ich würde es für viel gesünder halten, wenn die Preise noch höher gehen würden.“ In diesem Sinne:

Es gibt viel zu tun. Packen wir's an. Esso

Nikolaus Jungwirth

Ia Russen-Fopper

Ein wirkungsvolles Mittel der Zivilverteidigung

1968 besetzten die Russen Prag, 1979 Kabul. Werden 1980 sowjetische Panzer Frankfurt, Reutlingen oder Lüneburg okkupieren? Diese Möglichkeit wird selbst von führenden Politikern nicht mehr völlig ausgeschlossen. Für diesen Fall sind Verteidigungsmaßnahmen notwendig, die die besondere psychologische Struktur des Gegners berücksichtigen. Der Russe ist im Grunde seines Wesens ein einfältiger, aber herzensguter Mensch. Er ist der einfache, kinderliebe und sangesfreudige Muschik geblieben, der er schon in der Zarenzeit gewesen ist. Sein Unterscheidungsvermögen ist nicht sehr stark entwickelt. Es ist deshalb relativ einfach, ihm einen Bären aufzubinden. Nutzen Sie diese Eigenschaften geschickt aus, indem Sie die abgebildeten Attrappen ausschneiden und gemäß den beigefügten Anweisungen einsetzen.

Wodka ist das Lieblingsgetränk des Russen. Er nimmt ihn häufig und meist in größeren Mengen zu sich. Eine mit dieser Attrappe versehene Sprudelflasche wird deshalb im Ernstfall die gesamte Aufmerksamkeit des Russen auf sich ziehen. Er wird mit diesem wertlosen Gegenstand vorliebnehmen und Ihre tatsächlichen Preziosen vergessen.

Mit diesem Fopper können Sie folgende, sehr heikle Situation spielend meistern: Ein Russe nähert sich Ihrer Gattin in der Absicht, diese zu vergewaltigen. Sie haben Ihre Frau aber vorsorglich mit diesem Sowjetstern versehen. Sie brauchen nun lediglich auf die Attrappe zu zeigen und dem Russen laut und deutlich zuzurufen: „Nix gutt! Frau sein Kommissar!“ Daraufhin wird der Russe eine Ehrenbezeigung machen und schleunigst das Weite suchen.

Armbanduhren gelten für den Russen als Inbegriff westlicher Technik und Zivilisation. Es stellt die Krönung seines Lebens dar, wenn er mehrere davon erbeuten und gleichzeitig am Arm tragen kann. Übertölpeln Sie den Russen, indem Sie diese Attrappe am Handgelenk tragen. Er wird Ihnen die Papieruhr entreißen, derweil Sie Ihre kostbare Armbanduhr sicher in der Hosentasche mit sich führen.

Bei aller Unberechenbarkeit, die dem Wesen des Russen eigen ist, steht doch eines fest: Er ist kinderlieb. Falls Sie kinderlos sind, schneiden Sie also dieses Gesicht aus und maskieren Sie damit Ihre Katze, Ihr Streifenhörnchen oder ein anderes Kleintier. Der Russe wird es für ein Kind halten und in einer sentimentalen Anwandlung von jeglichen Untaten gegen Sie und Ihren Haushalt ablassen.

Ein praktisches Beispiel für die durchschlagende Wirkungsweise des Russen-Foppers

Graphik: Horst Baerenz

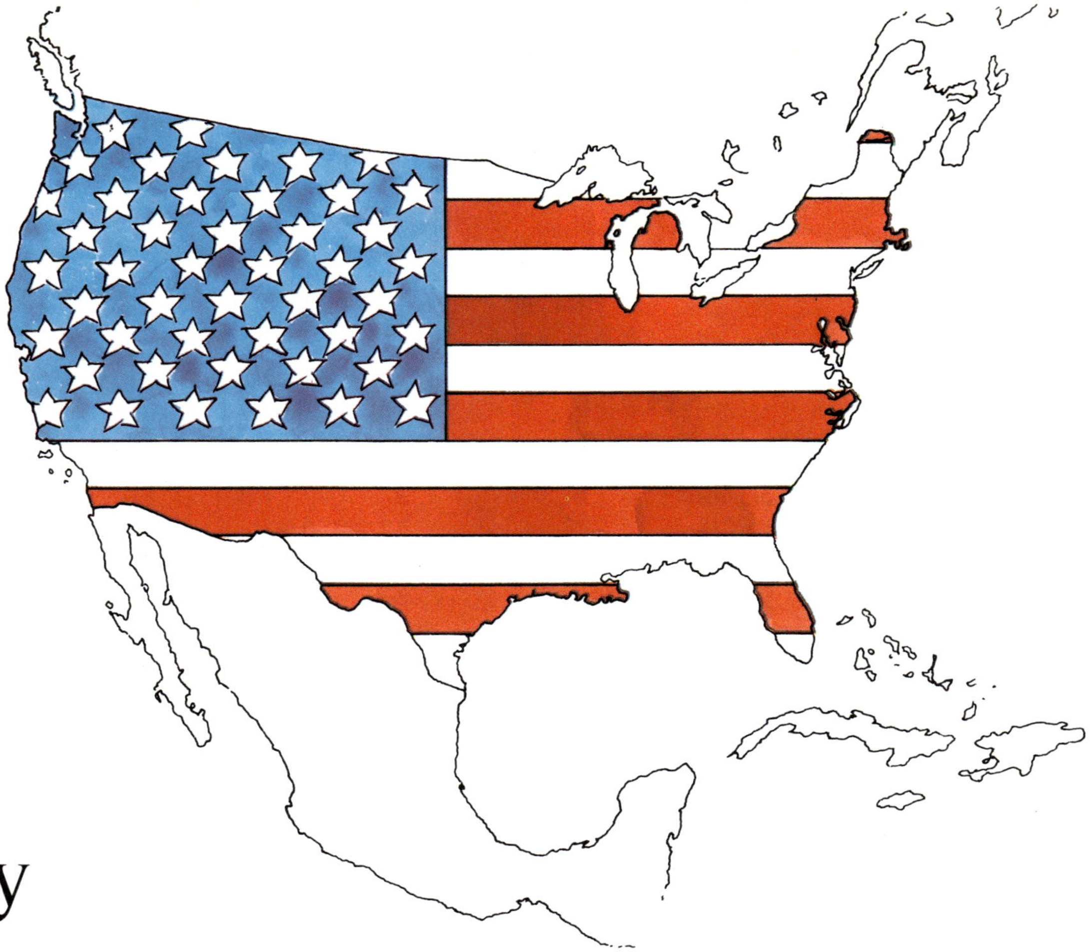

Carter-Country

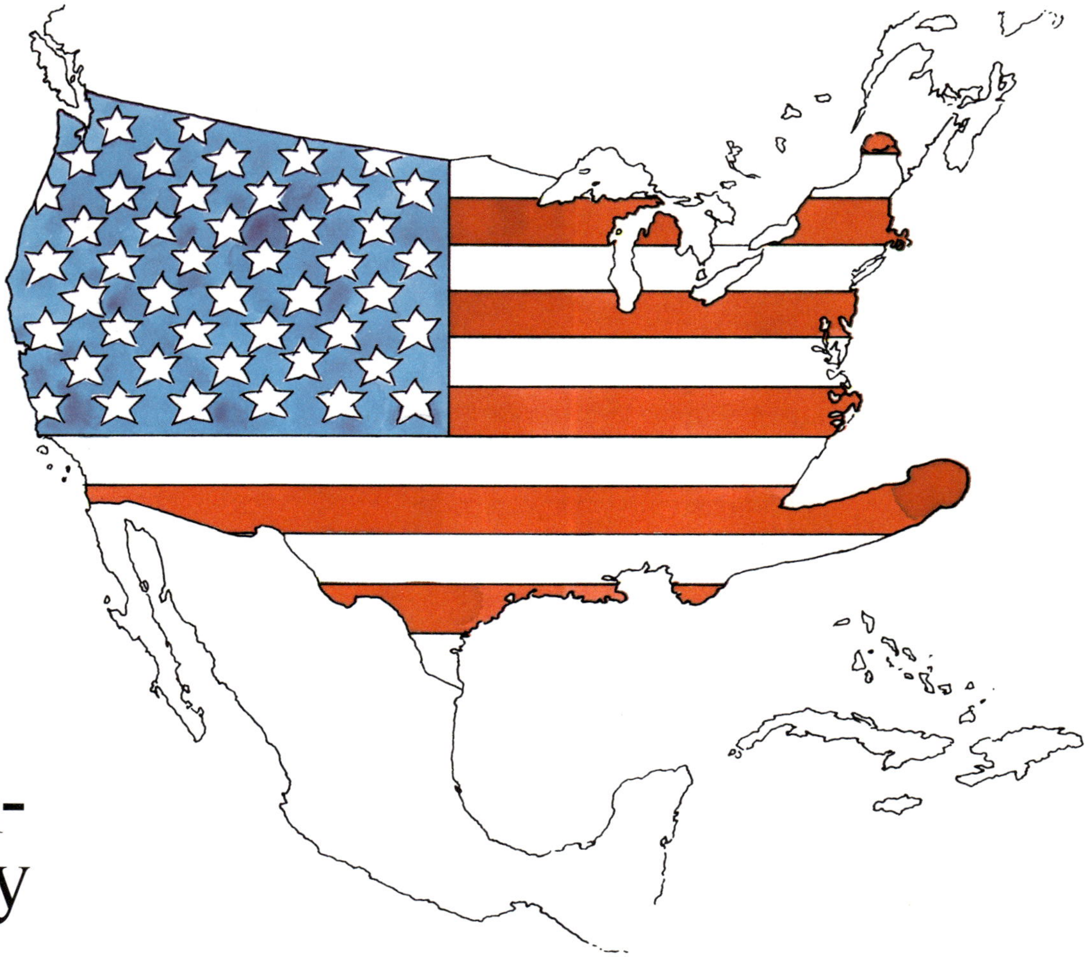

Reagan-Country

Alex Ignatius

Genossen, ich frage zum letzten Mal: Wer hat meinen Orden wider den sibirischen Ernst geklaut?

Ein Abend zum
...hab unheimlich Schwierigkeiten mit der Schule! Könnt' ich nicht mal mit dir quatschen?
Du, komm doch heut abend einfach zum Essen vorbei..
Mensch, das gibt's doch nicht!! Rudi!! Biste wieder zurück aus Poona?!..
Ich heiß' jetzt Swami Deva Rudolf! Und das ist Ma Anand Joghurta. Sie ist Amerikanerin
Wir durften im Ashram wohnen! Da siehste nur schöne Menschen. Das ist echt 'n irre sinnliches Erlebnis...
Weißte eigentlich schon, wen die mir in der Schule als Mentor aufgebrummt haben?..
Ääh, Ingrid. Nachher! Wir sprechen beim Essen nie über schwere Themen! Das ist Scheiße für die Verdauung.
Jetzt machen wir 'n paar Encounter-Gruppen und Bioenergetik-Workshops. Das reicht dann wieder für ein Jahr Poona.
Just to make money!!
Nach meinem Referendariat mach' ich auch erst mal blau...
Mensch, die Isolde war letztens auf 'nem Wünschelruten-Wochenende. Das ist ganz was Tolles! Würd' ich ja auch gerne mal lernen! Du hast doch Physik studiert!! Hat die Wissenschaft da eigentlich schon neue Erkenntnisse drüber?..

Ausquatschen...

Deutschland im Mai

Foto: roebild

„Wenn ihr euer Kokain brav aufeßt, dürft ihr nachher Papi in der Trinkerheilanstalt besuchen.“

Friedrich Karl Waechter

Das Jahr des Kindes ist vorbei: Wir bauen weiter an der Zukunft

EIN HERZ FÜR KINDER

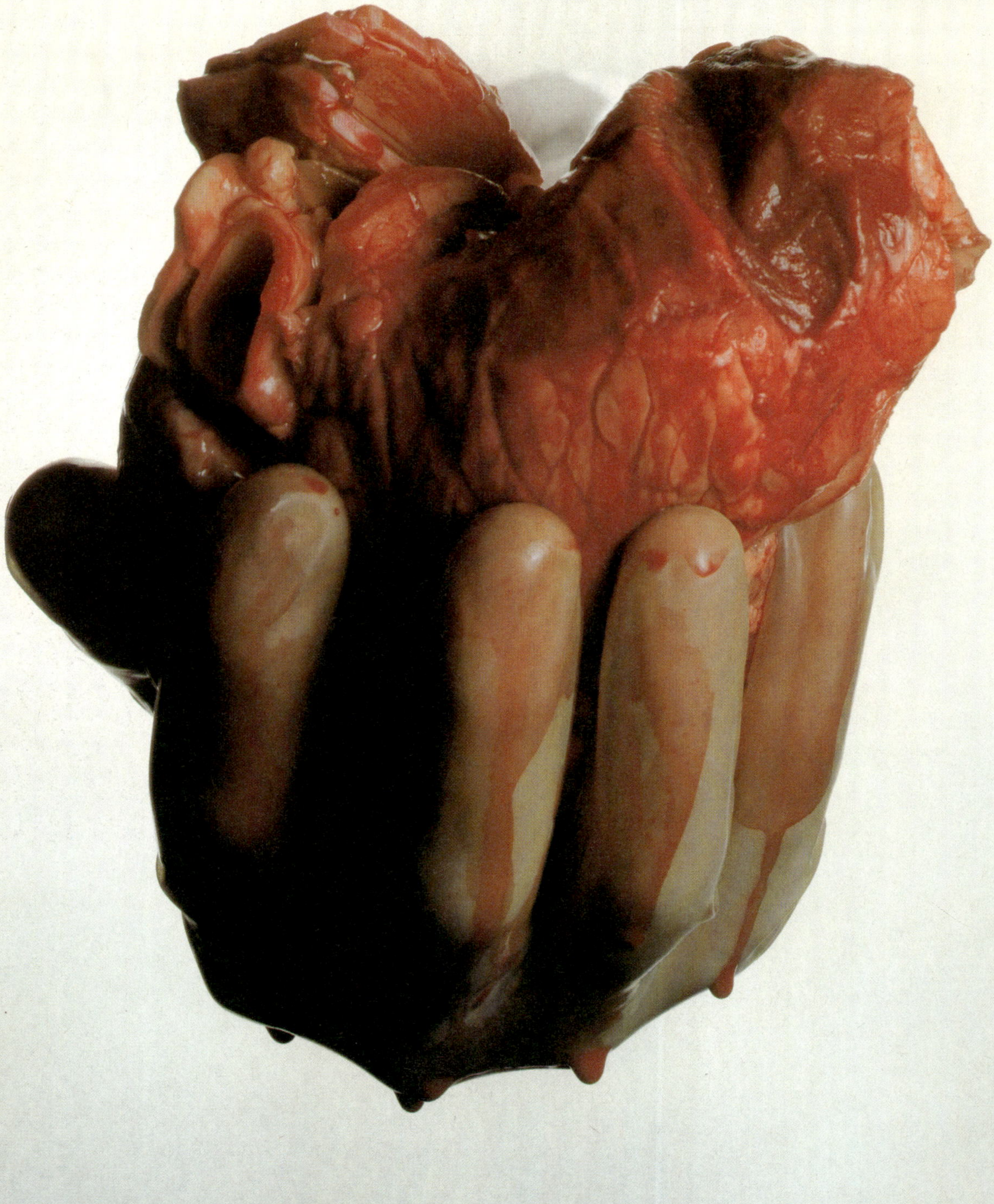

Idee: Hilke Raddatz, Foto: Georg Gottbrath

Die Wahrheit über den Rentenbetrug

Eine eigentlich sehr mutige Abrechnung von Eilert, Gernhardt, Knorr

Von einem Komplott soll hier geredet werden, von einer sinistren Verschwörung, von einem Riesenbetrug. Die Drahtzieher und Nutznießer sind die Alten, die Opfer sind wir.

Wir – das sind die Tätigen. Die Frauen und Männer in der Mitte des Lebens. Diejenigen, die es klaglos und fraglos geschehen lassen, wie von ihrem hart erarbeiteten Geld immer größere Beträge wegkassiert werden – Sozialabgaben nennt sich das dann, Beiträge zur Alterssicherung, Rentenvorauszahlung. Schöne Worte, die der Zahlende dahingehend auslegen muß, er sichere mit diesen Zahlungen sein eigenes Alter, seine eigene Rente. Tut er aber nicht, das geraubte Geld fließt auf direktem Wege in fremde Taschen. Rentner und Pensionäre kassieren. Mit welchem Recht eigentlich?

Nun, sie hätten ja selber mal gearbeitet und eingezahlt, jetzt stehe es ihnen zu, mit gutem Gewissen die Früchte ihrer Leistungen zu genießen. Doch was haben diese Alten eigentlich geleistet?

Betrachten wir den Lebenslauf eines durchschnittlichen Achtzigjährigen. Die Kindheit vertändelt er als begeisterter Hurra-Patriot, kaum vierzehnjährig, trägt er schon dazu bei, den Ersten Weltkrieg auszulösen; die Ferne lockt, wiederholt versucht er, Paris zu erreichen, wozu es jedoch franzosenhalber nicht kommt. Nach 1918 ist erstmal Schluß mit dem Reisen, nun könnte unser Schlachtenbummler arbeiten, doch er tut es nicht. Vorwände gibt es ja genug, mal ist die Arbeitslosigkeit schuld, mal muß er eine Inflation anzetteln, nach 33 geht die ganze Zeit bei Aufmärschen drauf, und nach 39 sind wieder Reisen angesagt. Wobei es diesmal allerdings nicht unter Nordkap und El Alamein abgeht. 45 steht unser Ferntourist schließlich vor einem Trümmerhaufen und der Frage, wie es nun weitergehen soll. Siedendheiß fällt ihm ein, daß er ja noch nichts für seine Alterssicherung getan hat. Zusammen mit Millionen Gleichgesinnten geht er daran, jenes Lügennetz zu weben, in dessen Maschen wir Tätigen heute zappeln.

Erstmal setzt er uns in die Welt – irgendwer muß ihm ja dereinst seine Rente erarbeiten. Dann erzieht er uns im Glauben daran, daß man Vater und Mutter zwar stets ehren und ernähren, ihnen aber nie widersprechen dürfe. Dann, als ihm der Kinderkrach im Hause zuviel wird, geht er kurzfristig einer aushäusigen Tätigkeit nach – später wird er diesen Eskapismus als „Arbeit“ bezeichnen, wobei er wohlweislich unterschlägt, daß er ganz einfach einen Riesendusel hatte. Fiel sein Werkeln doch in die Zeit des Wirtschaftswunders, in eine Zeit also, in der man – da nichts da war – ganze Fabriken aus dem Nichts stampfen konnte. Vor allem aber holt unser exemplarischer Alter zum großen Coup aus. Und er sorgt dafür, daß sein Bubenstück völlig legal über die Bühne des von ihm beherrschten Bundestages geht. „Generationenvertrag“ heißt das Zauberwort, mit dem er uns – im Kindesalter! – ungefragt und ungestraft an die Kette legt, „Bruttolohnbezogene dynamische Rente“ lautet der verschleiernde Fachausdruck. Im Klartext aber meint das alles: Ihr schafft an und reicht uns Geld rüber, das wir, wie wir's brauchen, auf den Kopf hauen können.

So um 1965 hat es der clevere Greis geschafft. Er läßt sich in den Ruhestand versetzen, um fortan von Mallorca oder Gran Canaria aus darüber zu wachen, daß wir nur recht fleißig arbeiten und ja recht pünktlich zahlen. Einmal noch, 1968, müssen er und seinesgleichen kurzfristig wieder aktiv werden. Mit

Jugend heute: Vertragspartner von morgen?

Bestürzung sehen sie, wie einige von uns drauf und dran sind, den Generationenschwindel zu durchschauen und den Eintritt in die Tretmühle der selbstentfremdeten, spätkapitalistischen quak quak quak Leistungsgesellschaft zu verweigern. Flugs graben unsere Alten ein paar vertrauenerweckende Greise aus, Ho ho ho Tschi Minh, Marcuse, Adorno – unter ihrer Führung verkommt die sogenannte Jugendrevolte zur schieren Seniorenverherrlichung. Krönender Abschluß der Gehirnwäsche aber ist die Empfehlung, den langen Marsch durch die Institutionen anzutreten. Meint natürlich „Maloche, maloche“ – und wir fielen scharenweise

Gleitender Pensionär: Andere auf den langen Marsch . . . . . . durch die Institutionen geschickt: **Rollender Teenager**

„Hinfällige“ Alte: Mal kurz nach Kenia rüber.

Das süße Leben: Sie schlecken vor nichts zurück.

Bruttolohnbezogene dynamische Altersrente: Kohle zum Zocken.

Die Wahrheit über den Renten-betrug

darauf rein. Seither herrscht wieder Ruhe im Land, seither lassen die Alten immer schamloser die Maske fallen.
Hatten sie nicht jahrtausendelang ihren Unterhaltsanspruch mit ihrer Hinfälligkeit begründet? Hatten sie nicht diese angeblich altersbedingte Schwäche ebensolange sauber vorzutäuschen gewußt – von dem merkwürdigen Umstand einmal abgesehen, daß Greise in gut dotierten Machtpositionen (Papst, Kaiser, Kanzler, Industriekapitän) stets erstaunlich kregel und durch nichts zur Amtsaufgabe zu bewegen waren? Doch kaum hatten sie den Generationenvertrag unter Dach und Fach – ein seltsamer Vertrag, der dem einen Partner nur Rechte und dem anderen nur Pflichten zuschanzt! –, waren die Alten wie ausgewechselt.
Auf einmal entpuppten sich die angeblich hilfsbedürftigen Zausel als rein unverwüstliche Senioren, die uns joggend, feiernd und reisend vormachten, daß gerade sie zu allem fähig sind – vom Silberhaar-Sex bis zum goldenen Sportabzeichen.
Schlimmer noch: Die vor dem Schandvertrag an den Tag gelegte – natürlich geheuchelte! – Bescheidenheit der Alten ist, da es nicht mehr darum geht, einen Platz auf der Ofenbank und ein warmes Süppchen zu ergaunern, ostentativem Egoismus und blankem Zynismus gewichen. Egoismus: Wo sind sie denn, die Alten, wenn einer von uns mal ihre Hilfe braucht! „Du – ich kann Tine nicht vom Kindergarten abholen, wir von der Seniorentanzgruppe haben doch unser Foto-Weekend in Kenia!“ Blanker Zynismus: Was phantasieren sie daher, wenn wir sie danach fragen, welche Vorteile dieser saubere Generationenvertrag eigentlich uns Tätigen bringe? Sie versichern uns scheinheilig, daß er dereinst für die heutige Jugend in gleicher Weise verbindlich sein werde wie jetzt für uns. Daß also auch uns ein sorgloser Lebensabend – genug! Ein einziger Blick auf die Jugend von heute macht klar: Von denen würde keiner von uns, der seine sieben

Senioren in der BRD: Alles unter Kontrolle!

Betrügergeneration: Immer am Ruder.

Betrogene Generation: Immer am Schaffen.

Zwetschgen beisammen hat, auch nur eine gebrauchte Sicherheitsnadel kaufen. Und die sollen seriöse und verläßliche Partner der Zukunft für uns sein? Die körnerkauenden Aussteiger? Die verkaschmirten Popper? Die verschnarchten Punker? Und unsere flotten Alten unterstützen diese unsoliden Tendenzen noch! Sie, die uns mittels der autoritären Erziehung zu willfährigen Werkzeugen ihrer Versorgungswut deformierten, hängen bei den Enkeln plötzlich den liberalen Max raus, lassen sich von den habgierigen Kleinen für Süßigkeiten und knatternden Tand feiern, die sie ihnen von unserem Geld gekauft haben. Finden nichts dabei, mit der Mini-Mischpoke zum Zangenangriff gegen uns anzutreten: In den Städten wuchern Jugendhäuser *und* Seniorenheime, die Bundesbahn verteilt Juniorentrips *und* Seniorenpässe, die Stadien verschenken Kinder- *und* Rentnerermäßigungen – für uns gibt es lediglich überheizte Hochöfen, zugige Bürohochhäuser und volle Preise. Immer schön nach dem Motto: Wer hart arbeitet, soll wenigstens viel zahlen. Aber in den Restaurants – da wenigstens achtet und liebt man uns doch wohl noch? Nichts da! Die unheilige Allianz wird mit Kindertellern *und* Greisenschälchen hofiert, während unsereiner mal wieder die dicken Steaks wegschaffen muß. Und alle vier Jahre gipfelt die Häme in den Olympischen Spielen: Alte Funktionäre rufen da die Jugend der Welt – wir, die wir das Ganze finanzieren, müssen uns den ganzen Mist dann auch noch vorm Fernseher anschauen. Natürlich: Das alles ist nicht von gestern auf heute entstanden. Das hat Tradition. Erst einen Dreißigjährigen kreuzigen und dann auf diesem Umstand eine Religion gründen, bei der das Oberhaupt als einzige Qualifikation vorzuweisen braucht, daß er die Sechzig überschritten hat – so sieht's doch aus. Und so darf's nicht bleiben. Wir jedenfalls kündigen den Generationenvertrag und fordern alle Tätigen dazu auf, es uns gleichzutun. Formulare auf der nächsten Seite.

An die Bundesversicherungsanstalt
für Jugendjux und Altensauereien

Kündigung

Hiermit kündige ich unter Berufung auf § 123 BGB (Täuschung), § 138 BGB (Sittenwidrigkeit und Wucher), § 134 BGB (Nichtigkeit wegen Gesetzesverstoß) und § 823/826 BGB in Verbindung mit § 263 StGB (sittenwidrige Schädigung und Betrug) den nachweislich gegen obige Paragraphen verstoßenden Generationen-Vertrag.
Bis auf weiteres stelle ich sämtliche Zahlungen an die Rentenschwindelkassen und sonstige Versorgungsganoven ein.

(Ort, Datum) (Unterschrift)

Falls Sie einem älteren Menschen Ihrer Wahl, aus welchen Gründen auch immer (Gewohnheit, Gefühlsduselei, echter Bedarf), Geld zukommen lassen wollen, schlagen wir Ihnen vor, mit der betreffenden Person folgenden individuellen Generationen-Vertrag abzuschließen:

Individueller Generationen-Vertrag

zwischen ....
als Vertragsgeber (im folgenden „der Wohltäter" genannt)

und ....
als Vertragsnehmer (im folgenden „der Glückspilz" genannt).

1. Der Wohltäter verpflichtet sich, dem Glückspilz monatlich eine Summe von DM ..... zu zahlen. Dieser Betrag ist weder brutto- noch nettolohnbezogen, sondern setzt in allererster Linie einen dynamischen Glückspilz voraus.
2. Denn dieser verpflichtet sich,
   a) den Rest seines Lebens nach den Bedürfnissen des Wohltäters auszurichten. Daher verbieten sich größere Reisen zu einer Zeit, in der der Wohltäter an seinen Arbeitsplatz gebunden ist.
   b) Dafür darf der Glückspilz, wenn der Wohltäter seinen wohlverdienten Urlaub genießt, die Stellung halten (Kindergießen, Hunde hüten und Pflanzen ausführen).
3. In Fragen der Moral, der Politik, des Geschmacks, der Kindererziehung sowie bei den Problemkomplexen Sauberkeit, Elfmeter ja oder nein, Kleidung, Ausgehgewohnheiten, Fortpflanzungsabsichten, Haarschnitt, Dash oder Ariel, Dalli-Dalli oder Bogart-Retro verpflichtet sich der Glückspilz, sich die Meinung des Wohltäters in glaubwürdiger Form zu eigen zu machen. Sollte ihm dies aus Altersgründen nicht mehr möglich sein, hat er wenigstens ohne jede Vorwurfsmiene den Mund zu halten. (Nichts widerlicher als dieser Ich-bin-ja-schon-still-Stil!)
4. Der Glückspilz unterläßt es ferner freudig und endlich,
   a) von seinem Spezial-Kriegs- und Vorkriegswissen Gebrauch zu machen („Als ich seinerzeit vor Tobruk meinen ersten Iwan . . .");
   b) frühkindliche Handlungen und Aussprüche des Wohltäters wahllos rumzuerzählen, und er verkneift es sich,
   c) den Wohltäter mit kindischen Kose- und Spitznamen zu belegen. (Sag noch einmal Moppel zu mir, und du siehst keine müde Mark mehr!)
5. Die Kontakte zwischen dem Glückspilz und den Kindern des Wohltäters unterliegen der uneingeschränkten Kontrolle des Wohltäters, dessen absolute Weisungsbefugnis durch keinerlei . . . (Oma, du weißt genau, was ich meine!)
6. Im Zweifelsfalle werden sämtliche Bestimmungen des Vertrages im Sinne des Wohltäters ausgelegt. Was ein Zweifelsfall ist, bestimmt im Zweifelsfall der Wohltäter in seinem Sinne.

(Ort, Datum, Unterschrift des Glückspilzes)

„Kinder! Runter vom Balkon!
Schafft für unsere Pension!"

Zeichnung: Friedrich Karl Waechter

Eilert/Gernhardt/Knorr

Wir rufen die Jugend der Welt

Schritt für Schritt kommt sie sich näher,
seht, die Jugend dieser Welt:
Wir sind schon gespannt, wer eher
ssssstbumm auf die Schnauze fällt.

6.

Die sieben Umweltwunder

Sensationell: die Dame ohne Unterleib, der Mann mit der Asbestlunge, die Wirtschaft ohne Wachstum, der Mensch ohne Rechte, die Pleite ohne Geier, das System ohne Zukunft.

Briefe

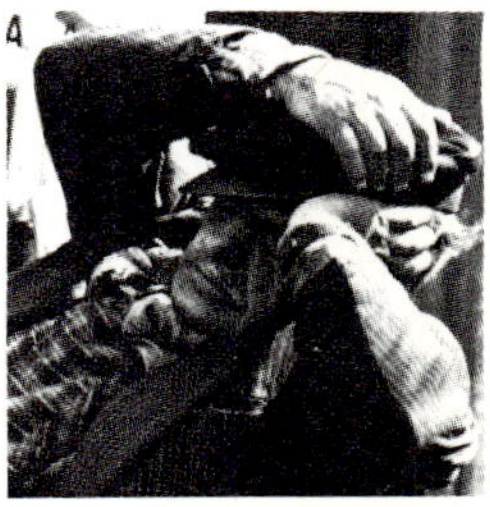

an die Leser

Gott zum Gruß, liebes Baudezernat der nordelbischen evangelischen Kirchen,

mit Bestürzung lasen wir, daß ihr, liebe Brüder, ständig höhere Summen für die Instandhaltung schlam-

pig gebauter Kirchen aus den 50er Jahren ausgeben müßt – 1979 bereits etwa 25 Millionen Mark, mehr als ein Drittel eurer gesamten Bauausgaben. Haltet ein, Brüder! Lasset ab von der Renovierung verzogener Fenster, wasserdurchlässiger Flachdächer und abbröckelnder Sichtbetontürme. Sinket vielmehr mit uns auf die Knie und preiset den Herrn, der offenbar in seiner unbegreiflichen Güte gewillt ist, die Scheußlichkeiten, die ihr vor zwanzig Jahren in die Welt gesetzt habt, wieder zu Staub zu machen. Das aber habet zum Zeichen: So ihr weiter fortfahret, mit eurem Geld nichts Gescheiteres anzustellen, als eure Bausünden zu renovieren, so wird der Herr eure Kassen völlig leeren. Auf daß das Wort der Schrift erfüllet werde, das da sagt: Ihr sollt eurem Gott keine Garagen, Eierkartons, Betonnadeln und ähnlichen Unfug bauen, denn sie gefallen UNS nicht.
Also hört auf UNS.

EURE Titanic

Sagen Sie mal, Klaus Rainer Röhl,

wie fühlt man sich eigentlich, wenn man das Schicksal seiner Frau in einem Polit-Thriller, „Die Genossin", verbrät und dieses Machwerk, da es offensichtlich anders nicht an den Mann zu bringen ist, im eigenen Blatt „super Dasda" mit folgendem Coupon anbietet: „Ja, schicken Sie mir ein ungekürztes Exemplar von ‚Die Genossin' zum extra-dry-Sonderpreis von DM 10,–. Das neue ‚super Dasda' zum Preis von . . ." – wie fühlt man sich da?
Wie bringt man es fertig, Ulrike Meinhof mit dieser unsäglichen Extra-dry-super-Flottheit zu verwursten, ohne daß sich einem der Magen umdreht?
Packt man das Würgen noch mit Alkohol, oder braucht es da schon stärkere Mittel, um den Ekel in den Griff zu kriegen?
Oder sind das alles Fragen, die Sie gar nicht imstande sind zu begreifen?
Nein, nicht wahr?

Ihre Titanic

Liebe Uschi, Gila, Manni und Bobo,

wie wir hören, sucht Ihr noch liebe Leute, die sich mit Euch unheimlich lieb um die Kätzchen kümmern und überhaupt gut in Eure WG passen, in der morgens immer so lieb zusammen das Müsli gegessen wird.
Obwohl Uschi ja nun leider diese schreckliche Paranoia hat und Gila schon seit 3 Wochen im Krankenhaus liegt, weil Manni in seiner CR-Gruppe rausgekriegt hat, daß er seine Beziehungsprobleme nicht ausschließlich auf der theoretischen Ebene lösen kann und Bobo direkt nach dem Müsli den ersten 7fachen Metaxa einfährt, solltet Ihr die Hoffnung nicht aufgeben. Es gibt bestimmt noch liebe Leute. Haufenweise sogar.

In Liebe, TITANIC

Lieber Hans Hörmann;

wir sind stolz auf Sie. Daß Sie mit Ihrer Hans Hörmann GmbH „die Nummer 1 auf dem Weltmarkt für Hochleistungssirenen" sind, daß eine Ihrer „Hochleistungssirenen 30 elektrische Sirenen ersetzen kann", daß Sie bis zu 30 Prozent jährliches Wachstum aufzuweisen haben – das alles bestätigt uns in der Hoffnung, daß deutscher Lärm auf dem internationalen Krachmarkt überall wieder seinen guten Klang zurückgewonnen hat. Und um Ihre Zukunft ist uns nicht bange: Kernkraftwerke in Amerika, Paläste in Arabien, Krisenherde auf der ganzen Welt – alle wollen mit Hochleistungssirenen bestückt sein. Und wo immer ein deutscher Globetrotter fürderhin im weiten Weltenrund ein ganz infernalisches Geheul vernimmt, da darf er erhobenen Hauptes in die betreten schweigende Runde brüllen: „Das ist nicht irgendein Geheul, das sind unseres Hans Hörmanns Eins A Hochleistungssirenen. Hört, hört!" Und dann aber nichts wie weg!
Das rät Titanic

Lieber Sigret Andresen;

selbst bis zu uns ist die Saga gedrungen, daß Sie im gehobenen Norden eine Zeitschrift herausgeben: „Sleswigland", Auflage: 215000, Ziel: „Die Förderung eines speziell schleswigschen Bewußtseins". Wir sind zwar noch nicht gänzlich überzeugt, daß die Unfähigkeit Zischlaute hervorzubringen ein eigenes Bewußtsein konstituiert, aber das söne Sleswigland haben wir son lang ins Herz geslossen, und wenn Sie auch Slaumeier, Slitzohren, Slawiner, Waldsrate, Sweinigel, Srecksrauben und Seißkerle anderer Schtämme in Ihre versworene Gemeinsaft aufnehmen, empfiehlt sich als Ehrensleswiger mit sönen Grüßen Ihre

Titanic

Verehrter Emir von Bahrein,

die Deutsche Presseagentur meldet: „Ein großer Ölteppich bedroht die Küste von Bahrein." Was denn noch alles? Öl habt ihr, Teppiche habt ihr, und nun auch noch einen Ölteppich. Und es muß natürlich gleich ein großer sein. Wie übersetzt man eigentlich „Bescheidenheit" ins Arabische?
Neiderfülltst Titanic

Lieber Herr Apel,

war das vielleicht eine Freude, als wir aus dem Fenster schauten und eines Ihrer Aeroplane vorbeidonnern hörten. Ja, sowas loben wir. Das nennen wir „Worte in Taten umsetzen". Auf den Aufkleber kommt es an. Weiter so!

Herzlichst Ihre Titanic

Briefe

an die Leser

Lieber Eckart Witzigmann,

daß der „Guide Michelin“ Ihrer „Aubergine“ als erstem deutschen Lokal drei Sterne verliehen hat – prima!
Daß 26 Ihrer ehemaligen Schüler Ihnen und ausgewählten Gästen aus diesem Anlaß ein Festessen im Wiesbadener Hotel „Nassauer Hof“ bereiteten – toll!
Daß das Ganze den Sponsor Paul Alfons Fürst von Metternich 50 000 Eier kostete – Spitze!
Daß der „Steinbutt auf Kressepüree mit weißer Soße“ einen Sonderapplaus bekam – wir lasen es im „Rheinischen Merkur“ – Klasse!
Doch was Rudolf Katzenberger, der Spitzengastronom vom „Adler“ in Rastatt, zu diesem Steinbutt sagte – Wahnsinn! Da behauptete dieser saubere Vertreter Ihrer Zunft doch allen Ernstes: „Dieser Steinbutt ist mit der Stoppuhr gedämpft – drei Sekunden länger, und er wäre nicht mehr Weltklasse.“
Ein von Hand gestoppter Steinbutt – wir trauten unseren Augen nicht! Zustände wie bei den Kochweltmeisterschaften von Garmisch-Partenkirchen! Nein, nein: nur die elektronisch gestoppte Dämpfung garantiert wirkliche Weltklasse-Steinbutts – zwei hundertstel Sekunden zulange gedämpft, und der Fisch ist nichts als ein Stück Scheiße.
Können Sie das bei Gelegenheit Ihren Ex-Schülern hinter die Kochlöffel schreiben?

Ihre Titanic

Liebe Loki Schmidt,

wir möchten uns an Ihrem Wettbewerb beteiligen. Es geht Ihnen darum, Wildpflanzen wie Enzian, Aurikel und Seerosen vor dem Aussterben zu bewahren. Gesucht wird „ein origineller Auto-Aufkleber mit einem zugkräftigen Spruch – nicht länger als fünf Wörter und leicht zu behalten“.

Unser Vorschlag: „Helfen auch Sie mit, unsere Wildpflanzen vor dem Aussterben zu bewahren!“ Verflixt, elf Wörter! Zu lang.
Also nochmal: „Helfen auch Sie mit, unsere Wildpflanzen auszusterben!“ Herrje aber auch! Immer noch zwei Wörter zuviel.
Aber jetzt: „Helfen auch Sie mit, auszusterben!“ Das isses! Fünf Wörter, leicht zu merken, zugkräftig und das Beste, was unseren Wildpflanzen passieren kann. Wenn wir alle ausgestorben sind, dann geht aber wildpflanzenmäßig ganz schön die Post ab, gute Frau.

Titanic

Liebes Möve-Werk GmbH und Co. KG;

1981 wird ein äußerst schwieriges Jahr für die deutsche Frottier-Branche. Ihr kennt den Grund: „Insbesondere die jungen Leute tragen keine Bademäntel mehr.“ Tja, die prüden Zeiten sind halt vorbei, als wir noch im Mantel badeten. Was nun? Sich den veränderten Freizeitgewohnheiten anpassen! Und wie? Macht doch einfach Waschlappen aus Eurem Frottee! Es gibt ja immer mehr junge Leute, die in ihrer Freizeit begeistert Lappen waschen. Doch, die gibt es! Das sind genau dieselben, die seinerzeit im Mantel gebadet haben. Wir könnten Euch Namen nennen.

Titanic

Liebe FAZ,

in Deiner Nummer vom 12. 2. schreibst Du:

Amerika ist schmerzlich enttäuscht
Von Jan Reifenberg

Wir haben den Artikel bis ganz zum Schluß durchgelesen und begreifen die Überschrift nicht recht. Amerika hat doch überhaupt keinen Grund, schmerzlich enttäuscht zu sein; jedenfalls nicht von Jan Reifenberg. *Wir* sind von ihm enttäuscht. Denn er entpuppt sich in diesem Artikel als ein in seiner politischen Analyse elend schlicht strukturierter transatlantischer Scharfmacher.
Empfiehlt er doch allen Ernstes den Europäern – und das sind schließlich wir –, alles zu tun, was die amerikanische Regierung will, da sonst ein ganzer Kontinent sich weinend in die Kissen wirft.
Macht er doch gar nicht, Jan, altes Tränentier! So große Kissen gibt's doch überhaupt nicht. Dafür verbürgt sich

Ihre Titanic

Jan Reifenberg

Was läuft eigentlich zwischen Amerika und Ihnen? Erst haben Sie Amerika schmerzlich enttäuscht:

Amerika ist schmerzlich enttäuscht
Von Jan Reifenberg

und nun entnehmen wir der FAZ vom 25. 4., daß Sie den Amerikanern offenbar übertriebene Hoffnung gemacht haben:

Was Washington erwartet
Von Jan Reifenberg

Ja, was erwartet Washington von Ihnen? Das fragen wir uns auch – denn was darf man überhaupt von einem Mann erwarten, der seine politischen Phanthasmagorien auch noch in ungehobeltes Deutsch zu kleiden pflegt: „Der Wille, das die Partner zu gegebenem Zeitpunkt spüren zu lassen, ist überall zu spüren“. Jan, alter Spürhund, nun halt Dich doch mal zurück, wir haben auch so genug Probleme mit den Amis.

Titanic

Jan, Jan,

langsam machen wir uns wirklich Sorgen um Sie. Sie enttäuschen Amerika,

Amerika ist schmerzlich enttäuscht
Von Jan Reifenberg

Sie erwecken in Washington übertriebene Hoffnungen

Was Washington erwartet
Von Jan Reifenberg

und nun lassen Sie auch noch Amerikas neuen Außenminister im Stich!

Muskies Erfahrungen bei der Europa-Reise
„Im Stich gelassen“ / Von Jan Reifenberg

Das können Sie doch nicht tun! Der Mann ist neu, der braucht Sie! Und Sie sind auch noch stolz auf Ihre Flucht aus der Verantwortung: „Es gibt Fachleute in Washington, die meinen, daß seit der Gründung des Paktes vor 31 Jahren keine derartigen Fliehkräfte spürbar gewesen sind wie heute . . .“, schreiben Sie schamlos. Jan, alter Fliehkraftmeier, langsam werden Sie wirklich zur größten Belastung des deutsch-amerikanischen Verhältnisses.

Neidisch Ihre Titanic

Liebe Päderasten,

Ihr seid vielleicht Störer! Nachdem Ihr schon auf dem Parteitag der Grünen Putz gemacht hattet, konntet Ihr es nun auch beim Schwulen- und Lesbentreffen in der Bonner Beethoven-Halle nicht lassen. Kinder, Freunde, immer mit der Ruhe! Seit 1882 ist der Beischlaf zu zweit legalisiert, seit 1921 der Dreierbob, seit gestern sind Hausbesuche nach zehn gestattet, heute wurde die rechtliche Gleichstellung der Onanisten erkämpft, ab morgen ist Schluß mit der Diskriminierung der Homosexuellen, und Ihr kommt ganz bestimmt auch mal dran.
Habt doch noch ein paar Jährchen Geduld, dann sind auch die Kinder etwas älter, und das ganze Problem regelt sich womöglich von allein.

Titanic

Sag mal, Gesamtbetriebsrat von Eternit,

war das nicht ein bißchen zahm? Da will das Umweltbundesamt ein Verbot von Asbest empfehlen, weil man angeblich vermutet, daß in der EG jährlich 500 Leute von dem Zeug an Krebs sterben. (Vermutet!) Und Ihr beschwert Euch beim Bundesarbeitsminister mit der staubigen Begründung, daß durch das Verbot Arbeitsplätze vernichtet würden. Hört mal, Kollegen, hättet Ihr das nicht einen Zahn schärfer formulieren können?
Das sind doch keine pubsnormalen Arbeitsplätze! Da wird schließlich noch echt weggestorben – und damit Platz gemacht für den nächsten. Dagegen sind doch alle Arbeitsbeschaffungsprogramme der Bundesregierung der kalte Husten von vorgestern. Freund Ehrenberg hat das Gott sei Dank gleich bemerkt. Ein Verbot kommt nicht in Frage. Auch gesamtwirtschaftlich wär das ja fatal. Alsdann, schafft zwei, drei, viele Asbestzementarbeitsplätze. Titanic

Liebe fünf große deutsche Molkereigruppen,

seit Dezennien fragen wir: wann endlich gelingt es, „was bisher der einzelnen Molkereigruppe nicht so recht gelungen ist: ein Frischmilch-Dessert als Marke flächendeckend im gesamten Bundesgebiet zu vertreiben"? Tag für Tag schlugen wir am Frühstückstisch – stets den Mangel des flächendeckenden Frischmilchdesserts vor Augen – die Zeitung auf, in der Hoffnung, die erlösende Antwort zu finden. Und dann, am 28. 11. 1980 war es endlich soweit: „Fünf große deutsche Molkereigruppen wollen eine gemeinsame Palette von Frischmilchdesserts anbieten." Es ist also geschafft!
Doch sind wir nun glücklich? Nein. Der schwarze Vogel Melancholie kreist schattenreich über unseren Frühstückstisch. Die Meldung kommt leider 30 Jahre zu spät. Wir sind inzwischen auf Schnaps umgestiegen. Prost. Titanic

Liebe Bewohner der 3. Welt!

Dauernd mault Ihr rum, daß wir Euch alles wegnehmen und Ihr nichts Anständiges dafür wiederkriegt. Kriegt Ihr wohl. Ihr kriegt von uns sogar etwas, was hier nicht mal wir kriegen! Nämlich Zigaretten, die drei- bis viermal soviel Teer enthalten wie die, mit denen wir vorliebnehmen müssen. Nun sagt bitte nicht, das sei ungesund, denn das sagt ja schon die Weltgesundheitsorganisation WHO. Sagt lieber mal danke schön.

Titanic

Sehr geehrte Frau Gesundheitsministerin Antje Huber,

Sie sind verantwortlich für die Volksgesundheit. Meinen Sie nicht, daß ein Vorgang wie der folgende zum individuellen, wenn nicht gar zum Massenwahnsinn führen könnte?
Der Bund kauft der deutschen Fischindustrie allmonatlich ca. 250 000 kg Rotbarschfilet ab und vernichtet sie. Im vergangenen Jahr wurden insgesamt vier bis fünf Millionen Kilogramm Rotbarschfilet „aus dem Markt genommen". Diese Aktion bezahlt der Steuerzahler, damit die Fischfangkonzerne für ihn die Preise hochhalten können. Der gleiche Steuerzahler bezahlt nun auch noch ein Drittes: die millionenschwere Werbekampagne, mit der ihr Kollege Ertl dem Verbraucher bisher weniger bekannte Fischarten schmackhaft machen möchte, weil der gefragte Rotbarsch angeblich nicht mehr in ausreichender Menge gefangen werden kann.
Konnten Sie bisher folgen, Frau Huber?
Der Steuerzahler zahlt Geld, damit er etwas teurer kaufen kann, was es gar nicht gibt, weshalb er eine Werbung bezahlt für etwas, was er gar nicht will. Whoooow, Frau Huber! Wenn wir Steuerzahler wären, wir wären längst durchgedreht! Aber wir sind ja Gott sei Dank alles andere als Steuerzahler, sondern Piddi Bonaparte, Amsel Montezuma, Robbi Robespière und Ihr alter Zeppelin

Titanic

Liebe Hühner,

um Euch vor Euresgleichen zu schützen, um Eure Kampfeslust zu dämpfen, bekommt Ihr neuerdings Kontaktlinsen verpaßt. Indem sie die Sehkraft vermindern und den Blick vernebeln, bewirken sie, daß Ruhe und Frieden herrschen in den Legebatterien.
Hühner! Nun gackert uns nicht die Ohren voll von wegen Tierquälerei und Unmenschlichkeit. Lest lieber mal, wie's gemacht wird – solange ihr noch könnt: „Der Kopf des Huhnes wird zwischen zwei teflonbeschichtete Haltebacken eingekeilt, der ‚Anpasser' zieht dann mit einer Hand das Unterlid des Huhns nach unten und setzt mit der anderen Hand die Kontaktlinse ein." – Ist doch alles halb so schlimm, oder?
Ihr wißt ja: Ein blindes Huhn findet auch mal ein Korn. Wenn's nach uns ginge, könntet Ihr natürlich auch teflonbeschichtete Sonnenbrillen bekommen. Aber dazu braucht man erst mal Ohren, und die habt Ihr ja nicht, Ihr Krüppel. Sorry Titanic

Liebe ZEIT-Redaktion

mit Interesse haben wir Bild und Unterzeile studiert, die Sie dem Helmut-Schmidt-Lenz-Raddatz-Grass-Kulturgespräch beifügten:

Auch einem Helmut Schmidt hört ein Teil der jungen Generation nicht mehr zu

Wir meinen: Wenn der Helmut Schmidt sich die Haare schneiden, das Tuch abmachen, die Lederjacke ausziehen und den Stein runterfallen lassen würde, dann würde der abgebildete Teil der jüngeren Generation sicher auch die Tabletts senken und die harten Hüte abnehmen und so die Voraussetzungen dafür schaffen, daß er rein physisch etwas von dem hört, was ein Helmut Schmidt ihm zu sagen hat.
Könnten Sie das dem Helmut Schmidt weitersagen? Titanic

Nikolaus Jungwirth

Allen Unkenrufen zum Trotz: Der M

Dem ehernen Gesetze folgend, daß nur das Starke überleben darf, wird die Vegetation in der Nähe von Fabriken durch die Fülle ausströmender chemischer Substanzen mehr und mehr zum Absterben verurteilt. Auch jahrhundertealte Sandsteinskulpturen müssen sich dieser harten, aber unentrinnbaren Logik beugen und zerbröckeln zu Staub. Uneinsichtige kleine Gruppen in unserer Gesellschaft, die sich dem Gang der Welt entgegenstellen möchten, versuchen diese schicksalhafte Entwicklung durch die Verbreitung unsachlicher Gerüchte zu diskreditieren, die in der Behauptung gipfeln, diese Luft schade unseren Atmungsorganen.

Dem Menschen weit unterlegenes tierisches Leben kann den Anforderungen unserer modernen Welt nicht mehr standhalten. Das Tier ist den vermehrten industriellen Ablagerungen auf den Pflanzen nicht mehr gewachsen. Als Sinnbilder lebensuntüchtigen Lebens bedecken Rinder- und Schafskadaver die Weiden in der Umgebung wirtschaftskräftiger Industrieunternehmen. Und obwohl Experten festgestellt haben, daß dererlei chemische Kleinstpartikel für den hochentwickelten menschlichen Organismus ungefährlich sind, werden auch hier fortschrittsfeindliche Elemente nicht müde, ein Klima der Angst zu erzeugen.

nsch ist die Krone der Schöpfung

Auch in den unter der Vielzahl der eingeleiteten Stoffe bizarr aufschäumenden Gewässern kann das allzu einfach strukturierte tierische Leben die große Prüfung der Natur auf die Lebensfähigkeit der Arten nicht bestehen. Unfähig, den durch den Fortschritt neu geschaffenen Bedingungen gerecht zu werden, legen ganze Schwärme mit dem Bauch nach oben treibender Fische Zeugnis ab von der Unterlegenheit des Tieres gegenüber dem Menschen. Aber auch diese Tatsache wird von gewissenlosen Panikmachern zu abstrusen Angstparolen wie der benützt, daß derartig angereichertes Wasser auch für den Menschen ungesund sei.

Allen Unkenrufen linker Umweltfanatiker zum Trotz haben es diese sechs Bootsinsassen unternommen, den lebenden Beweis dafür anzutreten, daß der Mensch auch in unserer heutigen materialistischen Zeit die Krone der Schöpfung darstellt. Unerschrocken atmen sie nicht nur die vorhandene Luft. Sie ernähren sich nicht nur von den pflanzlichen und tierischen Produkten dieser Welt. Sie trinken auch in vollen Zügen das Wasser des Sees, auf dem sie selbstbewußt dahintreiben. Und niemand könnte wohl ernsthaft behaupten, an diesen prächtigen Männern irgendwelche Anzeichen des Verfalls erkennen zu können. Vielmehr gleichen sie in ihrer von Optimismus geprägten aufrechten Art einem Monument des lebenskräftigen, stolzen Menschengeschlechts, das im unerbittlichen Ausleseprozeß der Arten sich durchzusetzen und auch weiterhin zu überleben in der Lage ist.

Deutschland im Nullwachstum

Zeichnung: Chlodwig Poth

Oiso: Dö Sach mit dera Wirküng vom Östrogen im Kalbfleisch ...

dös werd überhaupts von intressierter Seite ...

... oiso ... weit übertrieben dargestellt, netwahr?

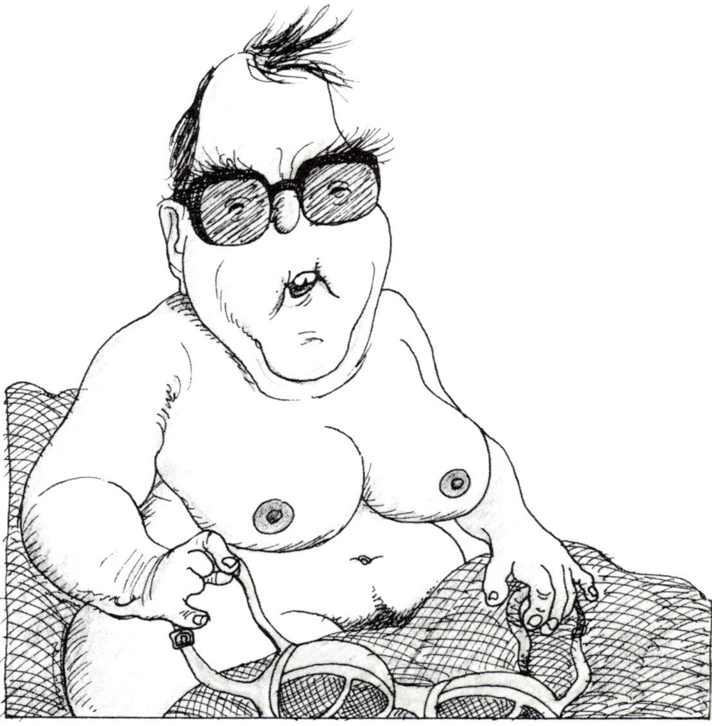

Oiso – mi züm Beispiel stört dös überhaupt net!

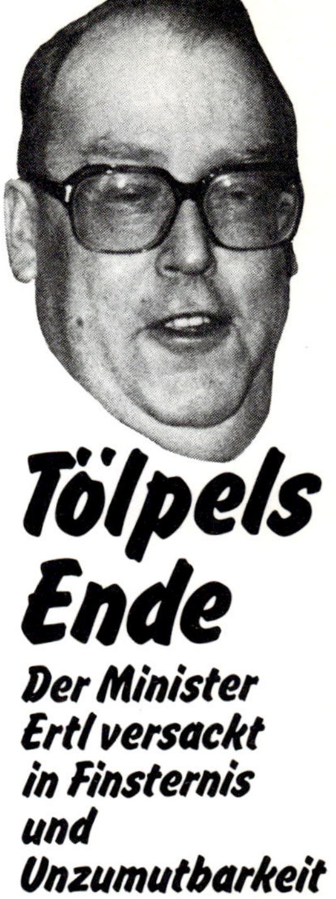

Tölpels Ende

Der Minister Ertl versackt in Finsternis und Unzumutbarkeit

Von Eckhard Henscheid

Ob, nach Camus, ein Mensch ab 40 für sein Gesicht verantwortlich ist, darüber kann man streiten. Im Fall des Josef Ertl stimmt es.

Ob er nun, etwas außerhalb der guten Sittlichkeit, von dem Geldboten und Strauß-Freund Schöll die 30000 Mark Schmiergeld dauerhaft an sich nehmen wollte oder nicht (natürlich wollte er! Was hätte das sonst eine quakend balfernde, quälend sprutzende sinistre Dementi-Keiferei aus diesem Mund gesetzt!) – auch das ist immer noch nicht ganz so unwichtig, wie die FAZ uns suggeriert.

Ob im Zuge dieser schwer erträglichen europapolitischen Viktualien-Kolportage eine 12jährige Bonner Zumutung, sei's aus barer Tölpelei, sei's aus latenter Sehnsucht nach dem verdienten Ruin von jener medialen Szene verschwindet, von der wir uns täglich nolensvolens die Zeit vertreiben lassen: Der Segen war bei Niederschrift dieses Artikels noch nicht ganz raus. Die Aussicht stand nicht schlecht – das Schlimmste jedenfalls scheint hinter uns zu liegen. Das öffentliche und unser privates Leben könnten eine Idee annehmlicher werden. Denn Josef Ertl ist Impertinenz an sich.

Zwar genügt es in Bayern (und anderswo) vermutlich schon, Ertl zu heißen und deshalb als bajuwarisch, bodenständig und barock zu gelten. Wenn dann eins noch dick ist, dauernd lacht, konturlos redet, Ski fährt und hinter der Kartoffel steht – dann reift dieses Gottesebenbild zum idealen Deutschen. Ertl war – angeblich der Grund des ganzen Unheils: ihn 1969 ins Kabinett Brandt zu stemmen – Wahlkampfmotor, Stimmenfänger, Freund der Bauern wie der Frauen; grundlos Inbegriff von „Wohlanständigkeit". „Der oberbayerische Gemütsmensch" (Die 100 von Bonn, Lübbe-Verlag, 1970) ist in Wahrheit schwer gemütskrank. Und er ist keineswegs, was ihm nimmermüd töricht nachgeredet wird, liberal und deutschnational und gutkatholisch, sondern ein in sogenannte Politik verirrter Popanz seines eigenen Gerüchts.

Skifahrer und Flieger ist er vor allem. Transozeanflieger wollte der Bauernbub werden. Bei der Flieger-HJ erwarb er sich alle Segelfliegerscheine – den ersehnten Kriegseinsatz schaffte der Fähnrich nicht mehr. Das hängt ihm ewig nach. Die hemmungs- und würdelose, von der eigenen Erinnerungsseligkeit benebelte Infantilität, mit der Ertl vor Jahren in einer Talkshow über Schönheit und Mannhaftigkeit des Kampf- wie des Sportfliegens seimte, die konnte Grauen lehren. Das Bild vom „Herrenmenschen" schien komplett – und doch wie Euphemismus fast. Hier waltete hinter Augen, deren brillengeschützte Blicklosigkeit gehetzt das ungelebte Leben suchte, so etwas wie die Negation aller Analysen: das Seelenschmalz der gut geölten, begrifflos vorbeizischenden Dummheit; die Bösartigkeit der Banalität.

Andere finden Ertls Mund noch albtraumhafter: als kräusle aus seinen Winkeln ständig etwas Breiiges und zugleich Schlangenhaftes, Vorweltliches. Dieser Mund redet oft und laut und begeistert übers Skifahren, gern läßt der deforme Körper beim Wedeln sich fotografieren. Natur ist heute Besitz skiverblödeter Trimm-dich-Kitschiers. Als solcher rauschte der Herr 1968 auf Kosten der Militärjunta geschmeichelt nach Hellas. Das ist das Schlimme, Unheimliche, Dämonische – nicht so sehr sein formaler „Rechtsdrall". Ertls „Hobbys" sind ein Panoptikum des ewig-aktuellen Grauens: Wandern, Segeln, Skilauf, historisch-biografische Literatur (die möchte man genauer kennen), Sonntagsmalerei, Kirchgang, Kalbshaxe, Kleine Nachtmusik – beim Niederschreiben noch wird einem schlecht davon.

Der schlechthinnige Kleinbürger als neuer Führungstypus, klar. Aber Kleinbürger sind andere auch; hier muß noch etwas Fataleres würgen.

Wenn man Berufspolitiker heute weniger als Operetten- denn als Figuren der Unterhaltungs- und Pop-Industrie begreift: dann sollte der Konsument immerhin Anspruch auf jenen Standard anmelden dürfen, mit dem ihn Roberto Blanco, Thoelke und Nowottny ihrerseits durchaus solid bedienen. Der eine sorgt fürs Herz, der andre für den Spaß, der dritte gar fürs Hirn. Dieser Funktionsteilung hätte Politik zu gehorchen und tut es auch zumeist. Der eine steht für den Vater, der andere fürs Feindbild – und noch dieser darf ein „Gefühl von Humanität" (Kant) für sich reklamieren. Um in Ertls Bayernraum zu bleiben: Noch Strauß, jenseits seiner Gefährlichkeit, weckt fast spaßig Restspuren von Sympathie, als Typus Machtmensch-Unhold. Der Dunkelmann-Charme Zimmermanns, der intransigente Egghead-Schmiß Stoibers, selbst die vitale Verkrachtheit Leo Wagners – ich möchte mal ganz privat werden: als theatrische, leicht überschaubare Unterhaltungswerte in meinem Seelenhaushalt möchte ich sie ungern missen. Ertls „Gemütlichkeit", die macht mir nur übel, stimmt gleichwie hoffunungsfern. Weil sie falscher ist als jene falschen Fuffziger es sind. Sie ist mehr als nichts. Sie ist das falsche Nichts. Vermutlich ist auch Ertl Kind Gottes und sein Ebenbild. Sicher aber ist er über den infantil-faschistischen Charakter hinaus der Widerling an sich.

Seit der FDP-Geldner-Affaire weiß man, daß in Bayern zumal pekuniäre Gerissenheit, auch wenn sie leider aufkommt, Hochachtung zu erwarten hat: die entlarvte CSU gewann bei der Folge-Landtagswahl sogar dazu. So hat auch Ertls Prestige keineswegs gelitten. Und die wertvollen Medien interessierte dann ganz was anderes als das miese, lächerliche Geld: „Wer hat ein Interesse daran, alte Geschichten jetzt publik zu machen?" (FAZ). Wahrscheinlich der Kreml. Hervorragend hat J. Ertl reagiert: Feiste Selbstgerechtigkeit aus schon nicht mehr ergründbaren Ressourcen gab ihm die larmoyanten Widerklagen ein, Bonn sei ein „Sumpfnest" und er, der Minister, habe in den letzten Wochen einen „Reifeprozeß der Enttäuschung" durchgemacht – weißgott, bei manchen Menschen ist es schon eine Unverschämtheit, wenn sie von „Enttäuschung", geschweige denn „Prozeß" und „Reife" reden.

„Ich halte die Politik für eine mindestens ebenso vortreffliche Manier, mit dem Ernst des Lebens fertig zu werden, wie das Tarockspiel, und da es Menschen gibt, die vom Tarockspiel leben, so ist der Berufspolitiker eine durchaus verständliche Erscheinung" (Karl Kraus). Schwule, erläuterte Ertl kürzlich Journalisten, seien „arme Schweine" und kein FDP-Orientierungsbild. Die Inferiorität des Diktums ist künftig an jedem Stammtisch gut liberal aufgehoben, dort steht sie einer maßlos gesunden bayerischen Kartoffel ausgezeichnet an. Schade, daß die wahrscheinlich selbst zum Tarockspielen zu dumm ist.

„Das Skifahren müssen wir kolossal fördern wegen dem Sau-Osten da."
(Hitler, Monologe im Führerhauptquartier)

Bauer, sieh dich vor!

Vor ein paar Jahren noch verschüttete der Bauer die zu viele EWG-Milch auf dem Feld, fütterte sie an die Ferkel oder verramschte sie an die Russen.

Später schlachtete er die Milchkühe zu Tausenden ab und kassierte die Schlachtprämien. Aber noch immer floß die Milch.

In der Brüsseler EG-Bürokratie ist jetzt ein teuflischer Plan ausgeheckt worden. Zitat eines hohen Beamten: „Wir führen jetzt das Verursacherprinzip ein. Warum die Kühe schlachten, wo der eigentlich Schuldige an der Milchschwemme der Bauer selber ist?“

TAG DER MENSCHENRECHTE 10.12.

Da strahlt der Fachmann – 16 Antworten auf die Frage: Was fällt ihnen zum Tag der Menschenrechte ein?

„Was die UNO am 10. 12. feiert, ist mir egal. Ich feiere an diesem Tag meinen Geburtstag."

Dr. Alfred Dregger, CDU

+++

Auch bei uns in den Südstaaten wird seit jeher leidenschaftlich für die Menschenrechte gekämpft. Wir vom Ku-Klux-Klan haben uns speziell des Rechtes der Neger auf ihr Anderssein angenommen. Das meint konkret:
Wir weiß – sie schwarz
Wir reich – sie arm
Wir oben – sie unten
Wir lebendig . . . Mit vermummten Grüßen

John Birch jr., Birmingham/Alabama

+++

Ihrer geschätzten Anfrage betreffend eine Lieferung „Menschenrechte" können wir momentan leider nicht entsprechen, da sie uns ausgegangen sind. Wir freuen uns jedoch, Ihnen mitteilen zu können, daß noch ausreichend Kokain der Handelsklassen A, B und D zur Verfügung steht. Bei Abnahme eines Postens von mindestens 2 Zentnern erhalten Sie automatisch unseren konkurrenzlosen Beamtenbonus oder wahlweise den äußerst günstigen Diplomatenrabatt.

General Garcia Meza, Bolivien

+++

So begrüßenswert es ist, den Tag der Menschenrechte zu begehen, so darf ich doch gerade aus diesem Anlaß daran erinnern, daß es keine Rechte ohne Pflichten gibt, also auch keine Menschenrechte ohne Menschenpflichten. Vielleicht sollten sich gerade jene, die so gerne und bei jeder Gelegenheit auf ihre Menschenrechte pochen, einmal überlegen, wie schwer sie es anderen damit machen, die schweigend ihrer Menschenpflicht nachkommen. Ein junger Marinesoldat etwa, der sein Recht auf Freizügigkeit in Anspruch nimmt, sollte sich darüber im klaren sein, daß er damit nicht nur seine Pflicht zum Gehorsam, sondern vor allem das Rechtsempfinden seines Marinerichters empfindlich verletzt. Keiner unterschreibt gerne Todesurteile; aber einer muß es ja tun. In meinem Falle hat diese meine Pflichterfüllung mit dem Amt des baden-württembergischen Ministerpräsidenten immerhin eine halbwegs angemessene Honorierung erfahren. Aber was ist mit all den anderen Richtern, die nur ihre Pflicht taten und heute mit nichts als Geld in Form einer Pension abgespeist werden? Ihrer gilt es auch und gerade am Tag der Menschenrechte zu gedenken, wenn dieses Wort denn überhaupt einen Sinn haben soll.

Hans Filbinger, Marinerichter

+++

Zum Thema Menschenrechte fällt mir nichts ein.

Pol Pot

+++

Jeder Mensch hat ein Recht darauf, sich täglich zu besaufen.

Billy Carter

Der Tag der Menschenrechte

Die Werktätigen der CSSR haben sich freiwillig verpflichtet, zur Feier des „Tages der Menschenrechte" eine Freischicht abzuarbeiten. Wer nicht erscheint, soll wegen der Mißachtung der Menschenrechte zur Verantwortung gezogen werden. Damit widerlegen wir am besten die Lügenpropaganda einiger imperialistischer Schreiberlinge über die Mißachtung der Menschenrechte in unserem Lande.

Dr. Gustav Husák, Präsident der CSSR

+++

Eidesstattliche Erklärung:
Ich schwöre hiermit, daß ich schon immer dagegen war, daß die Menschenrechte verletzt werden.

Friedrich Zimmermann, CSU

+++

Und Ihr seid schlecht zu den Türken.

Erich Honecker

+++

Wer auch nur einen Satz gegen die Menschenrechte schreibt, dem sollte sofort die Hand abgehackt werden.

König Khaled

+++

Die Freiheit der japanischen Arbeitnehmer sollte uns ein Vorbild sein: Sie dürfen viel mehr arbeiten, müssen nicht soviel Urlaub machen und das Netz der sozialen Leistungen ist so grobmaschig, daß es wesentlich mehr Spielraum für die freie Entfaltung der Initiative jedes einzelnen Arbeitnehmers zuläßt.

Otto Graf Lambsdorff, FDP

+++

Wie könnte ich den Tag der Menschenrechte nicht unterstützen! Erschüttern mich doch immer wieder fotografische Dokumente, die belegen, wie z.B. das kommunistische Unrechtsregime in der Sowjetunion seinen Kritikern begegnet: eiskalte Bäder in klammen Kliniken, Bergarbeiten in ungeheizten sibirischen Lagern! Wie wohltuend mögen Staatsfeinde in unserem Land den Unterschied empfinden. Hier hat sich jedenfalls noch kein Andersdenkender Frostbeulen geholt.

Pieter Wilhelm Botha, Südafrikanische Union

+++

Was hat Sie veranlaßt, ausgerechnet mich zu einem Kommentar bezüglich der Menschenrechte zu bitten? In unserem Land ist kein Bürger in der Ausübung derselben eingeschränkt. Vielmehr genießt er eins der selbstverständlichsten und ältesten Rechte, das zugleich zu den vornehmsten Tugenden zählt: Nachbarn zu sich einzuladen, sie zu beherbergen und zu verköstigen, das eigene Haus zu dem ihren zu machen und sich um den Abreisetermin nicht unnötig zu sorgen. Von einem solchen Reichtum an Rechten und wechselseitigen Beziehungen können die meisten „demokratischen" Staaten nur träumen.

Babrak Karmal, Afghanistan

+++

Die Menschenrechte sind für mich genauso wertvoll und unzerstörbar wie Diamanten.

Valery Giscard d'Estaing

+++

„Tag der Menschenrechte"? Warum nicht. Einen Tag im Jahr könnte ich aushalten. Ich schlage den 29. Februar vor.

Gerold Tandler

+++

Es gibt Menschenrechte, aber keine Menschenlinke. Deshalb bin ich für die Menschenrechte; und zwar mit allen Mitteln.

Ronald Reagan

Die Nahrungskette
Über einem Gifte-Gifte-Faß
saßen einst zwei Hasen
fraßen ab das grüne grüne Gras, fraßen ab das grüne grüne Gras
bi-is auf den Rasen.
Kam ein deutscher Jägers-Jägersmann, schoß sich einen Braten;
M. Marcks
Woran krankt der Jägersmann, woran?
Woran krankt der Jägersmann, woran?
Dreimal
darfst du-u raten!

Friedrich Karl Waechter

Im Spielwarenladen

„Und hier aus dem Angebot
unsere Dritte-Welt-Puppe,
die ‚Hunger' sagen kann."

7.

Szenen aus der Szene

Versuch eines alternativen, geschlechts-
spezifischen, emanzipierten,
utopischen, kritischen, selbstkritischen,
bewußten, reflektierten,
analytischen, radikaldemokratischen,
spirituellen, ganzheitlichen,
meditativen, therapierten und natürlich
drogenfreien Ausklangs.

Freizeit für Norwegens Fischer!

Foto: Arnt Sneve

Im gehobenen Norden Europas, dort, wo es im Winter so **kalt** werden kann, lebt eine **Minderheit** mißachteter Menschen, weitgehend unbemerkt von der Weltöffentlichkeit, unter **menschenunwürdigsten** Bedingungen: die norwegischen Fischer. Nicht genug, daß sie ihr Leben lang in diesem länglichen zerfransten Land untergebracht sind, werden sie durch die **Umstände** auch noch gezwungen, auf kleinen Booten aufs Meer hinauszufahren. In ihrer **verzweifelten** Situation bleibt ihnen gar nichts anderes übrig, als dort Netze ins Wasser zu werfen, in denen sich **erschreckend** häufig Fische fangen. Daher auch die zynische Bezeichnung **Fischer.** Vollends **unerträglich** die Vorstellung, daß die norwegischen Fischer diese **glitschigen** Fische eigenhändig **totmachen** müssen, um sodann mit **stinkenden** Fischleichen ihr ohnehin nicht sehr geräumiges Boot teilen zu müssen. Manchmal regnet es dann auch noch, und die norwegischen Fischer werden **naß.** Nicht zu reden vom **Elend** der norwegischen Fischersfrauen, die ihre Tage ohne ihre Männer allein zu Hause verbringen **müssen.** Dieser Zustand mitten am Rande eines sich selbst als zivilisiert begreifenden Kontinents ist **unerträglich.** Den akuten Freizeitmangel der norwegischen Fischer wenigstens zu lindern, muß das **Anliegen** aller wohlmeinenden Europäer sein.

Die Initiatoren der Aktion **„Freizeit für Norwegens Fischer“** hoffen, wünschen und glauben fest (fast) daran, daß folgende Figuren des veröffentlichenden Lebens unsere **Initiative** mit ihren **Unterschriften** unterstützen werden:

Wolfgang Abendroth, Professor
Heinrich Albertz, Pastor, Berlin
Bernt Angelmann, Unterschriftsteller
Siegfried Berendt, Jazzer, Hechingen
Josef Beuys, Künstler, Düsseldorf
Heinrich Böll, Nobelpreisträger, Köln
Peter Brandt, Historiker, Berlin
Peter O. Chotjewitz, Schriftsteller
Manfred Coppik, MdB, Offenbach
Ingeborg Drewitz, Schriftstellerin, Berlin
Freimut Duve, MdB, Hamburg
Bernt Engelmann, Unterschriftsteller
Evangelische Studentengemeinde, Tübingen
Aktion „Freiheit für Grönland“, Frankfurt
30 Frauen gegen Atomkraft, Kassel
GEW Berlin, Bereich Reinickendorf
Herbert Gruhl, Grüner, Bonn
Peter Härtling, Schriftsteller
Hartmut von Hentig, Professor, Bielefeld
Bernt Ingelmann, Unterschriftsteller
Alexander Kluge, Filmemacher
Oswalt Kolle, Journalist
Dieter Lattmann, Ex-MdB
Siegfried Lenz, Schriftsteller
Golo Mann, ?, München
Oskar Negt, Professor, Hannover
Bernt Ongelmann, Unterschriftsteller
Pax Christi, Basisgruppe, Münster
Claus Peymann, Intendant, Bochum
Willi Pieczyk, Juso-Vorsitzender, Pinneberg
F. J. Raddatz, Journalist, Hamburg
Uta Ranke-Heinemann, Theologin
Wilhelm-Reich-Gesellschaft e.V., Köln
Hans Werner Richter, Schriftsteller, Berlin
Wolfgang Roth, MdB, Bonn
Otto Schily, Anwalt, Berlin
Sozialistisches Büro, Nürnberg
Klaus Staeck, Anwalt, Heidelberg
Terre des Hommes, Arbeitsgruppe Lingen
Titanic, Frankfurt
Klaus Thüsing, MdB, Paderborn
Bernt Ungelmann, Unterschriftsteller
Carsten Voigt, MdB, Frankfurt
Ernst Volland , Alleskleber, Berlin
Gerhard Zwerenz, Bartträger, Offenbach

Um an Fjord und Stelle nachschauen zu können, ob den Fischern in Norwegen die Freizeit tatsächlich so mangelt, bitten wir um Spenden auf das

Konto: 10-16467 1, bhf-bank, 6 Ffm. Kennwort: Freizeit für Norwegens Fischer!

So. Und das nächstemal sind wir dann alle
GEGEN ATOME
(Das sind die kleinen Dinger, die soviel Krach machen, wenn sie kaputtgehen, und hinterher weiß man dann gar nicht, wohin mit der ganzen Energie.)

Chlodwig Poth: SZENE

EINER EHE, IN DER DIE PARTNER...

7
Du bist doch der Chauvie von uns beiden, du doch! Bevor du mich nicht auf den Knien hast, bist du doch nicht glücklich...
Tag und Nacht penetriert dieser Kerl einen mit dieser Mitleidstour
Das ist die hinterhältigste Form der Unterdrückung
Misch dich da nicht ein!
Setz dich doch mal erst hin, beruhige dich
8
... möchte nur mal wissen, woraufhin du dich so wichtig nimmst, du albernes Pimmelchen, du! Mein Gott, dieses schrumplige Zipfelchen, das bringt's doch nun wirklich nicht!
Aaach neee? Hast es aber immer gern in deiner Möse gehabt
Notgedrangen!
9
Seid ihr wahnsinnig?! Helga! Dieter! Ihr könnt doch nicht....
Dir werd' ich – Notgedrangen! – dir grrr werd ich!
Um Gottes willen – nehmt doch Vernunft an! Auseinander, auseinander!
Komm doch Rsssexschpft – du Sülzheini – Rschzzgt – du Tranmops
Wahnsinn Wahnsinn
10
Aahrgkk!
Zeigen werd' ich dirs – kchchzscht – zeigen – krrr – zschzt –
Pfzzschz du Tranmops – zschsch
11
Aaah meine Eier, er hat mich in die Eier getreten!
Krzzschschpffschsch zeigen pffschz zeigen
Tran – kff – zsch – mops
12
Kchz, kchch, kchzch schmatzschz
Jaaaaieiaah kchz, kch chaach3sch

ZU WEIT GEHEN.

Liebe Else lieber Peter

Ein Beitrag zur neuen Innerlichkeit von Robert Gernhardt

Du altes Arschloch, verschon mich bloß mit Deinen Ergüssen, sonst passiert noch was.

Dein letzter Brief klang etwas kühl, liebe Else, doch nun, nachdem ich ihn mehrmals durchgelesen habe, ist mir aufgefallen, daß Du mich nicht mehr „dreckiges“, sondern „altes“ Arschloch nennst. Weshalb? Weil Du in mir unbewußt den „Alten“, d.h. Deinen Vater siehst, den Mann also, dem Du Dich zwar nicht hingeben, in dessen Gegenwart Du jedoch immer Kind bleiben kannst. Else, ich bin nicht Dein Vater, ich bin Dein Peter, und je eher Du diese Tatsache akzeptierst, desto eher wirst Du auch begreifen, daß Du kein Kind mehr bist, sondern ein erwachsener Mensch, der freilich . . .

Wenn ich nochmal so einen verwichsten Brief von Dir bekomme, trete ich Dir derart in die Eier, daß Du Dich selber nicht mehr kennst.

Else, Dein letzter Brief hat mich sehr froh gemacht. Du nennst meinen Brief, auf den Du Dich in Deinem Brief beziehst, „verwichst“. Ja, er war verwichst – in dem Sinne, daß er Dir helfen soll, daß Du wächst, innerlich, daß Du lernst, Dich zu Dir selbst und Deinen Gefühlen zu mir zu bekennen. Ich umarme Dich und . . .

Du und Deine Gefühle sind mir kackpipischnurz. Von mir aus kannst Du Dich ins Knie ficken, nur hör endlich auf, mich mit Deinem Wischiwaschi zu belämmern.

Else, wann wirst Du es endlich lernen, Dich klar auszudrücken? „Kackpipischnurz“ – das mußtest Du sagen, da Deine – unsere – Sozialisation es Dir – uns – nicht erlaubt, angstfrei zu unseren Gefühlen zu stehen. Mit Brechungen und Ironien versuchen wir, unsere Triebwelt zu kanalisieren, anstatt uns zu unseren Bedürfnissen zu bekennen. Stutzig machte mich freilich Deine Formulierung „belämmern“. Wenn Du in mir, unbewußt, Deinen Vater siehst, hättest Du eigentlich „behammeln“ sagen müssen. Oder willst Du mich jetzt ins Kindchenschema drängen? Das, Else, wäre nur eine andere Form der Vermeidung, Dich zu mir zu bekennen. Ich bin weder Dein Vater noch Dein Kind, ich bin Dein Peter, der . . .

Halt bloß den Rand, blöder SCHEICH. Saubären wie Dich sollte man einzeln in ihrer Scheiße ersaufen lassen.

Else, endlich! Endlich wagst Du es, einige der Aggressionen gegen mich rauszulassen, die sich notwendigerweise in Dir im Verlaufe unserer Beziehung hatten ansammeln müssen. Je intensiver unsere Beziehung wurde, desto angstbesetzter mußte sie für Dich werden, da sie den Kontext Deines gewohnten Lebens zu zerstören drohte. Aber das Alte muß erst zerstört werden, damit Neues entstehen kann. Darum bekenne Dich ruhig zu Deiner Angst, zu Deinen Aggressionen! Doch etwas anderes – Du sprichst von „ersaufen“, und ein Freund hat mir gerade aus Griechenland einen erstklassigen Retsina mitgebracht. Wollen wir nicht Deine Probleme bei mir und einem oder zwei Gläschen . . .

Deinen Retsina kannst Du Dir achtkantig in den Arsch rammen. Ich muß schon kotzen wenn ich solche bescheuerten Anträge nur lese. Noch so eine beknackte Zumutung und Du kannst was erleben.

Liebes, Du mißverstehst mich. „Erleben“, schreibst Du – als ob ich in Dir ein flüchtiges „Abenteuer“ sehen würde. Freilich – ich bin in dem Sinne möglicherweise altmodisch, als daß ich mir eine Paar-

Ich bin nicht deine
FICKMASCHINE
spritz spritz das isn Witz äh . . .
Schätzchen, wir müssen
ausnanda gehn
TSCHAU TSCHAU DU
ALTE SAU! !!

Nina Hagen

beziehung nicht ohne körperlichen Partnerbezug vorstellen kann, wobei allerdings die Zärtlichkeit immer im Vordergrund stehen sollte. Liebe – das ist nicht nur Sex, sondern viel, viel mehr, und Du würdest an meiner Seite rasch lernen, . . .

Wenn Du wüßtest, wie Du mich anödest, dann würdest Du Dir endlich einen Knoten in Deinen Schwanz machen, anstatt weiterhin Frauen wie mich mit Deinen Schleimereien zu behelligen.

Ja, Else, Du bist auf dem richtigen Weg. Dein Frausein beschäftigt Dich, noch wagst Du es nicht, „eine Frau wie ich" zu sagen, noch verbirgst Du Dich hinter dem schützenden Plural „Frauen wie mich", doch der Schritt zum – auch – geschlechtsbetonten „Ich" ist getan, und nur dieser identitätsbildende Schritt kann jenen zweiten ebenso wichtigen nach sich ziehen, den zum Du, der . . .

Zum ALLERLETZTEN Mal: verpiß Dich!

„Verpiß Dich", schreibst Du mit jener heiteren Unbefangenheit, die seit jeher das Vorrecht der Jugend war. Wie ich Dich verstehe! Als wir 68 auf die Straße gingen, da taten wir es auch und gerade, um Menschen wie Dir die Möglichkeit zu geben, autonom und selbstverantwortlich ihre Interessen wahrzunehmen, nicht nur auf ökonomischem und politischem Gebiet, sondern auch auf dem der ureigensten Gefühle. Denn glaub mir, es gibt in unserer Gesellschaft kein „Privatleben", alles Private ist zugleich . . .

Sag mal, wann findest Du Kackspecht endlich jemanden, der Dich durchzieht, daß die Heide weint, damit Du ein für alle Mal aufhörst, Deine beschissene Schwanzgeilheit an mir auszulassen.

. . . Deines sehr aufrichtigen und lieben Briefes sagst Du etwas, das mir zeigte, daß bei allen zwischen uns notwendigerweise noch bestehenden Differenzen – die geschlechtsspezifischen Rollenschemata etwa – doch ein grundlegender Konsens durchschimmert. Da sagst Du nämlich, daß „die Heide weint". Else, seit Jahren verfolge ich die Zerstörung unserer Umwelt mit Sorge. Schon hat das Verschwinden größerer Feuchtzonen ehemalige Vögelparadiese unwiederbringlich ausgelöscht, schon – aber beim Durchlesen der eben geschriebenen Zeilen fällt mir der Freudsche Verschreiber „Vögelparadiese" (statt „Vogelparadiese") auf. Else, sieh diesen Lapsus nicht als gegen Dich gerichtete obszöne Aggression, sondern als legitimes, ja belustigendes Ans-Licht-Treten jener Triebstrukturen an, die nun mal unser – auch Dein! – Menschsein ausmachen und die Du möglicherweise verleugnen, nicht jedoch . . .

Dreckiges Arschloch! Wenn Du mich nicht umgehend in Ruhe läßt, werde ich Dir mal in Echt meine Meinung blasen.

Dein letzter Brief klang zurückhaltender als sonst, doch nach mehrmaliger Lektüre fiel mir auf, daß Du mich nicht mehr „altes", sondern „dreckiges" Arschloch nennst. Das machte mich sehr froh. Nicht mehr den vermeintlichen Vater lehnst Du, unbewußt, in meiner Person ab, nun identifizierst Du mich in einer ebenso logischen wie leicht erklärbaren Regression mit dem, was unsere christlich-puritanische Kultur seit jeher in der – zumal körperlichen – Liebe sah: mit dem Schmutz. Else, ich bin aber nicht schmutzig, ich bin Dein Putzi, und je eher Du das begreifst . . .

Franziska Becker.

Die neue Männlichkeit: Dumpf ist Trumpf.*

* Alle Zitate „...“ aus der „taz“

O Gott, o Gott, bist du moralisch!! Also, wenn's die Fantasien und Gefühle gibt, dann sollte man sie auch rauslassen!..
Die Linken mit ihrem Theoriefetischismus und ihrer Lustfeindlichkeit gehn mir echt auf den Keks! Die sollten mal mehr ausprobieren! Mal praktisch neugierig sein! Nicht nur kopfpotent.
"Oh fuck, überall wirste angemacht von Frauenkörpern! Du weißt ja kaum noch, wo dir der Hammer hängt. Immer nur Druck und keine Entladung!"
Meine Fresse, die in der Peep-Show!! Wahnsinn!
..Hab meine Freundin gestern zum ersten Mal so richtig in den Bauch getreten! Die hat mich total genervt! Konnte ja nicht riechen, daß se grad ne Abtreibung hatte! Das war echt 'n unheimlich befreiendes Gefühl für mich..
Mann, sowas würd ich nicht bringen..
Kannste mir mal den neuen Bukowski leihen? Soll ja wieder ganz stark sein.
Da kam grad 'n Bericht mit den Fotos von der Demo bei dem öffentlichen Gelöbnis! Echt Wahnsinn! Müssen wir unbedingt noch auf'n Titel bringen!
Die Schweine! Die kennen auch nur Gewalt!
Mann, wie die Bullen die an den Haaren ziehn! Das ist ja echt brutal!

Robert Gernhardt

Das Quadrat und die Frauen

Es berichtete:

```
epz 180 191280 apr 80 vvvg
lrf 112 ab
dpa (rg)

wissenschaftler des instituts fuer grundlagenforschung
in muenchen haben in reihenversuchen mit weiblichen
testpersonen herausgefunden, dass frauen keine quadrate
zeichnen koennen. eine erklaerung fuer diese bisher
unbekannte tatsache ...

-------
```

Es kommentierte:

Frankfurter Rundschau

Frauen, hört man, können keine Quadrate zeichnen. Ja und? Anstatt – wie es geschehen ist, schadenfroh auf diese Nachricht zu reagieren, sollten wir Männer uns doch lieber fragen, wohin wir es mit unserer Fähigkeit, Quadrate zu zeichnen, eigentlich gebracht haben. Haben wir diese uns allen anvertraute Erde nicht in den Jahrtausenden, in denen ihre Geschicke vom Patriarchat gelenkt wurden, nicht an den Rand des Abgrunds geführt? Ist es nicht fünf vor zwölf? Strotzt der Erdball nicht von den schrecklichsten Vernichtungswaffen, die ohne die allerdings männliche Erfindung des Quadrats wohl kaum in dieser Perfektion hätten entwickelt werden können? Freilich – auch ein Straßburger Münster, ein Dürer, eine Hochrenaissance, alles erwiesenermaßen „Männer"-Leistungen – auch wenn diese Erkenntnis militanten Feministinnen nicht schmecken mag –, basieren auf dem Vermögen des Mannes . . .

Pflasterstrand

Stadtzeitung für Frankfurt

. . . in unserer Männergruppe jedenfalls hat die Nachricht, daß Frauen keine Quadrate zeichnen können, erst echt irritierend gewirkt. Dann aber hat Werner den Vorschlag gemacht, wir alle sollten doch mal angstfrei unsere geometrische Sozialisation einbringen, und da ist uns in sehr intensiven Gruppengesprächen klargeworden, wie sehr . . .

DIE WELT

UNABHÄNGIGE TAGESZEITUNG FÜR DEUTSCHLAND

Der Wunschglaube nicht nur der Neurotiker und Chaotiker der linken Szene, sondern auch mancher sich „liberal" gebender Kreise, man könne die natürlich gewachsenen Unterschiede zwischen den Geschlechtern so einfach leugnen, hat durch die Wissenschaftler des Instituts für Grundlagenforschung eine nur auf den ersten Blick amüsante Relativierung erfahren. Denn hinter der überraschenden Feststellung, daß Frauen keine Quadrate zeichnen können, steckt mehr als eine nur marginale Korrektur jener Weltverbesserungsutopien, die in den späten 60er Jahren ihren Ausgang nahmen und auf geradem Wege in den Terrorismus führten. Zu Ende gedacht, bedeutet sie nicht mehr und nicht weniger als eine Bestätigung auch und gerade unserer Wirtschaftsordnung. Sie, die sich von Beginn an mit wachem Instinkt weigerte, unsere Damenwelt dem fruchtlosen Konkurrenzkampf mit den Männern – zumal im gehobenen Management – auszuliefern, darf heute von sich behaupten, die Zeichen der Natur . . .

Brigitte

Das Magazin für Frauen

. . . lassen wir also den Männern ihre Quadrate, und schauen wir uns die Frühjahrsmode auf S. 144-155 an. Kein Zweifel: Die Mode wird wieder normaler. Was wir in diesem Heft zeigen, wird sicher allen Frauen Appetit machen, denen die Trends des letzten Jahres zu schwer im Magen lagen. Was Brigitte anläßlich . . .

UZ

Während die bürgerliche Presse also wieder einmal in gewohnter Unverbindlichkeit die Tatsache verzeichnet, daß Frauen keine Quadrate zeichnen können, bleibt das „Warum" wohlweislich ausgespart. Wer hat denn die Frauen jahrtausendelang in die drei Ks – Kirche, Küche, Klappsarg – verbannt? Wer hat ihnen jahrhundertelang den Zutritt zu den Volkshochschulen verwehrt? In seinem gleichnamigen Drama läßt Goethe, auch er ein Mann, den Faust gleich Theologie, Juristerei und Medizin studieren, während das gleichnamige Gretchen weder saubere Reime artikulieren („Ach neige du Schmerzensreiche") geschweige denn Quadrate zeichnen kann.
Und hat sich daran etwas bis zu dem heutigen Tage geändert? Kann man denn von der unterbezahlten Fließbandarbeiterin, die nach getaner Arbeit ihre

Familie zu bekochen hat, verlangen, daß sie sich anschließend noch hinsetzt und eine so schwierige Wissenschaft wie das Quadratezeichnen studiert? Fortschrittliche Frauen freilich wissen, daß sie nur im Bündnis mit den Massen eines Tages die Voraussetzungen dafür schaffen können, daß sie auch in der BRD Quadrate zeichnen lernen, etwas, was für die Frauen der Sowjetunion bereits heute . . .

Bild

Kompliment, meine Damen! Zwei Nachrichten. Zwei Welten.
Da haben Wissenschaftler herausbekommen, daß Frauen keine Quadrate zeichnen können. Typisch Mann.
Da hat Schwester Theresa den Friedensnobelpreis dafür bekommen, daß sie viele Jahre lang Inderkinder bemuttert hat. Typisch Frau.
Wir meinen: Forschung ist gut. Ohne Forschung kein Fortschritt. Liebe ist besser. Ohne Liebe kein Leben. Frauen kennen es noch, das Geheimnis, wie man Liebe gibt. Das ist wichtiger als alle Quadrate der Welt. Danke, Schwester Theresa!

DER SPIEGEL
DAS DEUTSCHE NACHRICHTEN-MAGAZIN

„Na denn Prostata!" hatte sie anläßlich des Bundespresseballes noch im Kreise schwofender Chauvinisten gescherzt, doch zwei Stunden später kehrte die alberne Alice (35) wieder die schwierige Schwarzer (37) hervor: „Unfug!" Stein des Anstoßes: die ärgerliche Erkenntnis des Instituts für Grundlagenforschung, daß Frauen keine Quadrate zeichnen können. Ereiferte sich die hochgemute Herausgeberin des eher engstirnigen Emanzenblattes: „Können sie doch!"
Freilich dürfte es der schwadronierenden „Schwanz-ab"-Schwarzer diesmal schwerfallen, die Erkenntnisse des Instituts allein durch verbale Kraftakte zu widerlegen. Stützen sie sich doch auf Untersuchungsmethoden, die kratzbürstiger Krittelei wenig Handhabe liefern: Ein repräsentativer Querschnitt von drei Frauen wurde – unabhängig voneinander – in einen schalltoten, lichtlosen Raum geführt und . . .

DIE ZEIT

. . . in das fruchtlose Lamento all jener einzustimmen, die da mit Erwin Morgennatz meinen, „daß nicht sein kann, was nicht sein darf". Wäre es nicht sinnvoller, die Erkenntnis des Instituts für Grundlagenforschung nicht als Cannae, sondern als Rubikon des Feminismus zu werten? Eines, mit Montesquieu zu reden, „wohlverstandenen" Feminismus, der über den „astra" nicht vergißt, wie viele „asperas" der Mann im Laufe leidvoller Jahrtausende zu durchqueren hatte, bis er Quadrate zeichnen konnte?
Soviel zumindest scheint festzustehen: Eine Frauenbewegung, die, entgegen wissenschaftlich gesicherten Fakten, weiterhin dem Prinzip des schieren Volutarismus huldigt, wird seine Anhängerinnen früher oder später in ein Valmy hineinführen, das sich als äußerst zweischneidige Medaille entpuppen könnte. Zumal in einer Welt, in der nur Realitätstüchtigkeit und Augenmaß eine Gewähr dafür bieten, daß dem über uns schwebenden „Hi Roschima" nicht ein schreckliches „Hi salta" folgt, welches dann freilich die Unterschiede zwischen Männern und Frauen in einer Weise nivellieren dürfte, die auch hartgesottenen Suffragetten . . .

Titanic

Liebe Leserinnen,
„Frauen können keine Quadrate zeichnen", behauptet die Schnarchsackpresse im trauten Verein mit dem Institut für Grundlagenforschung, und unsere Gewährsfrau Gaby erzählt uns, daß viele Frauen darüber oh so traurig seien. Unser Rat: Nicht weinen, Mädels! Ist doch gelogen! Frauen können nämlich sehr schöne Quadrate zeichnen, wenn sie sich nur etwas Mühe geben. Zumindest kann das unsere Textredakteurin Evamarie Czernatzke:

Foto: Dörte Nielsen

Also Kopf hoch, Schwestern! Alles klar?
Eure Titanic

Marie Marcks

Berliner-, Ecke Heidelberger Straße

DAS KLEINERE ÜBEL

Verdammt!
Grüß dich! War was für mich?
NEIN!
Willste mal was hören?
Na?
Ponto, Buback, Schleyer – der Nächste ist ein Bayer!
Hi-hi-hi-hi
Hi-hi
hi
Ach so, ich soll dir ausrichten: Die sind alle im Punk-Rock!

Jetzt wird's komisch! Ihr todsicherer Vortragserfolg in der Bütt:

De scharfe Schorsch

von Eilert, Gernhardt, Knorr

Präsident: Liebe Närrinne, Narhallese, das war unser lieber Freund Ernst Inder als „Kammerjäger in Bonn"! Und nun steht schon eine neue Stimmungskanone vor der Tür! Es ist der scharfe Schorsch . . . aber mehr möcht ich nicht verrate. Wolle mer'n rei-lasse? Narhalla-Marsch!!

De scharfe Schorsch: (Der Büttenredner trägt einen Trenchcoat mit hochgeschlagenem Kragen und schaut listig observierend um sich. Um die humoristische Absicht seines Vortrages zu verdeutlichen, spricht er in hessischem, wahlweise rheinischem Dialekt.)

Ihr kennt misch net, isch kenn eusch all,
weil, wo ich schaff, ist man am Ball.
Wir speischern alles, groß und klaa,
isch bin de Mann vom BKA!

Tusch

Jetzt geh mer gleisch in medias res
un isch erzähl eusch mal paar Späß:

Großer Tusch

Da sitz isch neulisch im Büro,
isch denk nix Dummes, üb' nur so,
schieß paar mal locker in die Luft,
als misch e alte Frau anruft.
„Herr Kommissar, Herr Kommissar,
in unserm Haus wohnt Christian Klar!"
Wir nix wie hin; wir sehe rot.
Kaum simmer da, schon isser dot.

Großer Tusch

Zwar war der Tote über siebzisch,
das gab erst Ärger. Doch der gibt sisch,
denn was das Tolle daran war:
der Mann hieß wirklich Christian. Klar?

Großer Tusch

Das BKA, dein Freund und Helfer,
schießt niemals Luschen – immer Zwölfer!

Tusch

Doch der gezielte Todesschuß
ist nicht der Weisheit letzter Schluß.
Man braucht'n manchmal, putativ,
mehr Spaß macht's aber präventiv.
Und dadefür gibt's den Computer;
ja, wahre Wunderdinge tut er!
Mit Opas, Tanten, Onkels, Müttern
muß man ihn regelmäßig füttern.
Und für des Speichern von so Date,
tut er uns allerhand verrate:
aus Omas, Nischten, Neffen, Vätern
macht er wie nix ein Heer von Tätern!

Tusch

Da war mal eine Frau in Bonn:
kein Auto und kein Telefon.
Die zog net um, ging net auf Reisen,
der war rein gar nix zu beweisen.
Kein Fremdkontakt, net mal Besuch,
und doch kam sie ins Fahndungsbuch!
Und nicht nur das; mir ham's geschafft,
sie sitzt in Untersuchungshaft!!

Großer Tusch

Ihr Fehler sollte alle warnen,
die sich als unverdächtich tarnen.
Ihr West' is rein? Da is nix schmutzig?
Grad des macht den Computer stutzig!

Großer Tusch

Das BKA, dein Freund und Speicher,
macht vieles gleich und alle gleicher!

Tusch

Isch will misch hier net groß beklage,
noch gibt es reichlich was zu jage.
Es gibt noch echte Terroriste,
die stehn ja all auf unsrer Liste.
Es gibt de Carlos, als Phantom,
es gibt in Brokdorf des Atom.
Und gäb's die net, gäb's sowieso
die Perser und die PLO.

Tusch

Es gibt noch Zelle, rote, grüne,
da gibt's noch Orde zu verdiene.
Und Nachwuchs läßt sich immer finde,
Mir könn' aach selber Zelle gründe.

Tusch

Da gab's mal an der Uni X
– der Name sacht ja hier wohl nix –
nen kleine, aber harte Kern
von wirklisch radikale Herrn.
Da war de Paul vom MAD,
der Neger John vom CIA,
de Erwin vom Verfassungsschutz
zog die FDGO in' Schmutz,
und da war isch – misch kennt ihr ja –
isch war de Mann vom BKA.
Und jeder trachtete den andern
mit aller Kraft zu unterwandern.
Am Sonntag war'n wir gute Christen,
doch werktags stramme Maoisten.
Nur leider is nach fuffzisch Woche
der ganze Schwindel aufgefloche.
Wir habe noch ein Fest gemacht:
Mensch, Herold, hammer da gelacht!

Großer Tusch

Das BKA, dein Freund und Feirer,
wird seinen Bürgern immer teurer.

Tusch

Ja, ja. Noch habe mir gut lache,
nur eines tut mir Sorge mache:
wir werde immer effizienter,
doch was danach kommt, Leut, des kennt mer:
Der Terrorismus is vernichtet,
die Letzte ham sich selbst gerichtet,
der linke Nachwuchs stellt sich tot,
dank uns und dem Berufsverbot.
Für Asylante isses aus,
wer rein will, fliegt gleich wieder raus.
Die Dissis aus der DDR,
die traun sich lang schon net mehr her.

Der Sympi-Sampi-Sumpf is trocke,
isch hör die Sozis schon frohlocke.
Doch wer sitzt als der Dumme da?
Des sin doch wir, vom BKA!

Tusch

Was fange hunderttausend Mann
dann ohne jedes Feindbild an?
Sie brauche net so blöd zu lache;
was man net hat, kann man sich mache!
Isch sach des ohne jeden Spaß,
wann isch was such, dann find' isch was.
Doch jetzt will isch net weiter stören,
wir sehn uns dann, bei den Verhören!
Isch bleibe, was isch immer war:
Ihrn scharfe Schorsch vom BKA!
Helau!

Großer Tusch
Narhalla-Marsch

Jetzt wird's wieder komisch
Ihr rauschender Vortragserfolg in der Bütt

De Droge-Dieter

von Eilert, Gernhardt, Knorr

Präsident: Liebe Närinne und Narhallese, das war unser lieber Freund Gerold Herold als „De scharfe Schorsch"! Und schon steht eine neue Stimmungskanone vor der Tür. Es ist – „Der Drogen Dieter"! Wolle mer'n rei lasse? Narhalla Marsch!
(Der Büttenredner trägt Kleidung, die er für jugendlich hält. Wichtig sind zahlreiche Taschen, die sich verdächtig wölben. Um seinen Hals hängt ein Schild mit der Aufschrift „Drogen-Beratung". Um die humoristische Absicht seines Vortrages deutlich zu machen, spricht er in hessischem, wahlweise rheinischem Dialekt.)
Der Jugend drohten heut Gefahren,
die früher nicht vorhanden waren.

De Droge-Dieter

Sie ist vor'm Leben auf der Flucht,
und ihre Endstation heißt Sucht.
Wir Alte dürfe die Probleme
net auf die leichte Schulter nehme.
Drum leit' ich die Beratungsstelle
für komplizierte Drogenfälle.

(Tusch)

Von meinem Kampf um junge Seelen
möcht ich im Folgenden erzählen!

(Tusch)

Da kommt ein Lächler ins Büro,
der wirkt so überirdisch froh.
Mich macht des bös, weil ich gleich seh,
der nimmt noch immer LSD!
Ich brüll'n aa: „Des is doch out!
Des wird doch nicht mehr angebaut!"
„Was is denn in?" fragt der betroffen.
Wir ham dann Äppelwoi gesoffen.
Ich hab für jeden einen Trost.
Mein Zauberwort heißt immer: Prost!

(Großer Tusch)

Wenn ich so durch die Straßen geh,
was glaube Sie, was ich da seh?
Auf Fensterbänke und Balkonen,
da, wo die linke Wirrköpp wohnen,
da wächst ein Gras, des macht mich sauer.
Ich hasse diese Selbstanbauer!
Wer eignen Stoff zu Hause pafft,
der schadet unserer Volkswirtschaft,
der braucht auch keine Dealer mehr,
und abends stehn die Kneipe leer!

(Tusch)

Des geht doch net! Des is Betrug!
Da mach ich einen Hausbesuch!
Am Türschild stehe zwanzisch Name,
und jeder zieht sein eigne Same.
Doch ich zieh auch was aus der Tasche.
Sie ahnen's? - Die Familienflasche!

(Tusch)

Natürlich bring ich dene Simpl
net gleich en zwölf Jahr alte „Dimple".
Für diese Art von Hasch-WG
tut es als Einstieg auch Chantré.
Bald schon erklinge linke Lieder,
am lautste brüllt: ihrn Droge-Dieter!
Ja, mich verfolgt auf meiner Route
ein solidarisches „Salute!"

(Großer Tusch)

Und auch in unsre Innenstädte
kann ich vor Arbeit mich net rette.
Besonders in de Einkaufszone
krakele neue Religione.
Des is ein Singe, ein Gebimmel,
des is fast schlimmer wie im Himmel.
Und liebe Leut? Was is des wieder?
Ein klarer Fall für'n Droge-Dieter!

(Tusch)

Durch Einsatz von gezielte Fragen
schaff ich zunächst mal Unbehagen.
„Was? Euern Guru tut nix drinke?
Wie kann ein Mensch nur so tief sinke!
Und ihr verbringt die Zeit asketisch,
teils uff de Gass und teils am Teetisch?
Des geht in Ordnung, Kinner, nur
trinkt Euern Teufelstee net pur!
Denn wozu schuf auch Euer Gott
Jamaica-Rum und guten Pott?

(Tusch)

Mir ham die Mischung gleich probiert.
O Krishna, ham mir meditiert!
Und nach de siebte, achte Tasse
war i c h Ihr'n Meister aller Klasse.
De ganze Ashram kniete nieder
und pries den neue Guru: Dieter!

(Tusch)

Ein Bild, das mich zu Tränen rührte.
Gerettet warn se, die Verführte!
Denn den' ihr Mantra heißt ab heut:
Ein Prosit der Gemütlichkeit!

(Großer Tusch)

Da war ich neulich im Konzert.
Ich hab gedacht, mich tritt ein Pferd.
Die ließen echt den Bär vom Pflock,
die spielten einen Wahnsinns-Rock.
Die machten eine Super-Schau,
doch nicht ein einziger war blau,
Mir war des sofort sehr suspekt,
ich hab die Lage kurz gecheckt,
und mein Gefühl hat net getroge:
die habe durch die Nas gezoge!

(Tusch)

Und wie sie von der Bühne komme,
hab ich sie mir zur Brust genomme.
Ich sage locker: „Hello folks,
ich waas was besseres als Koks.
Probiert doch mal, was ich hier hab,
der Stoff heißt Chateau neuf du pape.
Der geht ins Blut, der schont die Schleimhaut,
Ihr sollt mal sehn, wie Ihr dann reinhaut!

(Tusch)

Kaum war die Flasche ausgeleert,
da war'n die Superstars bekehrt.
Des war ein anspruchsloser Haufen,
mit denen konnt mer alles saufen:
Vom Federweiße bis hinunter
zum Amselfelder Spätburgunder.
Naja, was soll mer schon erwarte
von Rocker, noch dazu von harte.
Die Fans erkannte sie net wieder,
die spielte plötzlich Schunkellieder
und gelten als die erste Rock-Band,
die gradewegs zum Blauen Bock fand.
Von Weihnachten bis Österchen:
ihr neuer Hit heißt „Prösterchen!"

(Großer Tusch)

Ja! Des ist meine Therapie,
und sie versagt so gut wie nie.
Nur bei den Freunden von der Spritze,
da tut des alles nix mehr nütze.
Zu schwach, um noch ihr Glas zu hebe –
für was soll'n die noch weiterlebe?
Da rate ich: macht nur so weiter,
dann seid Ihr eh bald aus dem Schneider!

(Großer Tusch und Rakete)

Doch nun zu Euch. Jetzt frag ich mal:
Wie steht's denn mit der Sucht im Saal?
Ist jemand hier dem Gift verfallen?
Bei mir da lernt er wieder lallen!
Bei uns braucht niemand fremde Stoffe,
bei uns wird treu und deutsch gesoffe!
Macht Euch net high, bleibt lieber blau,
darauf ein dreifaches Helau!

(Großer Tusch und Narhalla-Marsch)

Gewissensprüfung auf neuen Wegen

„. . . und was würden Sie machen, wenn ein Russe Ihr Auto vergewaltigen würde, und Sie hätten einen Führerschein???“

Die sieben peinlichsten Persönlichkeiten

ausgewählt von Bernd Eilert, Wilhelm Genazino und Eckhard Henscheid

„Mildred Scheel hat ihr Leben der Krebsbekämpfung geweiht.“ (BILD) Und zwar so gnadenlos, daß sich selbst der Präsident des Deutschen Ärztetages, Dr. Vilmar, anläßlich eines ihrer gescheiterten „Krebs-Fortbildungskongresse“ fragt, ob es „sinnvoll und nötig sei, drei Praxistage zu opfern, um etwa nur Statisterie in einer weiteren Personality-Show zu spielen“. Daß von 60000 Ärzten nur 29 mitspielen mochten, hat Dr. Mildred Scheel nicht davon abhalten können, eine Zweimonatsschrift namens CHANCE zu gründen „für alle, die mehr über Krebs wissen wollen“. Für alle, die mehr über die Herausgeberin dieses bunten Sado-Maso-Magazins wissen wollen, sei noch einmal ihre letzte BILD-Aktion „Welcher Krebs ist heute heilbar, Frau Dr. Scheel?“ zitiert, die sich in die neckische Form eines Preisausschreibens kleidete: „4. bis 15. Preis: Mildred-Scheel-Medaillen, dazu Autogramm. 3. Preis: 1 Füllhalter, eingraviert ‚Mildred Scheel‘. 2. Preis: 1 Gesundheitslexikon mit Widmung von Mildred Scheel. 1. Preis: das Recht, Mildred Scheel so lange in den Arsch zu treten, bis sie begreift, daß Krebs auch durch den Ärger erregt werden kann, den sie – doch nein! Gevatter Wunsch ging mit uns durch. In Wahrheit war der „1. Preis: eine Silbermedaille der Deutschen Krebshilfe“. Man fragt sich unwillkürlich, was das noch mit Mildred Scheel zu tun hat.

Die Folgen, die Dr. Mildred Scheels totales Engagement noch haben kann, sind abzusehen. Ihre Nachfolgerin als Präsidentengattin und BILD-Aktionistin („Der nette Nachbar“), Dr. Veronica Carstens, versucht, Breitseitigkeit durch Vielseitigkeit auszugleichen: Deutsche Multiple-Sklerose-Gesellschaft, Müttergenesungswerk, Deutsche Altenhilfe, Weißer Ring, UNICEF-Kinderhilfswerk und die Aktion „Mehr Menschlichkeit in Krankenhaus und Praxis“ – alle werden von ihr beschirmt.

Noch unheilversprechender ist freilich der eigenwillige Befehl „Helfe deinem Nächsten“, mit dem Bundestagsvizepräsidentin Annemarie Renger gegen die Drogensucht angetreten ist. Ausgerechnet sie, die mit gußeiserner Dauerwelle und salbungsvoller Selbstgefälligkeit das bisher sauberste Argument für eine Legalisierung von Haschisch und Marihuana kerngeseift verkörpert.

Die Verdienste des Stellvertreters von Gott Jokus auf Erden sind unzählbar. Ob der singende Schwimmbadbesitzer nun durch Europa tingelt, ob der gescheiterte Hörspielautor durch Amerika kalauert, ob er in Asien Hunger und Elend bedauert oder sich hinterher im Privatjet wieder das Ränzlein vollhaut, ob er als Nonnen-Pin-up über gewisse unaussprechliche Körperteile spricht, ob er Schwule und andere Perverse beschimpft, ob er Landebahnen abschleckt, Marien umschleicht, Marmolatas einweiht, Motorrad fährt oder die neuesten Hutmoden vorführt – der Sinn des eiligen Vaters für Geschmacklosigkeit ist derart unfehlbar, daß jede ernsthafte Kritik endlich verstummen sollte. Das gilt für alle Möchtegernmärtyrer – ja, auch für Sie, Herr Professor Küng. Ein Kellner, der versucht, Zweifel an die alleinseligmachende Kraft des Kirschwassers in die Herzen seiner Stammgäste zu säen, darf sich

Gesamtausgabe November 1979 – April 1981

1

2

3

1. Dr. Mildred Scheel
(Krebserreger)

2. Karol Wojtyla
(Pontifax)

3. Hildegard Knef
(Arschgesicht)

4. Dr. Siegfried Unseld
(Kameltreiber)

5. Bielefeld
(Westfalen)

6. André Heller
(Pöt)

7. Reinhold Messner
(Berg, Berg)

jedenfalls nicht wundern, wenn der Wirt ihn endlich rausschmeißt.

Das Talent der Hildegard Knef ist nicht der Rede wert, ihre maßlose Selbstüberschätzung ist hinreichend bekannt, und ihr zweites Backpfeifengesicht liegt eigentlich jenseits der Ekelschwelle. Und dennoch sage keiner, diese Operation sei ihre Privatsache. Die „Offenheit", mit der sie sich („exklusiv in der BUNTEN") dazu bekannt hat, war allzu „schonungslos". Der Schnittmusterbogen, den sie seither als Visage benutzt, war unübersehbar. Ein wenig erstaunt nur, daß es noch keinen Roman über diese neue Passion gibt, wo das Tränensacklüpfen doch so „wahnsinnig wichtig" ist „für Frauen meines Alters". Das Buch zur Narkose, warum nicht gleich auf Krankenschein, Naht für Naht, und wie sich beim Scheißen die Mundwinkel unwillkürlich zu einem bittersüßen Lächeln verziehen. „Wahrlich, manche Menschen sind nur als ein Durchgang für die Nahrung zu betrachten." (Leonardo da Vinci)

Dr. Siegfried Unseld möchte gern als große Verlegerpersönlichkeit in die Literaturgeschichte eingehen. Schon sammelt er jene Briefe, die ihm geeignet erscheinen, diesen Eindruck zu erwecken, in einer „gelben Mappe", die vielleicht das Spannendste enthält, was für den Suhrkamp-Verlag je geschrieben wurde. Von der „Universitas Washingtonia" in „Santo Ludovici" hat sich der Brieffreund zum „Doctor of Letters" ernennen lassen und das freudige Ereignis schwarz auf büttenweiß faksimiliert als „Mitteilung an die Freunde" jenen bekanntgegeben, die es sonst wohl nicht für möglich gehalten hätten. Daß Dr. Unseld „one of the leaders of Germany's intellectuall and cultural life" ist, beweist er nicht nur als Nachwortschreiber für befreundete Kinderbuchzeichnerinnen, sondern auch im Vorwort für einen zum Almanach aufgeblasenen Hausprospekt, der etwas überraschend „Das Jahrhundert der Frau" ausruft. „Die Herkunft des Wortes Almanach ist unbestimmt", behauptet der väterliche Frauenfreund, „aber im Arabischen galt die Bezeichnung einem Ort, ‚wo die Kamele niederknien'. Was für ein Bild: die Suhrkamp-Oase mit dem Treiber Unseld – Verzeihung: Dr. Unseld – bekniet von einer Herde höckriger Autorinnen.

„Der Stadtrat von Bielefeld hat einstimmig den Verkauf von Kriegsspielzeug auf Märkten verboten." Durch diese vorweihnachtliche Pressemeldung machte die tapfere, kleine Stadt in Ostwestfalen erstmals von sich reden. Wenig später beschloß derselbe Stadtrat, „umgehend alle erforderlichen Schritte einzuleiten, damit gewährleistet ist, daß nach der Außerdienststellung von Z 5 eine erneute Patenschaft mit einer schwimmenden Einheit oder einer Landeeinheit der Bundesmarine sichergestellt ist". Das große „Z" steht übrigens für Zerstörer. Auch nach dieser Breitseite hat sich noch manches getan in Bielefeld: Ein beliebter Wanderweg ist zur Fußgängerzone totalasphaltiert worden, und die heimische Arminia ist wieder mal in die Bundesliga aufgestiegen, bloß um bald wieder absteigen zu können, was wir bereits im September prophezeiten.

Aber auch andere deutsche Städte sind rührend rührig: In Bergen-Enkheim dürfen Kinder zum Wohle des guten Buchs ihre Comics verbrennen. Osnabrück, sonst päpstlicher als der Papst, hat dem „Sprayer von Zürich" seine vielen „geeigneten Fassaden in der Innenstadt" zur „Verschönerung" angedient. Während in Paderborn die Bürger ihre Mülltonnen noch selbst anmalen müssen. Ja, das Leben wird immer immer bunter.

Neben den Exporten aus der sogenannten DDR haben sich vornehmlich die Österreicher bei uns unbeliebt gemacht. Und neben Brigitte Schwaiger ist der selbsternannte „Traumrebell" André Heller wohl das Unerträglichste, was aus diesem kleinen kotelettförmigen Land in letzter Zeit über uns gekommen ist. Der „verwunschene Spiegelmensch" versteht es wie kein zweiter, Steuergelder für seinen pseudopoetischen Schnickschnack lockerzumachen. Schlimmer ist, daß sich der „Verwandlungsreisende" und Globaltrottel öffentlich als Karl-Kraus-Nachfolger anbiedert. Dabei steht er mit seinen spekulativen Lyrismen und seiner sengenden Sensibilität gerade für das, was dieser zornige alte Mann sein Leben lang bekämpft hat. Wenn sich der kleine Max, der doofe Moritz, Hedwig Courths-Mahler und Gabriele Wohmann zusammen einen „modernen Dichter" ausdenken sollten – heraus käme mit 273,2%iger Sicherheit Homunkulus Heller. Bei −273,2 Grad liegt nämlich der absolute Nullpunkt.

Aus dem Massenpanorama der Peinlichkeit ragt als Neuntausender noch Reinhold Messner heraus. Nicht weil er ohne Sauerstoffgerät und ohne Sinn über alle möglichen Berge biwackelt – unerträglich ist nur der Gedanke, dies naßkalte Gepickel sei in irgendeiner Weise vorbildlich und der denkfaule, verklemmte Gesell eine Art „Volksheld" (SPIEGEL). Der eindrucksvollste alpinistische Rekord, den der Almblödi gebrochen hat, ist zweifellos der, daß es nie zuvor in den Alpen mehr tödliche Bergunfälle gegeben hat als im letzten Jahr. „Mehr kann ich nicht leisten", sagt Messner kritisch selbst.

A propos Selbstkritik: Sie wäre wohl das Peinlichste, was wir als Verfasser dieser Liste leisten könnten. Oder wäre es jetzt noch peinlicher, Adorno zu zitieren? Egal, der Mann hat immer noch recht: „Das Peinliche verschränkt unauflöslich sich mit dem, wofür zu danken ist."

Weiter waren bisher dabei

Karl Carstens, Karin Struck, Elmar Gunsch, Uli Hoeneß, Gerhard Zwerenz, Klaus Stephan, Andy Warhol, Jochen und Bernhard Vogel, Georg Leber, Raffael Keppel, Henri Nannen, Droemer-Verlag, Hans-Jürgen Wischnewski, Heike Doutiné, Dieter Kürten, Rollschuhfahrer, Heinrich Böll, Indira Gandhi, Ephraim Kishon, Gottfried Edel, Andrea Jürgens, Hua Guo Feng, Daniel Christoff, Angela Praesent, Erika Pluhar, Jürgen Serke, Hans Küng, Brigitte Schwaiger, Richard Stücklen, Horst Frank, Doktor Krohn, Werner Schneyder, Frau Ertl, Olympia '80, Fischer-Verlag, Harald Juhnke, Peter Roos, Sepp Maier, Österreich, Muhammad Ali, Herbert Reinecker, Du-Sager, Klaus Rainer Röhl, Nina Hagen, Reinhardt Hoffmeister, Wolf Wondratschek, Freddy Quinn, Olga Tschechowa, Helmut Kohl, Maria Schell, August Everding, Michael Holzach, Agentur Grabowski, Henry Miller, Lorenz Reitmeier, Alice Schwarzer, Reinhardt S. Tomek, Günter Herburger, Franz Xaver Kroetz, Jürgen Claus, Reiner Kunze, Gerhardt Stoltenberg, Gabriele Wohmann, Thomas Schmitz-Bender, Branco Zebec, Paderborn, Jorge Luis Borges, Cattolica, Walter Wallmann, Peter Sager, FAZ-Magazin, Behinderten-Olympiade, Udo Lindenberg, Ben Wargin, Pepin F., Bettina Wegener, Reinhild Solf, Kaputt-Seier, Annemarie Renger, Lothar Günther Buchheim, Dr. Maximilian Schubart, J. Jürgen Jeske, Nürnberg, Dr. Antje Schäffer-Kühnemann, Lech Walesa, Caroline von Monaco, Wolf Biermann, Ernst Klee, Julia Dingworth-Nusseck, HA Schult, Trans Magnus Enzensberger, Dr. Veronica Carstens, Wolfgang Schröder, Deutsche Bundeswehr, Robert Kempowski, Burkhardt Driest, Wolfram Siebeck, Friedrich Gulda, Herbert von Karajan, George Tabori, Phantasten, Hubert Fichte, Luigi Colani, Lothar Späth, Wilhelm Bittorf, Clemens Christians, Pierre Derlon, Earphones, Horst Buchholz, Johann Wilhelm Gaddum, Wolfgang Gruner, Konstantin von Griechenland, Dr. Erhard Keller, Osnabrück und Werner Naegeli.

„Unser Leben ist eine Kette mehr oder weniger organisierter Entgleisungen."
Leibniz

Friedrich Karl Waechter

Inhalt

CIP-Kurztitelaufnahme der Deutschen Bibliothek

Das Buch Titanic: d. Beste aus d. endgültigen
Satiremagazin/hrsg. von Peter Knorr und
Lionel van der Meulen. – 1. Aufl. – Hamburg:
Hoffmann und Campe, 1981.
ISBN 3-455-08777-9
NE: Knorr, Peter [Hrsg.]

Lektorat: Wolfgang Schuler
Umschlaggestaltung: Friedrich K. Waechter
Satz: Type-Center, Frankfurt am Main
Druck und Bindung: Kleins Druck- und Verlagsanstalt, Lengerich
Printed in Germany